교회법 제5권
교회의 재산 제1254조-제1310조 해설

교회의 재산법

교회법 제5권
교회의 재산 제1254조-제1310조 해설
교회의 재산법

글쓴이 : 한동일
펴낸이 : 서영주
펴낸곳 : 성바오로
주소 : 서울 강북구 송중동 103-36
등록 : 7-93호 1992. 10. 6
교회인가 : 2012. 11. 28
발행일 : 2013. 2. 5
SSP 963

취급처 : 성바오로보급소
전화 : 9448--300, 986--1361
팩스 : 986--1365
통신판매 : 945--2972
E-mail : bookclub@paolo.net
http://www.paolo.net

값 20,000원
ISBN 978-89-8015-810-2

The temporal goods of the Church

TONG ILL, HAN

Copyright © 2013 by TONG ILL, HAN
Published by ST PAULS, Seoul, Korea

이 도서의 국립중앙도서관 출판시도서목록(CIP)은 e-CIP홈페이지(http://www.nl.go.kr/ecip)와 국가자료공동목록시스템(http://www.nl.go.kr/kolisnet)에서 이용하실 수 있습니다.(CIP제어번호 : CIP2013000219)

이 책은 저작권법의 보호를 받으므로 무단전재와 무단복제를 금합니다.
이 책 내용의 전부 또는 일부를 재사용하려면 반드시 저작권자와 성바오로출판사의 동의를 얻어야 합니다.

교회법 제5권
교회의 재산 제1254조-제1310조 해설

교회의 재산법

한동일 글

차례

저자 서문 11
약어표 16
머리말 18

제1부 교회의 재산법 입문(제1254조-제1258조) 25

1장 교회 재산의 정의 29

2장 구분 32

  1. 거룩한 재산 32
  2. 보배로운 재산 33
  3. 동산과 부동산 34

3장 공법인의 재산에 대한 교회의 권리 36

  1. 교회의 권리 36
  2. 공법인의 권리 37
  3. 수도회의 교회 재산 38

4장 목적의 중요성 40

  1. 목적에 근거한 일치 40
  2. 목적을 존중할 의무 41
  3. 목적이 소유와 용도를 결정한다 42
  4. 목적과 관련된 재산의 영성 43

5장 교회 재산을 규제하는 법률들 44

▶ 교회법 해설 46
국가 권력으로부터의 독립(제1254조 제1항) | 교회 재산의 목적(제1254조 제2항) | 재산권을 가질 법적 자격(제1255조) | 재산권(제1256조) | 교회 재산(제1257조) | 교회의 의미(제1258조)

제2부 재산의 취득(제1259조-제1272조) 69

1장 일반적인 취득 권리 71

2장 합법적 취득 방법 72

 1. 총칙 72
 2. 재산 취득 방식 74
    1) 자유 봉헌금 | 2) 원조 봉헌금 | 3) 의무 봉헌금 | 4) 사례금(납부금) | 5) 부담금 | 6) 모금 | 7) 계약

▶ 교회법 해설 80
법인의 재산 취득권(제1259조) | 신자에게 요구할 권리(제1260조-제1261조) | 교회 유지비(제1262조) | 부담금(제1263조) | 사례금(제1264조) | 모금(제1265조) | 특별 모금(제1266조) | 봉헌금(제1267조) | 시효(제1268조) | 성물의 취득 시효(제1269조) | 시효의 기간(제1270조) | 사도좌 지원(제1271조) | 교회록의 개혁(제1272조)

제3부 재산의 관리(제1273조-제1289조) 123

1장 전제 사항 125

2장 재산 관리의 정의 127

1. 교회의 입장에서 재산권의 특수 권리로서 재산 관리 127
2. 재산 관리는 무엇인가 127

3장 통상적·특별 재산 관리 132

4장 유사 행위들과 구분된 행위로서의 관리 136

1. 법률상 대표와 구분 136
2. 법인의 재산과 법인의 통제권 및 감독권과의 구분 136
3. 양도와의 구분 137

5장 관리자와 장상 사이의 관계 139

6장 관리자들과 재무평의회 143

7장 관리 행위와 상급 관할권자의 통제 144

8장 교회 재산의 관리를 주도하는 몇 가지 원칙들 145

▶ 교회법 해설 147

최고 관리자(제1273조) | 성직자의 생활비(제1274조) | 공동 관리(제1275조) | 직권자의 소임(제1276조) | 교구장에 의한 통상적·특별 관리(제1277조) | 재무 담당자(제1278조) | 법인의 관리(제1279조) | 재무 담당 보조 기관(제1280조) | 특별 재산 관리(제1281조) | 재산 관리자의 의무(제1282조-제1284조) | 애덕의 증여(제1285조) | 사회 정의(제1286조) | 결산(제1287조) | 국가 법정에의 소송(제1288조) | 재산 관리 의무(제1289조)

3. 부채와 채무　331

   4. 보고서　331

Ⅲ. 재속 수도회 재산 관리　333

   1. 재속 수도회의 독특성　333

   2. 회원들의 의무　335

   3. 재산 관리　337

Ⅳ. 사도 생활단의 재산 관리　340

Ⅴ. 본당 사목구 재산 관리　341

Ⅵ. 교황청의 재산 관리　344

저자 서문

시간의 흐름 속에서 교회는 당대의 정치, 사회, 경제와 지속적으로 관계를 맺는다. 이러한 교회와 세속 사회의 관계에는 지속적인 상호 침투성이 존재하기 마련이다. 가령 사회가 기술·문화적 측면에서 교회에 많은 것을 제공한다면, 교회는 사회에 복음의 메시지와 보편적 가치를 제시하고 인권과 박애주의의 토대가 되어 준다. 이러한 상호간의 영향력은 법조 분야에서 특히 두드러지게 나타난다. 사람들은 교회와 법이 서로의 발전에 깊이 연관되어 있다는 사실을 거의 의식하지 못하고 살아가지만, 교회법은 오늘날 세속법의 법 제도와 법리法理, 공법과 사법, 국제법 등 거의 모든 영역에 걸쳐 영향을 끼쳤다. 민법 분야에만 한정하여 살펴보더라도 낙성계약諾成契約의 효력 인정, 이자 금지, 매매에서 정당 가격 이론 도입, 이중 매매에서 제1의 매수인을 보호하기 위한 '물권物權' 인정, 계약 체결 후 사정이 변한 경우에도 계약의 실효를 인정하는 '사정변경事情變更의 원칙' 등은 로마법에는 없는 교회법에서 유래한 제도로, 근세 사법사에 커다란 영향을 주었다.

그러나 로마법이 교회에 미친 영향력도 무시할 수 없다. "교회는 로마법으로 산다."(Ecclesia vivit iure romano)라는 옛 명제처럼, 교회는 로마법의 전통을 기반으로 성장해 왔다. 사실 교황 비오-베네딕도 법전이 반포되기 이전의 교회는 거의 전 세계적으로 수용된 로마법을 따랐다. 현대에 들어서면서 오늘날 우리가 말하는 의미의 국가가 탄생하면서 로마법은 '일반 시민법(ius civile)'[1]으로 대체되었고, 현대 국가들은 같은 뿌리에서 나오긴 했으나, 각기 다른 고유한 법률 체계를 가지게 되었다. 이러한 상황에서 교회가 재산에 관한 모든 분야를 교회의 보편법으로 규제하기에는 제정해야 하는 법 규범의 범위가 너무나 방대했고, 동시에 교회의 입장에서도 지나치게 완고한 규범들 탓에 개별적·자율적 행동이 어려워질 위험이 있었다. 따라서 현행 1983년도 교회법전은 교회의 전통과 가르침을 보존하면서, 교회 재산에 대해서는 원칙과 본질적인 측면만을 다루는 규범을 제시하고 나머지 부분에서는 일반 시민법을 따르고 있다. 이러한 이유에서 교회의 재산을 다루는 교회법전 제5권은 현행 교회법전에서 차지하는 범위(교회법 조문)가 다른 주제에 비해 가장 짧다. 이는 교회의 권위에 의해 공식적으로 수용된 일반 시민법은 교회의 법률이 되며, 이렇게 승인된 일반 시민법이 교회 권한의 규정에 따라 교회 안에서 그리스도교 신자들을 구속한다. 이를 "교회법이 준용하는 일반 시민법"

---

[1] 교회법 제1274조, 제1284조, 제1290조, 제1296조, 제1299조의 원어 'ius civile'란 로마법상의 시민법을 의미하는 말이었다. 여기에서 유럽 대륙의 법체계를 지배하는 civil law라는 용어가 유래한다. civil law는 영미계의 전통인 common law와 대조를 이루어, civil law는 법의 근본 원천을 판례 중심보다는 성문화된 법전에 둔다. J. E. Clapp, "*civil law*", in "*Dictionary of the Law*" (New York: Random House Reference, 2000), 83. 아울러 civil law는 통상 로마법과 교회법에 대응하여 세속법의 의미를 가지는 말이었다. 이를 우리나라 법학계에서는 '일반 시민법'이라 부른다. 따라서 본 해설서에서는 교회법전이 'ius civile'를 "국법"이라고 옮긴 것을 따르지 않고, "일반 시민법"이라 옮긴다. 그러나 우리말 교회법전의 조문은 그대로 '국법'이라고 하였다.

이라고 부른다.

교회법전 제5권의 '교회 재산 편' 가운데 많은 부분이 일반 시민법을 준용하고는 있지만, 교회의 재산법의 취지는 재산의 부적절한 취득, 과도한 축적, 무분별한 관리를 경계하는 것이며, 세속 재산의 보호와 그것의 충실한 사용, 현명한 양도를 통해 궁극적으로는 현세에서 하느님 나라의 건설을 준비하는 것이다. 이것이 제5권을 교회법전에 포함시킨 근본적인 취지이다.

필자는 개인적으로 바로 이 부분이 교회가 시대 속에서 사회와 공존하는 데 있어 가장 핵심적인 내용이라고 생각한다. 따라서 교회법 전문 학자들이나 교회의 재산 관리자들은 교회법뿐만 아니라, 본인들이 속한 일반 시민법 체계의 기본 원리에 대해서도 연구하여 교구, 본당 및 교회 관련 기관을 한 가정의 가장처럼 성실하게 관리해야 할 의무가 있다. 아울러 일반 시민법을 교회법으로 준용하는 데 있어 교회법적 예외 사항들을 숙지하고 있다면, 해당 법인들에게도 도움이 될 것이다. 끝으로 장래의 사목자인 신학생들과 수도자들, 교회법학을 수학하고 있는 사람들과 일반 법원에서 교회 관련 쟁송으로 판결을 내려야 하는 분들, 교회 관련 기관의 일반 시민법 변호사들에게도 이 해설서의 내용을 숙지하고 있는 것이 작은 도움이 될 것이라 판단한다. 이러한 이유에서 '교회의 재산법' 해설서를 준비하게 되었다.

라틴어 격언 중에 "에란도 디쉬투르(Errando discitur)"라는 말이 있다. "실수하면서 배우게 된다."는 뜻이다. 이번 해설서 작업을 마치면서도,

필자의 부족함에 대해서 많이 반성하였다. 특히 교회법과 관련된 저술에서는 언어적인 측면이나 전공 지식의 부족함 때문에 어려움이 많다. 작업하는 과정에서도 많은 것을 배웠다. 부족함 가운데 엮어진 이 부족한 책이 교회법과 일반 시민법의 보다 활발한 상호적 연구에 조금이나마 보탬이 되기를 바라는 바이다. 이 해설서를 엮으며 다음과 같은 서적들을 주로 참고했음을 일러둔다.

1. A cura di C. Corral Salvador, V. de Paolis, G. Ghilanda, *Nuovo Dizionario di Diritto Canonico*, Milano: San Paolo, 1993. 특별히 전 사도좌 대심원의 의장이었던 데 파올리스De Paolis 주교의 교회 재산에 대한 정의는 거의 교회의 지침으로 교과서적인 내용으로 인정하기에, 각 장의 서두에 원문 그대로 번역하여 실었다.
2. J. P. Beal, J. A. Coriden, T. J. Green, *New commentary of the canon law*, New York: Paulist Press, 2000.
3. AE. Turnaturi, *De Rotali iurisprudentia in causis iurium pro Studio Rotali Il cursus coram Turnaturi*, Roma, 2004.
4. A cura di Federico del Giudice, *Il latino in tribunale*, Napoli: Ed. Giuridiche Simone, 2005.

아울러 각 개별 조문들을 해설할 때 위에서 말한 주요 서적과 기타 필요한 다른 관련 서적을 참조했음을 일러둔다. 끝으로 이 책을 쓰는 동안 정신적 지주가 되어 주신 고영와 여사님, 원고 정리에 정성을 쏟은 의정부 교구 김동수 신부님, 우리말 교정을 보아 준 양재형 선생님, 나의 제자 김예지 양, 서강대학교 법학전문대학원 정명근 군에게 진심으로 감사의 인사를 드린다. 또한 한국 교회법학의 큰 기틀을 놓아 주신 정진석 추기경님께 지면으로나마 깊은 존경과 감사의 인사를 올리고 싶다. 추기경님께서 정의해 주신 교회법학의 우리말 용어 덕에 한결 수월하게 작업에 임할 수 있었다. 후배 세대로서 선배님들이 이룩하신 우리말 교회법전과 용어를 토대로 한층 더 교회법학을 심화시킬 수 있기를 희망해 본다.

로마의 한적한 수도원 방에서
한동일 씀

약어표

AAS	Acta Apostolicae Sedis
CIC	Codex Iuris Canonici
CLD	Canon Law Digest
CLSA	Canon Law Society of America
CLSAP	Canon Law Society of America Proceedings
CLSGBI	Com The Canon Law Society of Great Britain and Ireland, The Canon Law: Letter and Spirit
CLS-GBIN	Canon Law Society of Great Britain and Ireland Newsletter
Com Ex	Commentario Exegetico al Codigo de Derecho Canonico
Comm	Communicationes
Con	Concilium, International Journal of Theology
Directorium	Congregatio pro Episcopis, Directorium de Pastorali Ministerio Episcoporum, die 22 feb 1973
J	The Jurist
NCCB	National Conference of Catholic Bishops
NCCB-CompNm	National Conference of Catholic Bishops, Implementation of the 1983 Code of Canon Law Complementary Norms
Pamplona ComEng	Code of Canon Law, Annotated
Stud Can	Studia Canonica

일러두기

* 해설 참조   본 해설서의 해당 조문에 대한 해설을 참조하라는 뜻이다.

* 이 책은 공동 번역 성서의 구절들을 인용하고 있습니다.

머리말

'교회의 재산' 개념을 이해하기 위해 신약성서의 구절들을 근본주의 신학의 견지에서 해석하다 보면, 교회의 현세적 재산권은 복음에 위배되므로 교회는 이를 금해야 한다는 결론에 이르게 된다. 이러한 결론을 이끌어 낼 수 있는 성서 구절들은 다음과 같다.

● 예수님께서 사도들에게 하신 명령 : "전대에 금이나 은이나 동전을 넣어가지고 다니지 말 것이며 식량 자루나 여벌 옷이나 신이나 지팡이도 가지고 다니지 마라. 일하는 사람은 자기 먹을 것을 얻을 자격이 있다."[2]

● 권력가에게 이르신 말씀 : "있는 것을 다 팔아 가난한 사람들에게 나누어주어라. 그리고 와서 나를 따라라. 그러면 하늘에서 보화를 얻게 될 것이다."[3]

● 군중들에게 하신 경고 : "너희 가운데 누구든지 나의 제자가

---

2) 마태 10,9-10.
3) 루카 18,22.
4) 루카 14,33.

되려면 자기가 가지고 있는 것을 모두 버려야 한다."[4]

근본주의 신학자들은 성서의 이러한 구절을 전체 문맥과 분리하여 해석하며, 그 맥락이나 다른 구절과의 관계를 고려하지 않는다. 한편, 교회의 재산에 관련된 다른 구절들로는 다음과 같은 것들이 있다.

● 예수님과 사도들에게 공동 자금이 있어 자신들의 생활비를 가난한 이들을 돕는 데 썼다.[5]
● 초기 그리스도교 공동체에서는 공동 재산을 소유하고 이것을 팔아 가난한 사람들에게 나누어 주던 관행이 있었다.[6]
● 초창기에 모금을 하여 다른 지역의 가난한 이들을 돕던 관행[7]

이렇듯 전체를 아우르는 관점에서 성서를 읽으면, 교도권magisterium은 영성적 완전을 추구하기 위한 복음적 가난과 구원을 위해 필요한 일상의 애덕을 시종일관 구별하고 있다. 동시에 모든 맥락을 고려하며 성서를 읽어 보면, 교도권은 영적 사명의 완수를 위해 교회가 현세적 재산을 소유할 권리를 확인하고 있으며 이렇게 하는 데 있어 아무런 신학적 걸림돌이 없다고 주장한다.

---

5) 요한 12,6; 13,29.
6) 사도 2,44-45; 4,34-35.
7) 로마 15,25-28.

제2차 바티칸 공의회는 사법인과 공법인의 복음적 가난에 대한 우수성을 재차 확인하면서[8], 영적 사명을 수행하기 위해 교회가 현세적 재산을 소유할 필요가 있다는 것을 다수의 문헌에서 선언한다.[9] 그리고 다른 문헌에서도 교회의 현세적 재산이 필요한 사명들이 있다는 것, 즉 전례에 관한 고유 규정[10], 성직자에 대한 적절한 지원[11], 교회에 봉사하는 사람들에 대한 지원[12], 가난한 이들을 위한 자선 사업[13]에 대해 상술하였다. 이러한 전통적인 가르침 외에도 공의회는 친교Communio라는 교회론적 차원에서, 교구와 다른 교회 공동체들이 현세적 재산을 기부하며 서로 도움으로써 공동 사명을 완수해야 할 필요성을 강조했다.[14] 이러한 공의회의 정신을 압축하여 교회법 제1274조 제3항은 "교구마다 필요한 만큼 공동 기금을 마련하여, 그 기금으로써 주교들이 교회에 봉직하는 그 밖의 사람들에 대한 의무를 이행하고 교구의 여러 가지 필요를 충당하며 부유한 교구들이 더 가난한 교구들을 도울 수 있도록 하여야 한다."고 규정하고 있다. 또한 동조는 평신도는 교회 생활과 활동에 적극적으로 참여하고, 자신의 지식과 경험, 전문 기술을 봉헌하여 교회의 재산이 좀

---

8) 「수도생활 쇄신 적응에 관한 교령」 13항; 「사제 직무에 관한 교령」 17항.
9) 「교의헌장」 8항; 「사목헌장」 76항; 「수도생활 쇄신 적응에 관한 교령」 13항; 「종교자유에 관한 선언」 4항.
10) 「사제 직무에 관한 교령」 17항; 「전례헌장」 128항.
11) 「사제 직무에 관한 교령」 17, 20, 21항; 「주교들의 교회 사목직에 관한 교령」 21, 31항.
12) 「평신도 사도직에 관한 교령」 22항; 「교회의 선교 활동에 관한 교령」 17항
13) 「사제 직무에 관한 교령」 17항; 「사목헌장」 88항; 「그리스도교적 교육에 관한 선언」 8항; 「매스 미디어에 관한 선언」 3항.
14) 「교의헌장」 13, 23항; 「주교들의 교회 사목직에 관한 교령」 6항; 「평신도 사도직에 관한 교령」 10항; 「사제 직무에 관한 교령」 21항; 「교회의 선교 활동에 관한 교령」 19, 29, 38항.

더 효율적으로 관리될 수 있도록 해야 한다고 권고한다.[15]

이러한 공의회 가르침의 맥락에서, 교회법전 제5권인 '교회의 재산'은 재산의 취득·사용·권리·양도이르기까지 교회의 재산에 적용되는 전반적 규범에 대해 설명한다. 우선 교회에 있어 '재산'이란 유형, 무형의 비영적인 모든 재산으로서 교회의 사업을 완수하는 데 도움이 되는 것을 말한다.[16]

그런데 '교회의Ecclesiae'라는 단어 또한 정의가 쉽지는 않다. 이는 "세례 받은 사람들의 공동체"[17]에서부터 유형의 건물인 "성당"[18]에 이르기까지 법전을 통틀어 '교회'라는 단어가 광범위한 의미로 사용되고 있기 때문이다.

교회법전 제5권의 법전 초안 부분은 '교회'라는 단어에 특별한 의미를 부여하고 있기는 하다.[19] 그러나 이 특별한 정의는 문맥 혹은 특정 사안의 핵심이 다른 의미를 갖지 않을 때만 적용되어야 할 것이다. 왜냐하면 교회법전 제5권의 여러 조문에서 문맥 혹은 주제에 따라 '교회'라는 단어가 사실상 다양한 의미로 사용되고 있기 때문이다. 따라서 교회법전 제5권의 제목에 포함된 '교회'는 교회법전을 통틀어 쓰이고 있는 여러

---

15) 「평신도 사도직에 관한 교령」 10항; 「교회의 선교 활동에 관한 교령」 41항; 「사제 직무에 관한 교령」 17, 21항.
16) 부지, 건물, 비품, 전례 용기, 제의, 예술 작품, 차량, 유가 증권, 현금, 그 밖의 부동산 혹은 인적 재산 등.
17) 교회법 제204조.
18) 교회법 제1214조.
19) 교회법 제1258조.

가지 의미들을 모두 포함하는 포괄적 의미로 해석해야 한다.

또한 교회법전 제5권의 제목인 '교회의 재산'에서 소유격인 '의'가 단순히 "교회의" 재산을 가리키는 데 사용되기 때문에 해석 시에 표면적 어려움이 생긴다. 교회법전 제5권은 '교회'라고 알려진 하나의 소유주에 속한 재산을 다루고 있지만 사실상 교회법전 제5권의 주제가 다루고 있는 재산은 다수의 소유주에 속해 있다. 여기에는 사도좌, 개별 교구, 축성생활회, 사도 생활단, 본당, 기타 공법인, 사법인, 개별 혹은 단체의 자연인 등이 포함된다. 교회법은 보편 교회에게 재산을 소유할 권리가 있다고 말하지만,[20] 사실상 그러한 재산은 조금도 없는 셈이나 마찬가지다.

교회법전 제5권의 주제를 형성하는 모든 재산의 공통점은 소유권자에 있지 않다. 왜냐하면 위에 언급한 것처럼 재산의 소유권자가 다양하기 때문이다. 또한 여기에서 말하는 '재산'들이 교회법전 제5권 내의 '교회'와 한 가지 이해관계를 가지는 것도 아니다. 오히려 교회의 활동, 즉 하느님에 대한 경배, 복음서가 전하는 기쁜 소식의 선포, 정의와 자비의 하느님 나라를 지향하는 것만이 공통적인 점이다. 이는 영적인 일이지만 현세에서 '교회의' 것으로 일컫는 재산의 소유와 사용, 즉 세속적 방식이 반드시 필요한 사업이다. '교회의'라고 말하는 이유는 단순히 교회가 재산을 소유하고 있기 때문이 아니라, 교회의 초월적 사명에 재산이 도움이 되기 때문인 것이다.

---

20) 교회법 제1255조.

재산과 관련하여, 교회의 사업은 교회법의 지지와 보조를 받을 필요가 있다. 교회법은 재산의 부적절한 취득, 과도한 축적, 무분별한 관리를 경계하는 동시에 하느님 나라의 건설을 위해서만 사용되어야 할 현세적 재산의 보호와 충실한 사용, 현명한 양도를 위해 제정되었다. 이것이 교회의 재산에 대해 다룬 제5권을 교회법전에 포함시킨 근본적인 취지이며, 이러한 취지를 토대로 법전의 규정을 면밀히 연구하고 충실히 준수하여야 한다.

교회법전 제5권은 다음과 같이 다섯 부분으로 나누어져 있다.

- 교회법 입문(제1254조-제1258조)
- 재산 취득(제1259조-제1272조)
- 재산 관리(제1273조-제1289조)
- 계약 및 특히 양도(제1290조-제1298조)
- 신심 의사 총칙 및 신심 기금(제1299조-제1310조)

제1부

교회의 재산법 입문

[제1254조-제1258조]

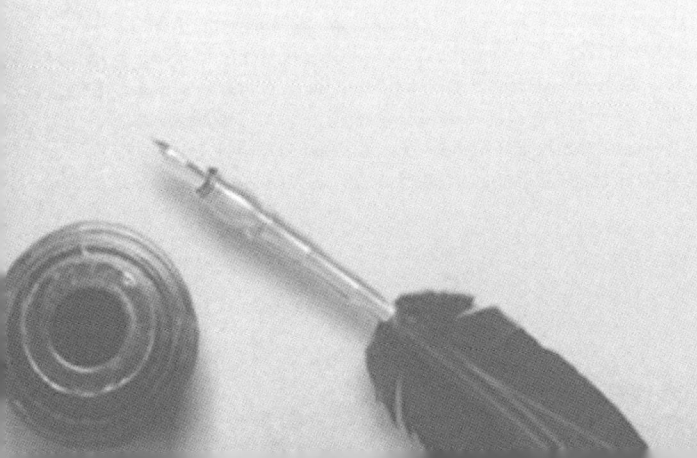

서두의 다섯 조문은 법학에서의 총칙과 같은 개념으로 교회법전 제5권에서 다루는 규범의 기저에 깔린 기본 원칙을 설명하고, 이러한 규범들을 올바로 해석하는 데 중요한 용어들을 정의하고 있다. 이는 사실 우리나라의 민법전을 포함하여 대부분의 성문법이 취하고 있는 형식이기도 하다.

서두의 다섯 조문에는 재산을 소유할 수 있는 교회의 권리, 교회가 재산을 소유하는 목적, 재산권을 행사하는 데 있어서 국가 권력으로부

21) 참고도서: F. E. Adami, *I controlli canonici e civili sull'amministrazione dei beni temporali ecclesiastici* in *Monitor Ecclesiasticus* 111 (1986) 69-85; S. Ambrosi, *Criteri di tassazione per al costituzione del fondo opere diocesane* in *L'Amico del Clero* 68 (1986) 331-332; F. Aznar Gil, *La administración de los bienes temporales de la Iglesia*, Univ. Pont.de Salamanca, Salamanca 1984; P. Bianchi, *Il nuovo sistema di remunerazione del clero* in *Rivista del clero italiano* 66 (1985) 266-276; J. Bozal, *Función teológico-social de los bienes eclesiásticos en los primeros siglos de la Iglesia*, Madrid 1961; F.B. Ciccimarra, *La sicurezza sociale dei religiosi nell'ordinamento canonico* in *Commentarium pro Religiosis et Missionariis*(1984) 89-109; P. Ciprotti, *Sovvenire alle necessità della Chiesa* in *Apollinaris* (1987) 111-126; R. Cozza, *Consegna e riconsegna amministrativa canonica dei beni delle parrocchie* in *L'Amico del Clero* 68 (1986) 31-41; L. Colombo, *Alcune questioni sulle finalità del patrimonio ecclesiastico* in *Il nuovo Codice di diritto canonico*, Il Mulino, Bologna 1983, 243-252; M. Colombo, *L'istituto per il sostentamento del clero e problemi connessi* in *Monitor Ecclesiasticus* 111 (1986) 87-108; G. Dalla Torre, *Annotazioni sui beni ecclesiastici nel nuovo Codice di diritto canonico* in *L'Amico del Clero* 65 (1983) 275-280; 310-317; 360-366, 463-469, 506-513; 66 (1984) 31-39, 70-78; J.J. Danagher, *The New Code and Catholic Health Facilities: Fundamental Obligations of Amministrators* in *The Jurist* 44 (1984) 143-152; V. De Paolis, *I beni temporali e la loro amministrazione* in *I Religiosi e il nuovo Codice di diritto canonico*, Rogate, Roma 1983, 134-159; Id., *De bonis Ecclesiae temporalibus in novo Codice iuris canonici* in *Periodica* 73 (1984) 113-151; Id., *Temporal Goods of the Church* in *The Jurist* 43 (1983) 343-360; Id., Miscellanea in *Periodica* 73 (1984) 451-486; Id., *I beni temporali nel Codice di diritto canonico* in *Monitor Ecclesiasticus* 111 (1986) 9-30; Id., *De bonis Ecclesiae temporalibus. Adnotationes in Codicem: Liber V*, Romae 1986; Id., *Il sostentamento del clero dal Concilio al Codice di diritto canonico in Vaticano II: Bilancio e prospettive*, Cittadella, Assisi 1987, 571-595; Id., *Il sostentamento del clero nel Concilio e nel Codice* in *Quaderni di diritto ecclesiale* (1989) 34-56; G. Dole, *L'assicurazione dei chierici nel diritto comparato* in *Monitor Ecclesiasticus* 109 (1984) 196-206; D. Faltin, *Il diritto di proprietà ed uso dei beni temporali da parte della Chiesa* in *Problemi e prospettive di diritto canonico*, Brescia 1977, 227-240; G. Feliciani, *La nuova normativa degli enti ecclesiastici* in *Aggiornamenti sociali* (1985) 223-234; Id., *Il trattamento economico del clero nella nuova legislazione concordataria* in

터 교회가 가지는 독립성, 재산권의 필수적 요소, 교회가 지정한 법인에게 재산권을 양도할 수 있는 권리 등이 표현되어 있다. 또한 '교회 재산'[21]이라는 표현과 마찬가지로, 재산과 관련하여 사용될 때는 '교회 재산(bona temporalia)' 이라는 용어와 '교회' 라는 단어를 정의하는 데 정확성을 기했다.

1917년도 법전과 1983년도 법전은 재산의 분류 기준에 있어 많은 부분에서 로마법을 따르고 있다. 재산의 개념은 로마법에서 사용되는 물

Aggiornamenti sociali (1985) 451-462; Id., *La crisi del sistema delle congrue e le prospettive conciliari* in *Rivista del clero italiano* 66 (1985) 165-171; Id., *Gli enti ecclesiastici e il sostentamento del clero. Il ruolo della Conferenza Episcopale italiana* in *La Scuola Cattolica* 114 (1986) 64-74; F. Galdi, *L'economo nel nuovo Codice di diritto canonico* in *L'Amico del Clero* 68 (1986) 120-129; E. e F. Gianfelici, *Chiesa e prassi amministrativa oggi, enti, beni ecclesiastici e sostentamento del clero dopo i nuovi accordi concordatari del 1984*, Roma 1989; F. Gilet, *Gli istituti diocesani per il sostentamento del clero* in *L'Amico del Clero* 67 (1985) 175-181; N. Girasoli, *Significato ecclesiale dei beni temporali della Chiesa*, Pug, Roma 1990; A. Gottardis, *Problemi aperti nel nuovo Codice di diritto canonico: adempimenti di natura amministrativa e la figura dell'Economo nel nuovo C.I.C.* in *L'Amico del Clero* 66 (1984) 323-329; Id., *Rapporti tra l'ordinario (uffici amministrativi diocesani) e gli istituti per il sostentamento del clero* in *L'Amico del Clero* 68 (1986) 424-427, 473-476; G. Gresele, *Istituto centrale per il sostentamento del clero. Costituzione dell'archivio e sua utilizzazione* in *L'Amico del Clero* 67 (1985) 182-184; H.J. Hermann Donald, *The Code of Canon Law Provisions on Labor Relations* in *The Jurist* 44 (1984) 153-193; J. Hite, *Church Law on Property and Contracts* in *The Jurist* 44 (1984) 117-133; R Kealy, *Diocesan financial support, its history and canonical status*, Pug, Roma 1986; M. López Alarcón, *La administración de los bienes eclesi-sticos* in *Ius Canonicum* 24 (1984) 87-121; T. Marchi, *Il nuovo Codice di diritto canonico. Note e problematiche in materia amministrativa* in *L'Amico del Clero* 15 (1983) 206-208, 225-233, 351-359; Id., *La remunerazione dei chierici nel nuovo Codice* in *Monitor Ecclesiasticus* 109 (1984) 187-195; Id., *Enti ecclesiastici e loro atti di straordinaria amministrazione secondo le nuove norme canoniche e civili* in *L'Amico del Clero* 68 (1986) 359-369; T. Mauro, *Gli aspetti patrimoniali dell'organizzazione ecclesiastica* in *Il nuovo Codice di diritto canonico*, Il Mulino, Bologna 1983, 207-226; Id., *La disciplina delle persone giuridiche. Le norme sui beni ecclesiastici e sul loro regime con riferimento all'ordinamento statale* in *Monitor Ecclesiasticus* 109 (1984) 379-396; S. Mester, *I beni temporali della Chiesa* (le novità portate dal nuovo Codice) in *Apollinaris* 57 (1984) 49-60; M. Morgante, *Oblazioni e questue per le opere di culto e di apostolato* in *L'Amico del Clero* 67 (1985) 319-322; A. Mostaza, *El nuevo derecho patrimonial de la Iglesia* in *Estudios eclesi-sticos* 58 (1983) 183-216; V. Rovera, *I beni temporali della Chiesa* in *La normativa del nuovo Codice*,

건(재산, res)보다 더 포괄적인 '시간적 재화(bona temporalia)'의 개념을 사용한다. 이 표현은 교부들의 재산에 대한 개념에서 나온 것으로, '영원한 재화'와 대비를 이루는 동시에 영원한 선을 이끄는 수단으로 이해되었다.[22]

Queriniana, Brescia 1983, 261-283; Id., *Il libro V: i beni temporali della Chiesa* in *La Scuola Cattolica*112 (1984) 337-355; A. Talamaca, *I beni culturali ecclesiastici tra legislazione statale e normativa bilaterale* in *Il Diritto ecclesiastico* (1985) 3-36; J. Tra serra Cunillera, *Las Fundaciones pías autónomas*, Publicaciones de la Facultadde Teologia, Barcelona 1985; A. Vallini, *I criteri ispiratori del nuovo diritto sui beni della Chiesa* in *Asprenas* 33 (1986) 65-77; P. Zielinski, *Pious Wills and Mass Stipendi in Relation to Canons 1299-1310* in *Studia Canonica* 19 (1985) 115-154; G. Zannoni, *I beni temporali della Chiesa nel nuovo Codice di diritto canonico* in *L'Amico del Clero* 65 (1983) 154-161.

22) 김현조, "재산에 대한 교회의 이해의 빛 안에서 수도회의 재산 취득", 「사목연구」제18집, 가톨릭대학교 사목연구소, 2007, 287-288면 참조.

1장 교회 재산의 정의

(이탈리아어 Beni ecclesiastici, 라틴어 Bona ecclesiastica)

어떠한 재산이 교회의 재산인지에 관해 교회법 제1257조 제1항은 "보편 교회나 사도좌 또는 그 밖에 교회 내의 공법인들에 속하는 재산은 모두 교회 재산이며, 아래의 교회법 조문들과 고유한 정관에 따라 규제되는" 것들이라고 규정한다. 아울러 동조 제2항은 사법인의 재산은 교회 재산이 아니고 원칙적으로 교회법에 따라 규제되지 않으며, 그 사법인의 고유한 정관에 따라 규제된다고 규정한다. 다만 예외적인 경우에만 교회법이 달리 규정하면 그와 다르다고 말하고 있다. 다시 말해서 원칙적으로는 공법인이나 보편 교회, 사도좌에 속하는 재산만이 교회의 재산이다.

이러한 교회의 재산은 교회법 제113조 제1항의 규정에 따라 하느님 법에 힘입어 법인persona moralis[23]의 성격을 가진다. 법인의 개념에 대해서는 1917년도 법전 교회법 제1497조 제1항에서 다루었는데, 이 정의는

---
23) 원어 'persona moralis'는 가톨릭교회와 사도좌의 법인을 지칭할 때 사용하는 용어이고, 교회법 규정에 따라 설립되는 그 밖의 법인은 'persona giuridica'이다. 우리말로는 둘 다 '법인'이라 옮길 수 있다.

이미 오래 전부터 교회법학 이론으로 수용된 것이다.

1983년도 법전은 교회의 재산 개념에 대해 일관된 기준을 유지하려는 목적으로 1917년도 법전의 교회 재산의 개념을 받아들였으나, 공법인과 사법인의 구별을 새로 도입함으로써 사법인의 재산 지위를 더 명확히 규명하고 있다. 데 파올리스 추기경은, 공법인과 사법인의 차이는 법인의 목적이 아니라(사실 두 법인의 목적은 같다), 교회 안에서 그리스도교 신자들이 갖는 각기 다른 직무와 활동 그리고 역할에 있다고 말한다.[24]

공법인은 공법인을 설립하고 목적을 설정한 교회 관할권자의 이름으로 행동한다. "교회 관할권자의 이름으로 행한다."는 구절의 의미에 대해서는 정확히 설명할 필요가 있다. 교회 관할권자의 이름으로 행동한다는 것은 일반적인 의미에서 모든 그리스도교 신자가 본인이 소속된 교회와 공동체의 이름으로 일정한 행위 및 임무를 수행할 때, 교회가 이를 책임진다는 것을 뜻한다. 하지만 그 의미는 신학 및 영성적 차원의 것이다. 법률적 관점에서 그리스도교 신자는 개인으로서 본인의 행위에 책임을 져야 하는 것이고, 공동체 및 사회적 차원의 단체인 교회는 이와 전적으로 관계되지 않는다. 따라서 교회법 제116조 제1항의 공법인이 "교회의 이름으로" 임무를 수행한다는 구절은 제도적인 차원을 의미한다. 결론적으로 "교회 관할권자의 이름으로 행한다."는 구절은 공

---

24) A. Perlasca, *Il concetto di bene ecclesiastico*, tesi gregoriana, serie Diritto Canonico 24, Roma 1997, 177-179.

법인으로서, 공법인을 통하여 교회는 단체, 사회 조직으로서 행동하며, 법인은 법인을 설립한 교회의 위임을 통하여 임무를 수행한다는 것을 의미하게 된다. 그리고 공법인의 행위는 법인의 목적과 관리자들의 행위와 위임의 범위를 제한하는 법규범에 따라 이루어진다.

교회 재산의 정의는 재산, 즉 시간적 재화까지만 한정되어 있다(영원한 재화와 대비되는 개념으로서). 재산 중에는 먼저, 인간 존재에 필요한 일상적 사물들을 다룬다. 아울러 이러한 재산은 비록 인간의 남용 가능성으로 위험 요소를 안고는 있지만, 창조주 하느님의 선善으로부터 온다고 본다. 왜냐하면 교회는 하느님이 인간이 행복하기를 바라시고 인간이 현세에서 행복에 도달할 수 있도록 시간적 재화, 곧 이 세상에서 활동하기 위해 필요한 재산을 주셨다고 보기 때문이다. 사실 교회는 초자연적인 목적을 가지지만, 그 목적을 일관된 행위로 성취하기 위해서는 이 세상의 재산이 꼭 필요하다. 특히 어떠한 것이 이러한 목적에 해당하는지에 대해서는 교회법 제1254조 제2항에서 규정하고 있다. 이 조문에서는 본보기가 되는 목적만을 다루는데, 다소 광범위하지만 각 목적들은 서로 연계되어 있다.

교회의 재산은 영성적인 교회의 목적에 늘 부합하면서, 목적 자체로 어떠한 방식으로든지 일정한 거룩함에 이르러야 하기에, 교회 재산을 거슬러 저지른 범죄들은 성물 모독의 성격을 가진다.

2장 구분

1. 거룩한 재산

법전은 거룩한 재산에 대해 기술적으로 정의하는데, 교회법 제1171조는 거룩한 물건을 "봉헌이나 축복의 의미로 하느님께 경배를 드리기 위하여 지정된 물건"이라고 말하고 있다. 거룩한 물건이란 성화상[25], 장소[26], 건물[27]이나 일반적인 물건[28]을 가리킨다. 거룩함의 구성 요소는 두 가지로, 경배를 위한 목적으로 사용되거나 봉헌이나 축복의 예식에 사용되는 것이어야 한다. 그러나 "거룩한 재산이나 거룩한 물건"이 의미하는 것은 말 그대로 교회 재산의 종류가 아니며 거룩한 물건이라고 해서 모두 교회의 물건은 아니다. 예를 들어 사제의 축성된 개인 성작은 교회 재산이 아니라 개인 소유의 성물이다. 법전에서도 개인 소유의 성물을 별도로 규정하고 있다.[29] 하지만 교회의 물건이라고 해서 모두 다

---

25) 교회법 제1188조.
26) 교회법 제1205조.
27) 교회법 제1220조 제2항.
28) 교회법 제1269조와 제1376조.

성물은 아니다. 교환에 제한이 있긴 하지만 성물은 전적으로 상행위의 가능 범위에 있다고 말할 수 없다.[30] 한편 교회법 제1376조는 거룩한 물건을 모독하는 범죄도 규정하고 있다.

2. 보배로운 재산

1983년도 법전(입법자)은 보배로운 교회 재산을 정의하면서 그에 따른 중요한 법률적 결과들을 함께 제시하고 있다. 보배로운 물건들의 의미에 대해서는 법전의 여러 조문들 가운데에서 찾아볼 수 있다.[31] '보배로움'의 뜻은 역사적이나 예술적인 의미로 추정하는데,[32] 1917년도 법전은 '대상materia'도 그 범위에 포함시켰다.

그러나 현행 법전은 보배로운 재산의 종류를 모두 제시하지 않고, 대표적인 예들만 다루고 있다. 교회법 제1189조는 귀중한 화상들을 언급하면서, "즉 옛것이거나 또는 예술성이나 공경심에서 탁월한 성화상들"[33]이라 설명한다. 교회법전(입법자)은 '보배로움'의 기준을 정하는 데 있어 높은 가치를 요구한다. 가치 평가의 기준은 소유자의 이익, 곧 교회의 이익이 아니라 예술과 역사적 가치이다. 그리고 그 가치는 각 사물들

---

29) 교회법 제1269조 참조.
30) 교회법 제1171조 참조.
31) 교회법 제638조 제3항, 제1189조, 제1220조 제2항, 제1283조 제2호, 제1292조 제2항 참조.
32) 교회법 제1292조 제2항 제638조 제3항 참조.
33) "id est vetustate, arte, aut cultu praestantes"(교회법 제1189조).

과 관련하여 평가되는데, 가치를 고려할 때는 교회법 제1292조에 언급된 규정이 아니라, 지금까지 효력을 발휘하는 학설과 과거의 판례를 기준으로 한다. 일반적으로 보배로운 재산의 가치를 고려하는 데 있어 최고액과 30년 기간의 시효를 기준으로 삼는데, 이러한 재산을 양도하려면 성좌의 허가가 필요하다. 끝으로 보배로운 재산으로 간주되는 교회 재산의 양도에 대해서는 특별히 정관을 통해 목록으로 작성되어야 한다. 여기서 양도는 교회의 재산에만 관계된 행위이다.

3. 동산과 부동산

1917년도 법전은 유형 재산과 무형 재산으로 교회 재산을 구분하였다. 유형 재산은 외형적으로 동산과 부동산으로 구분되었다. 이 구분은 로마법을 따른 것이다. 유형 재산은 접촉될 수 있거나 지각으로 감지할 수 있는 재산이다. 이와 반대로 무형 재산은 접촉될 수 없거나 지각으로 감지할 수 없는 재산이다. 즉, 지성으로만 습득될 수 있는 재산으로, 예를 들면 법 같은 것이 해당된다. 새 법전은 동산과 부동산에 대한 새로운 정의를 제시하지도 않고, 동산과 부동산의 구분을 언급하지 않고 있다.[34] 실상 현대 법 규범도 그러한 구분에 더 이상 큰 의미를 두지 않고, 보통 동산과 부동산을 열거하는 것으로 제한한다. 교회법에서는 동산

---

34) 예를 들면, 교회법 제1270조 참조.

과 부동산에 구분할 때 일반 시민법을 준용한다.[35]

---

35) 교회법 제1290조 참조.

3장 공법인의 재산에 대한 교회의 권리

교회법 제1254조 제1항은 하느님의 법으로 가톨릭교회의 재산권을 강조한다. 그러한 권리는 다음 조문인 교회법 제1254조 제2항에서 구체적으로 설명된다. 재산의 '교회적 성격ecclesiasticit'[36]과 교회와 다른 법인들과의 권리 관계를 더 잘 이해하기 위해서는 관련 규정들을 연관 지어 살펴보아야 한다.

1. 교회의 권리

교회법 제1254조 제1항은 "가톨릭교회는 그 고유한 목적을 달성하기 위하여 국가 권력으로부터 독립하여 타고난(천부적) 권리로 재산을 취득하고 유지하며 관리하고 양도할 수 있다."고 규정한다. 가톨릭교회는 이러한 재산권을 가지며 이는 교회의 설립자이신 예수 그리스도에게서 기인하는 천부적(타고난) 권리라는 것이다. 교회는 이러한 권리를 추구

---

[36] ecclesiasticità 란 용어에 대해 더 정확한 이해를 위해서는 교회론 학자의 도움이 필요할 것 같다.

해야 하며, 이는 교회의 절대적인 목적에 바탕을 둔다.

교회가 역사와 시공 안에서 활동하기 때문에, 영적 목적을 추구하기 위해 필연적으로 세속의 수단들을 사용할 수밖에 없으며, 이 현세적인 수단의 필요는 교회의 본성과 사명을 준엄하게 따른다는 정신이 규정의 바탕을 이룬다. 실상 교회법 제1254조 제2항이 규정하는 교회의 고유하고 절대적인 목적은 "주로 하느님 경배를 주관하고 성직자들 및 그 밖의 교역자들의 합당한 생활비를 마련하며 거룩한 사도직 사업과 특히 가난한 이들을 위한 애덕 사업을 실행하는 것"이다.

2. 공법인의 권리

앞에서 말한 교회의 고유 목적을 수행하기 위해 교회는 스스로의 재산에 대한 권리를 어떻게 구체적으로 사용할 수 있는가? 가톨릭교회는 직접 자기 명의로 등기된 재산을 가지지 않는다. 하지만 가톨릭교회는 사도좌, 예수께서 직접 세우신 교황의 수위권과 개별 교회, 그리고 그 밖의 모든 공법인을 통하여 경제적 활동을 할 수 있다. 정의하자면, 이들은 공동선의 관점에서 수임된 특별 위임과 그들의 회헌을 통하여 교회의 목적에 도달하기 위한 활동을 '교회의 이름으로' 수행한다.

교회법전에서 다음의 조문들은 교회의 목적을 위한 '재산의 취득'[37]

---

37) 교회법 제1255조.

과 이를 '소유'[38]할 자격 그리고 어떤 것이 '교회의 재산'[39]에 해당하는지 정확하게 규정하고 있다. 재산의 취득 자격은 사법인에도 인정되지만, 교회는 공법인으로서, 그리고 공법인을 통해서만 임무를 수행한다. 따라서 교회 재산은 공법인의 재산만을 의미한다. 이에 따라 공법인은 교회의 자격으로 재산의 취득 · 소유할 권리를 가지며, 교회의 이름으로 활동하도록 설립되고 권한을 부여받은 법인이다. 공법인은 바로 이 정의의 틀 안에서 활동 범위를 설정하며, 교회는 공법인의 목적을 실행하기 위하여 재산권을 구체화한다. 여기서 교회의 재산이라 함은 어떠한 방식으로든 교회로부터 허가된 권리와 교회의 목적을 위해 취득된 것을 말한다. 뒤에서 살펴보겠지만, 교회의 재산은 그 재산의 목적에 따라 성격이 결정된다.

3. 수도회의 교회 재산

교회법 제634조 제1항은 교회법 제1255조와 제1256조를 문헌 그대로 적용하면서 "수도회와 관구 그리고 (수도)원들은 그 자체로 법인이니만큼 재산을 취득하고 소유하며 관리하고 양도할 자격이 있다. 다만 이 '자격capaces'[40]이 회헌에 배제되어 있거나 제한되어 있다면 예외로 적용된다."고 말한다. 교회법 제634조 제1항은 수도회 회헌에 따라 재산

---

38) 교회법 제1256조.
39) 교회법 제1257조 제1항.

에 대한 자격을 전적으로 배제하거나 제한할 수 있는 가능성을 언급하기 위한 원칙을 강조한다. 이러한 배제를 입증해야 할 경우는 일반적으로 수도원 안에서 발생하는데, 제한은 재산의 취득, 유지, 관리, 양도 권리와 관계가 있다. 때때로 이러한 제한은 회헌의 부칙에 따라 관리권에 비해 취득, 유지하는 권리가 상급 장상에만 종속되는 경우 다루어질 수 있다.

---

40) 우리말 교회법전은 '능력'이라 옮겼지만, 필자는 '자격'이라고 번역하였다. 왜냐하면 원어 'capaces'는 capax라는 형용사로 "능력 있는, 자격 있는"이라는 뜻인데, 라틴어 조문의 전체적 문맥이 법률상 자격을 가리키기 때문이다.

4장 목적의 중요성

1. 목적에 근거한 일치

교회 재산은 '교회의 목적'과 일치하여야 하며, 이러한 틀 안에서만 교회 재산의 세습에 대하여 말할 수 있다. 수 세기 동안 교회의 목적은 교회 재산 소유권(재산권, dominium)[41]의 주체에 대해 문제를 제기하지 않았고, 모든 것이 재산을 소유하였던 주체보다는 오히려 목적에 의해서 결정되었을 정도로 목적만이 중요하게 여겨졌다. 소유권의 주체에 대한 문제는 다소 늦게 제기되었는데, 이는 우연한 계기를 통해, 곧 특별한 소수의 횡령자들로부터 교회 재산을 안전하게 보호하기 위하여 제기되었다. 교회법 제492조 제3항,[42] 제1298조가 이를 잘 반영하는 조문이다.

현행 법전, 특히 교회법 제1256조는 다양한 소유의 주체에 대해 언급한다. 그러나 소유 주체의 다양성이 교회 재산의 목적을 해치지 않는데,

---

41) dominium에 대한 설명은 교회법 제1256조의 해설을 참조하라.
42) "주교와 4촌까지의 혈족이나 인척으로 연결되어 있는 사람들은 재무평의회에서 제외된다."

이는 교회로부터 승인된 주체들이 고유의 회헌을 가지면서 교회의 이름으로 그 위임을 통하여 교회의 재산을 취득하기 때문이다. 그러나 재산권은 "모든 교회 재산의 최고 관리자이며 운영자"[43]인 "교황의 최고 권위 아래"[44]에 있다. 한마디로 말해 재산권은 "법규범에 따른다."[45] 즉, 교회법의 범위 안에 있음을 의미한다.

2. 목적을 존중할 의무

교회 재산의 목적은 "하느님 경배를 주관하고 성직자들 및 그 밖의 교역자들의 합당한 생활비를 마련하며 거룩한 사도직 사업과 특히 가난한 이들을 위한 애덕 사업을 실행하는 것이다."[46] 이러한 전망에서 교회 재산은 반드시 여기에서 말하는 목적에 부합해야 하며, 동시에 언제나 교회의 목적을 보존해야 한다. 이러한 관점은 일정한 한계 내에서 법규범에 따라 친교적 성격을 가지며, 목적의 우선순위에 대해서도 적용되어야 한다. 목적의 우선순위에 대해서는 교회법 제1254조 제2항이 설명하고 있다.

---

43) 교회법 제1273조.
44) 교회법 제1256조.
45) 교회법 제1255조.
46) 교회법 제1254조 제2항.

3. 목적이 소유와 용도를 결정한다

목적은 재산권을 기초로 하고 동시에 그 재산권의 한계도 정확하게 구분한다. 사실 교회는 "달성해야 할 고유한 목적"을 갖고 있기 때문에 재산권을 가지는 것이다.[47] 이러한 교회의 목적은 초자연적이며 교회의 본성과 사명에 따라 추구되어야 한다. 따라서 오늘날 교회의 사명은 정치, 경제, 사회의 질서에 있지 않고 종교 질서에 관한 것이라고 전 사도좌 대심원 의장 데 파올리스 추기경은 정의했다.[48] 즉, 교회가 재산을 필요로 하더라도 이 세상의 수단에 그 희망을 두지 않고,[49] 시대의 상황과 인간 조건의 다양성에 따라 모든 이의 이익과 복음의 필요에 응답하는 수단으로만 사용해야 한다는 것이다.[50]

특히 「사목헌장」 제76항은 시간이 흐른 지금도 여전히 우리에게 시사하는 바가 크다. "사도들과 그 후계자들 그리고 이들의 협력자들은 사람들에게 세상의 구원자이신 그리스도를 선포하도록 파견되므로, 자신의 사도직 수행에서 하느님 능력에 의존한다. 하느님께서는 매우 자주 증인들의 약점 안에서 복음의 위력을 드러내신다. 실제로 하느님 말씀의 교역에 헌신하는 사람은 누구나 복음의 고유한 방법과 수단을 활용하여야 한다. 이는 여러 면에서 지상 국가의 수단과 다르다." 이러한

---

47) 교회법 제1254조 제1항.
48) 「사목헌장」 제42항.
49) 「사목헌장」 제76항.
50) 「사목헌장」 제76항.

맥락에서 우리는 바오로 6세의 다음 말씀을 이해할 수 있다. "경제적·물질적 수단의 필요는 결과적으로 그 수단을 찾고, 요구하고, 관리할 필요성을 수반하지만, 제어할 수 있는 한계, 관대한 사용, 영성적 의미를 느껴야 하는 '목적들'의 개념을 결코 넘어서지 않는다."[51]

4. 목적과 관련된 재산의 영성

교회의 목적은 영적靈的이므로 교회 재산도 그 자체는 물질적이고 현세적이더라도, 그러한 영성에 어떠한 방식으로든 참여하여야 한다. 때때로 교회 재산은 하느님과 본인의 관계(종교적 목적)를 표현하고자 하는 신자들의 의사에서 생기고, 그리스도교 신자들의 의사는 숭고하기에, 그들의 재산을 승낙하는 자는 그 기증자의 의사를 존중해야 한다. 따라서 교회법 제1267조 제3항, 제1284조 제2항 제3호, 제1300조는 그 재산이 제시하였던 목적에 맞게 재산을 사용하면서 신자들의 의사를 존중하는 원칙을 강조한다. 누가 재산권의 본 주체subiectum inhaesionis인지를 아는 것이 그 재산의 사용 주체subiectum utilitatis를 아는 것보다 더 중요하다.

---

51) *Osservatore romano*, 1970년 6월 25일.

5장 교회 재산을 규제하는 법률들

　　교회 재산은 그 자체로 교회에 속하고 교회의 목적을 위하여 사용되므로, 교회의 관할 아래 일정한 법률에 따라 규제된다. 교회법 제1254조는 재산 관리에 있어 국가 권력으로부터가 아니라 창립자 자신으로부터 교회에 재산권이 주어진다는 사실을 강조한다. 따라서 재산의 소유와 관리는 교황의 최고 권위 아래[52] 교회법에 의해서 규제된다.[53] 재산 관리의 기준은 교회법전 제5권의 '교회의 재산(교회법 제1254조-제1310조)', 제3편 봉헌 생활회와 사도 생활단 제3관 재산과 그 관리(교회법 제634조-제640조) 그리고 고유법[54]이다. 실상 입법의 원천은 사회의 성격과 상응한다. 교회 재산이 거룩한 목적에 부합하고 교회의 성격과 사명에 맞게 사용되려면, 교회 정신에 따라 교회 재산을 관리하고자 하는 자는 교회 재산법을 반드시 유념해 두어야 한다. 또한 교회 재산 관리자들이 자신의 임무에 이러한 목적을 반영하기 위하여 입법과 교회 및 소속 수

---

52) 교회법 제1256조.
53) 교회법 제1255조-제1256조.
54) 교회법 제617조, 제635조 제2항, 제638조 제1항.

도회의 정신을 잘 알아야 할 필요성이 여기에 있다.

V. De Paolis[55]

---

55) 이 부분을 설명하는데 있어 A cura di C. Corral Salvador, V. de Paolis, G. Ghilanda, *"Beni ecclesiastici, Bona ecclesiastica"*, in *"Nuovo Dizionario di Diritto Canonico"*, (Milano : San Paolo, 1993), 99-104 이하를 참조했다. 따라서 특별히 전거를 밝히지 않는 경우는 이 글에 의존했음을 밝힌다.

 교회법 해설

국가 권력으로부터의 독립(제1254조 제1항)

【제1254조】
① 가톨릭교회는 그 고유한 목적을 달성하기 위하여 국가 권력으로부터 독립하여 타고난(천부적) 권리로 재산을 취득하고 유지하며 관리하고 양도할 수 있다.

교회법전 제5권은 재산과 관련하여 국가 권력으로부터 교회가 가지는 독립성에 대한 선언으로 서두를 시작한다. 이는 교회 재산권의 독립적 생성 이상의 것을 주장하는 것으로 교회가 재산을 취득하고 유지, 관리, 양도할 수 있으며 그 권한 행사에 있어서 국가 권력으로부터 완전히 독립되어 있음을 주장하고 있다.

이러한 선언은 수 세기 동안 가톨릭교회와 국가 사이에 있었던 뿌리 깊은 갈등에서 연유한다. 긴 역사 안에서 국가는 다양한 방법으로 교회의 재산을 강탈하려 했다. 특히 취득 제한, 과도한 과세, 강제 양도, 교회 부지와 소득에 대한 철저한 장악 등은 초기 중세 시대 이래로 주교와 지역 및 보편 공의회, 교황의 강한 반발을 불러일으켰다. 정부의 엄격한 탈취로 인해 교황과 공의회의 결정들은 정부에 의해 행해지는 재산 몰수를 단죄하였고, 재산에 관한 한 교회는 국가 권력의 권한 밖이라는 주장도 수그러들 여지가 없었다.[56]

역사적으로 교회와 정부 간에 있었던 갈등의 결과, 일부 교회 지도자들은 독립에 대한 교회의 주장을 절대적인 의미로 해석하면서, 일반 시민법을 무시하거나 정부에 대해 노골적으로 저항적인 태도를 보이기도 했다. 이러한 두 가지 태도는 교회와 정부 간에 또 다른 갈등을 낳았으며, 역으로 교회에 더 큰 피해를 가져오기도 했다.

그러나 제2차 바티칸 공의회의 가르침은 교회가 추구하는 독립에 대한 의미에 미묘한 차이를 덧붙임으로써 교회 내 급진적 세력의 주장을 적절히 완화시킬 수 있었다. 공의회에 따르면 교회가 필요로 하는 독립의 정도는 「종교 자유에 관한 선언」에 설명된 종교의 자유에 대한 원칙이 실행되는 곳이라면 어디에서나 실현된 것으로 간주된다.

"종교 자유의 원칙이 단지 입으로 선언되거나 법으로 정해지는 것에 그치지 않고 성의로써 실천에 옮겨질 때, 비로소 교회는 신적 사명을 수행하는 데 필요한 독립을 위해서 법률상 및 사실상의 안정된 조건을 얻게 된다. 이러한 독립이야말로 교회 당국이 사회에 강력히 요구했던 바

---

56) 재산을 두고 교회와 정부 간에 있었던 많은 갈등에 대한 요약과 이와 관련된 교도권의 성명은 다음 자료에서 찾아볼 수 있다: J. Goodwine, *The Right of the Church to Acquire Temporal Goods*, CanLawStud 131 (Washington, D.C.: Catholic University of America, 1941) 50-98; U. Wiggins, *Property Laws of the State of Ohio Affecting the Church*, CanLawStud 367 (Washington D.C.: Catholic University of America, 1956) 3-39.

이다."⁵⁷⁾

「종교 자유에 관한 선언」에 설명된 종교의 자유에 대한 원칙에 따르면 국가 권력이 공공질서를 위해 종교의 자유권 행사를 규제할 수 있는 권리와 의무를 가진다고 인정하는 것이 된다.⁵⁸⁾ 그렇다면 「종교 자유에 관한 선언」에서 말하는 교회의 독립이란 공공질서를 위한 국가 권력의 합당한 규제에 어긋나지 않는 선에서의 독립을 의미하게 되고,⁵⁹⁾ 이것은 단지 교회 사명의 완수에 필요한 정도의 독립이다. 따라서 교회의 독립은 국가로부터의 배타적이고 절대적인 독립이 아니라, 단지 비합리적인 규제나 제한으로부터의 '상대적' 독립인 것이다.

국가 권력으로부터 교회가 가지는 독립성에 대한 이러한 이해는 교회법 제1254조 제1항에 대한 해석의 지침이 된다. 이 조문은 공의회가 제안한 교회의 모습을 토대로 해석되어야 하기 때문이다. 「종교 자유에 관한 선언」에서는 적절한 자금과 재산을 취득하고 사용할 수 있는 종교 단체의 권리를 설명하는 데 있어, "공공질서의 정당한 요구가 위반되지 않는 한"(dummodo iustae exigentiae ordinis publici non violentur)이라는 말로 그 논지를 시작한다.⁶⁰⁾ 제5권에 있는 몇 개의 조문에서도 국가 법률과 조화를 이루고,⁶¹⁾ 심지어 일반 시민법을 교회법으로 준용하라고 권고하

---

57) 「종교 자유에 관한 선언」 제13항, 비오 12세 담화, Ci riesce, 1953년 12월 6일: AAS 45(1953), 802쪽.
58) 「종교 자유에 관한 선언」 제7항.
59) 공의회는 공공질서의 기본 요소를 정의, 평화, 사회, 도덕으로 이해하였다. 「종교 자유에 관한 선언」 제7항.
60) 「종교 자유에 관한 선언」 제4항.

면서,[62] 절대적 독립에 대한 주장이 그릇됨을 보여 주고 있다.

공의회의 가르침을 보면 교회법 제1254조는 국가 권력으로부터 독립에 대한 주장을 모두 생략하고, 교회가 가지는 재산에 대한 내적 권리만을 확언하는 것으로 교회법을 제한시키는 편이 오히려 나았을지도 모른다. 사실 이는 교회법전 개정 과정 동안 제안된 사항이었으며,[63] 좀 더 최근에 공표한 동방 가톨릭 교회법전에서도 이러한 선언을 실행한 바 있다.[64] 따라서 교회법 제1254조 제1항의 독립성에 대한 주장이 계속 있어 왔다고 하더라도, 교회 재산 관리자들은 교회 재산권이 국가 권력으로 제한되고 규제를 받는다는 사실을 인지하는 것이 이론적·실제적으로 타당하다.

교회법 제1254조 제1항에 사용된 '천부적'이라는 단어는 인간의 단체인 동시에 재산의 사용이 필요한 신성한 사업을 수행하기 위해 조직된 기관으로서의 교회가 국가 권력으로부터 부당한 간섭을 받지 않고 재산을 소유할 수 있는 권리를 신으로부터 수여받았음을 의미한다. 이

---

[61] 교회법 제1284조 제2항 제2호, 3호; 교회법 제1286조 제1호; 제1299조 제2항.
[62] 교회법 제1268조, 제1290조.
[63] 초안에는 국가 권력으로부터 가톨릭교회의 독립이 논쟁적이며 불필요하게 과거의 국가-정부 간의 갈등을 상기시킨다 하여 이를 생략하였다. 하지만 1980년 초안에서는 이를 생략함으로 인해 예기치 못한 교리 해석이 제기될까 염려하는 사람들의 뜻을 따라 이 주장을 다시 복원시켰다. Comm 5 (1973) 94; 12 (1980) 396.
[64] 동방 가톨릭교회법 제1007조 : "인간의 필요에 대한 영적 선을 돌보는 교회는 고유 사명이 요구하는 한도에서 재산을 사용한다. 따라서 교회는 그 고유한 목적에 필요한 재산의 취득, 소유, 관리, 양도할 수 있는 천부적 권리를 가진다. 그 고유한 목적은 특별히 하느님 경배, 사도직과 애덕 사업, 그리고 교역자들의 합당한 생활비를 위해 필요하다."

는 국가 권력이나 법 제도가 교회에게 증여한 권리가 아니라는 것이다.

이 조문에서 말하는 '가톨릭교회'라는 용어는 교회법 제1조와 마찬가지로 라틴 교회만을 의미한다. 현 교회법 제1조는 1917년도 교회법 제1조와 비교하여 완전히 바뀌었는데, "라틴 교회에만 적용된다." (Ecclesiam latinam respiciunt)는 명확한 표현으로 동방 교회를 총체적으로 배제하고 있다. 이는 공의회 정신에 따라 로마와 일치하는 동방 교회에 대한 존중을 이 조문에서 표명하고자 한 것이다. 아울러 「일치운동에 관한 교령」과 「동방 가톨릭교회에 관한 교령」에 힘입어 오랜 시간 갈라져 있는 탓에 힘든 갈등을 겪어 왔던 동방 교회와의 그리스도교 일치 대화에 대한 각별한 주의도 담겨 있다.

동방 교회와 라틴 교회를 구분한다는 것은 무엇을 의미할까? 과거 몇몇 저자들은 "전례에서 라틴어를 사용하지 않는 것은 모두 동방 교회"라고 구분했다. 로타 로마나의 예심관이자 로타 로마나 부설 사법연수원 Studio Rotale에서 '행정 심판'을 강의하는 핀토Pinto 몬시뇰은 5세기 네 군데의 총주교좌, 즉 콘스탄티노폴리스, 안티오키아, 알렉산드리아, 예루살렘 교회를 동방 교회로 정의했다. 즉, 그의 정의 안에서 동방 가톨릭교회는 교회 안에서 다른 예법과 고유법(자치권, sui iuris)을 가지는 교회를 의미하는데, 로마 교황의 수위권首位權을 인정하면서도 동방 교회의 독자적인 전례, 관습, 교회법, 언어 등을 지키고 있는 교회들을 말한다.[65] 그러나 에밀리오 에이드 몬시뇰은 이와 다르게 **동방 가톨릭교회란 로마 사도좌와 온전한 신앙의 일치와 친교를 이룬 다섯 곳의 모교회**

와 전례의 원천성을 가진 교회라고 정의하였다. 이 정의에 따라 동방 가톨릭교회를 다섯 전례로 나눌 수 있는데, 알렉산드리아 전례[콥트 교회(이집트 교회, 총대주교좌)와 에티오피아 교회], 안티오키아 전례[말란카르·마로니타(총대주교좌)·시리아(총대주교좌) 교회], 콘스탄티노폴리스와 비잔틴 전례[알바니아·벨로루시·불가리아·그리스·헝가리·멜키트(총대주교좌) 교회, 루마니아·러시아·루테니아·슬로바니아·우크라이나·구 유고슬라비아 교회], 아르메니아 전례[아르메니아 교회(총대주교좌)], 칼데아 전례[칼데아 교회(총대주교좌)와 시리아-말라바르(인도 서남부에 있는 해안 지방) 교회]가 그것이다.[66] 에밀리오 에이드 몬시뇰은 동방 가톨릭 교회법전 집대성에 현격한 공헌을 한 주교로서, 현재는 그의 동방 가톨릭교회에 대한 정의가 더 권위가 있다고 판단된다.

역사적으로 동방 교회와 서방 교회의 구분은 정치적 이유로 293년 디오클레시아노 황제에 의해 행해진 로마 제국의 분열로 거슬러 올라간다. 동방 교회들은 동로마 황제의 지역에 포함되는 곳에 위치한 교회들이었다. 고유 법전을 가지는 동방 교회의 권리에 대해서는 지속적인 교황들의 배려와 더불어 특별히 고유법 체계를 부여한 교황 비오 12세를 기억해야 한다.[67]

---

(65) P. V. Pinto, *Commento al Codice di diritto canonico*, (Città del Vaticano: Libreria Editrice Vaticano, 2001), 1-2.
(66) 동방 가톨릭 교회법전은 1546개조로 1990년 10월 18일 교황 요한 바오로 2세에 의해 공포되었다. Cfr. Luigi Chiappetta, *Prontuario di Diritto Canonico e Concordatario*, Edizioni Dehoniane, Roma 1994, 247-248.

교회법 제1254조 제1항에는 재산권의 필수적 요소 네 가지(취득, 유지, 관리, 양도)가 열거되어 있다. 취득, 관리, 양도는 제5권의 제1장, 제2장, 제3장에서 각각 다루고, 유지는 각 장의 개별 조문에서 다룬다. 1917년 법전은 재산권의 처음 세 가지 요소만 열거했으며 네 번째 요소인 양도를 특별 관리 행위로 간주했다. 그러나 교회법전 개정위원회는 양도를 관리와는 본질적으로 다른 법률 행위로 보고,[68] 다른 규범을 적용해야 한다고 여겼다. 이러한 구분은 상당한 혼란과 교회법적 오류를 낳고 있어, 아직까지 보편적으로 용인되지는 않고 있다.[69]

교회 재산의 목적(제1254조 제2항)

【제1254조】
② 그 고유한 목적은 주로 하느님 경배를 주관하고 성직자들 및 그 밖의 교역자들의 합당한 생활비를 마련하며 거룩한 사도직 사업과 특히 가난한 이들을 위한 애덕 사업을 실행하는 것이다.

교회 재산의 목적에 대한 조문은 그라시아노(Gratianus, Franciscus : ?-1160)[70] 시대 이후[71], 교회 재산권의 정당성을 보여 주는 전통적 근거가

---

67) P. V. Pinto, op. cit., 1-2.
68) *Comm* 12 (1980) 396.
69) 교회법 제1277조, 제1291조, 제1295조에 대한 해설 참조.

되어 왔다. 그러나 1917년 법전에서는 하느님 경배와 성직자 및 교역자들의 생활비 마련의 목적을 열거한 후, 전통적인 자선 사업에 대한 특별한 언급을 하는 대신 애매하게 "다른 합당한 목적"이라는 표현을 사용했다.[72] 그러나 제2차 바티칸 공의회에서 기존의 전통적이고 구체적인 형식을 복원하였으며,[73] 교회법 제1254조 제2항은 사실상 공의회의 어구를 반복한다.

이러한 전통적 형식의 복원은 중요한 의미를 갖는다. 왜냐하면 재산 취득에 정당성을 주는 주요 목적 중 하나인 자선 사업에 대한 특별한 언급을 생략함으로써, 일부 교회 관리자들에게는 과도한 재산 소유가 수월해졌기 때문이다. 개정 법전은 이러한 불미스러운 경향을 바꾸고자 하는 의도로서 "청빈과 사랑의 정신은 그리스도 교회의 영광이요, 증명이다."라는 공의회의 가르침을 지지한다.[74]

한편 교회법 제1254조 제2항에서 교회 재산의 목적을 구체적으로 열

---

70) 이탈리아 토스카나 지방에서 출생. 교회법학의 시조로 일컬어지는 이탈리아의 교회법 학자이다. 대략 1140년에 그라시아노 수사가 초 세기부터 그때까지 제정된 모든 교회 법규와 법령집을 체계적으로 정리하고, 과학적으로 집대성하여 3945개조로 이루어진 방대한 법령집을 편찬하였다. 그는 이 법령집을 "모순되는 교회법 조문들과의 조화"(Concordia discordantium canonum)라고 불렀는데, 이는 교회법학을 신학으로부터 독립된 학문으로 발전시키는 계기가 되었다. 그라시아노 법령집은 교회의 권위자에 의하여 편찬된 공식 법령집이 아니라 사적으로 편찬한 것이었지만, 그럼에도 불구하고 그라시아노 법령집은 후대 교회법전의 기초가 되었을 뿐 아니라, 현대 국가들의 법전에도 지대한 영향을 끼쳤다.
71) *Decretum*, C. 12. q. 1 c. 23 (Friedberg I, 684-685).
72) 1917년도 교회법 제1496조.
73) 「사제 직무에 관한 교령」 제17항.
74) 「사목헌장」 제88항, 교회법 제640조, 제1285조.

거하는 것이 정확한 결정인지에 대해서는 입안자들의 의견이 분분하다. 일부는 '주로praecipue' 라는 단어를 넣으면 다른 목적도 있다는 것을 가리킨다고 보지만,[75] 한편에선 이 단어를 넣은 이유는 교회의 재산권에 대해서만이 아닌 교회의 일반적인 목적에 대해서도 말한 것이기에, 교회의 재산 소유 목적은 사실 명확하게 기술되어 있다고 본다.[76] 그러나 사도직 활동을 온 세계에 그리스도를 알리는 교회의 모든 활동으로 정의하는 공의회의 가르침에서 볼 때,[77] 교회의 목적에 '거룩한 사도직 활동'을 포함하지 않는다는 것은 생각하기 어려운 일일 것이다.

아울러 목적들이 우선순위대로 나열되었느냐에 관해서도 의문이 제기되어 왔다.[78] 이러한 부정적 의문은 교회법 제222조 제1항과 동방 가톨릭교회 교회법전의 병행 조문에서 같은 목적이 다른 순서로 나열된 데서 비롯되었다.[79] 그러나 시대적 상황에 따라 특정 목적에 우선순위가 주어질지 모르지만, 어떤 목적도 다른 목적을 배제할 만큼 전적인 우위를 차지하지는 않는다는 점을 교회 관리자들은 명심해야 할 것이다. 특히, 교회가 재산을 취득하는 주요 목적 중 하나가 가난한 이들을 위해

---

75) V. De Paolis, *De Bonis Ecclesiae Temporalibus: Adnotationes in Codicem: Liber V* (Rome: Gregorian University, 1986) 29; F. Morrisey, "*Acquiring Temporal Goods for the Church's Mission*", J 56 (1996) 591.
76) A Maida and N. Cafardi, *Church Property, Church Finances, and Church-Related Corporations: A Canon Law Handbook* (St. Louis: Catholic Health Association, 1984) 10.
77) 「평신도 사도직에 관한 교령」제2항.
78) G. Roche, "*The Poor and Temporal Goods in Book V of the Code*", J 55 (1995) 316.
79) 동방 가톨릭교회법 제1007조: "그 고유한 목적은 특별히 하느님 경배, 사도직과 애덕 사업, 그리고 교역자들의 합당한 생활비를 위해 필요하다."

재산을 사용하거나 나누어 주는 일이라는 것을 잊어서는 안 된다.

재산권을 가질 법적 자격(제1255조)

【제1255조】
보편 교회와 사도좌와 개별 교회들뿐 아니라, 그 밖의 법인들도 공법인이거나 사법인이거나 구별 없이, 법 규범에 따라 재산을 취득하고 유지하며 관리하고 양도할 능력이 있는 주체들이다.

이 조문은 앞의 조문에서 확언한 독립성을 즉각적으로 적용한 것이다. 보편 교회와 사도좌와 개별 교회들뿐 아니라, 그 밖의 교회 법인에게도 재산권이 있음을 본 조문은 주장하고 있다. 이에 국가 권력의 개입은 불필요하다. 즉, 조문은 교회의 권위가 교회 법인들과 다른 교회 관련 기관에 재산권을 양도할 수 있는 완전한 능력을 가지고 있다고 간주한다.

그러나 독립성에 대한 주장 그 자체처럼, 교회와 국가 권력 사이에 정교 협약이나 유사 협정이 없다면 합당한 권리의 증여는 현대 사회에서 최소한도로 시행된다. 사실 이러한 협정은 우리나라를 비롯해 많은 나라에 전무하다. 결과적으로 이런 국가에서 교회는 법인격의 부여 또는 다른 일반 시민법을 통해서 재산권을 가질 수 있는 민법상의 권리 자격을 갖춰야 한다. 더불어 교구나 본당 같은 교회 법인 및 그 밖의 교회 관련 기관에 대한 민법상의 인가를 받을 필요도 있다. 이처럼 독립성에 대한 교회의 주장에도 불구하고, 교회 권위는 일반 시민법상 유효한 방법으로 재산권을 보호하도록 권고된다.[80] 일단 민법상의 권리 능력, 즉 재산의 소유·관리할 자격을 취득하면 법인은 교회법과 일반 시민법이라는 두 가지 법적 권원을 가지게 되며, 동시에 이 두 가지 법 제도에 종속된다. 따라서 교회 관리자들은 교회법 제1284조 제2항 제3조에 의하여 교회법과 민법 두 가지를 모두 지켜야 할 의무를 갖는다.

이 조문에서 언급하는 개별 교회에는 교구, 대목구, 지목구, 직할 서리구, 성직 자치구와 자치 수도원구가 포함된다.[81] 법인은 자연인과 구별되는, 법률상 사람처럼 권리와 의무를 지닌 주체를 가리키는 것으로서, 법 규정 자체나 교회 관할권자의 교령에 의하여 사도직 수행을 위한 목적 때문에 설립된다. 이러한 법인은 지속적으로 존재할 수 있는 자격과 교회법이 수여하는 권리와 의무를 가지며, 교회법 제113조-제123조의 규정에 따라야 한다. 개별 교회 외에도 법인에는 본당 사목구, 수도회와 관구, 사도 생활단, 재속회, 신학교, 주교회의 등이 있으며, 관할권자의 교령으로 설립되었다면 **교회 관련 대학, 대학교, 병원**, 그 밖의 **보건 및 자선단체**도 포함될 수 있다. 법에 의해 법인격이 부여된 법인들은 공법인으로서 "교회의 이름으로" 임무를 수행한다.[82]

---

80) 교회법 제1284조 제2항 제2조.
81) 교회법 제368조-제373조.
82) 예를 들어 교구, 본당, 수도회 등.

반면 사법인은 오로지 관할권자의 교령에 의해서만 법인격을 부여받으며, 사법인 자신의 이름으로 그 정관에 따라 임무를 수행한다.[83] 법에 의해 법인격이 부여되지 않은 공법인에 대해서는 사법인과 마찬가지로 교령에 의해 권리 능력을 부여할 수 있다. 예를 들어, 대학이나 병원은 법인격을 부여하는 교령에 따라 공법인 또는 사법인이 될 수 있다.[84]

법인의 분류 대조표[85]

	교회법에 의한 법인	한국 민법에 의한 법인
기원 면에서	① 하느님 법에 의한 법인 ② 교회의 법에 의한 법인	
설립 면에서	① 공법인 ② 사법인	① 공법인 ② 사법인
구성 면에서	① 사단법인: 합의체 법인, 비합의체 법인 ② 재단법인	① 사단법인 ② 재단법인
영리 면에서		① 영리법인 ② 비영리법인 ③ 공익법인
국적 면에서		① 내국법인 ② 외국법인

---

83) 교회법 제116조.
84) 교회법 제116조에 참조.
85) 정진석, 「교회법 해설」 제10권, 한국천주교중앙협의회, 1995, 26면.

이 조문에서 '사도좌'라는 용어는 로마 교황청의 다양한 성省을 포함하는 포괄적인 의미로 사용되었다.[86] 그러나 '보편 교회'라는 용어는 예외적으로 라틴 교회만을 지칭하며[87], 여기에 동방 가톨릭교회는 제외된다.

교회법 제1255조가 교회의 사명을 수행하는 데 있어서 재산권을 가질 자격이 있는 모든 주체들을 하나도 빠짐없이 열거한 것은 아니다. 그 주체를 좀 더 정확히 말하자면 보편 교회나 사도좌 또는 개별 교회나 그 밖의 교회 공법인에 속하는 현세적 재산도 교회 재산의 범주에 들어갈 수 있다. 즉, 교회 법인이 소유하는 재산만 교회의 재산이다. 따라서 성직자나 수도자의 개인 세습 재산은 교회 재산이 아니다. 성물이라도 개인이 소유하는 재산은 교회 재산이 아니다. 따라서 교회법상 법인이 아닌, 신자들의 신심 단체의 재산도 당연히 교회의 재산이 아니다.[88]

재산권(제1256조)

【제1256조】

재산권은 교황의 최고 권위 아래 그 재산을 합법적으로 취득한 법인에 속한다.

---

86) 교회법 제361조.
87) 교회법 제1조.
88) 교회법 제310조, 제1269조 참조; 정진석, 「교회법 해설」, 10권, 54쪽 참조.

구 교회법이 법인의 재산 소유 자격을 확언하는 반면, 새 교회법은 실제 재산권이 재산을 합법적으로 취득한 법인에게 있다는 단순한 사실을 주장하고 있다. 그러므로 법 자체로 법인격을 가지는 본당 사목구가 합법적으로 취득한 재산은 교구가 아닌 본당 소유의 재산이 된다.[89] 수도회 관구가 합법적으로 취득한 재산은 수도회가 아닌 그 관구가 소유한다. 관구와 회는 별개의 법인이다.[90]

표면상 단순하고 명백하게 보이는 교회법 제1256조는 교구장 주교, 본당 사목구 주임 또는 그 밖의 교회 재산 관리자들 간의 교회 내부에서뿐만 아니라, 교회와 정부 간에도 많은 갈등을 빚게 했다. 새 교회법이 단순한 사실만을 기술하고 있기 때문에 교구에 대한 민법의 체계가 교회법의 체계를 반영하지 않거나, 그것에 어긋나면 교회 관련 재산과 이러한 재산을 관리 및 양도할 수 있는 적임자가 누구인가 분쟁이 발생했을 경우 의견 대립이 생겨난 것이다.

이와 관련된 최초의 사례는 미국의 교구에서 일어났다. 미국에서는 교구가 민법상 단독 법인corporation sole이다. 이러한 교구에서는 민법상 모든 혹은 거의 모든 교회 관련 재산을 단독 법인, 즉 단독 구성원인 교구장 주교가 소유한다. 이러한 법적 체계 아래서는 철저한 중앙 집권적 관리가 가능하고, 대규모 공사나 융자를 받을 때 충분한 저당을 설정할 수 있다는 장점이 있다. 그러나 단독 법인이 채무를 지게 될 경우 채권

---

89) 교회법 제515조 제3항.
90) 교회법 제634조 제1항 참조.

자가 개별 본당이나 기관을 상대로 소송을 내면, 교구 내의 본당 및 기타 교회 관련 단체의 재산을 전부 공개해야 한다는 점에서 이 제도가 썩 바람직하지 않다고 보는 이들도 있다. 따라서 교구 내에 있는 모든 교회의 재산을 교구에서 관리하고 통제하는 것은 교회법에도 어긋난다.

따라서 20세기 초 사도좌는 미국 주교에게 단독 법인을 교회 재산을 유지하기 위한 수단으로 이용하는 것을 불허한다고 밝혔다.

"미국에서 현재 교회 재산을 소유하고 관리하기 위한 수단으로 사용하는 방법 중 하나인 '본당 법인Parish Corporation'이라는 형식에 뉴욕 주에서 사용하고 있는 조건과 보장 조항을 결합하는 것이 바람직하다. 그러므로 주교들은 민법이 인가한다면 각자의 교구 재산 관리 방안에 속히 이 방법을 도입하기 위한 조치를 취해야 한다. 민법에 의해 인가받지 못한다면 관계 당국에 영향력을 행사해서라도 이 사안이 하루 빨리 합법화되도록 해야 한다. 본당 법인이 민법의 인가를 받지 못한 지역에서, 그리고 인가가 나기 전까지는 통상 단독 법인이라고 불리는 방법이 인정된다. 그러나 교회 재산 관리에 있어서 주교는 자문을 받아 행동해야 하며, 더욱 중요한 사안에 대해서는 교회 부지와 이해관계가 있는 사람들과 교구 참사회의 동의를 구해야 한다. 이러한 점을 감안할 때 이 방법에는 주교 개인의 양심이 요구된다."[91]

이러한 답서가 전달된 후 미국 내 본당의 경제 여건이 나아지긴 했지만, 각 법인의 재산권에 대한 교회법은 개선되지 않았다. 현재 미국 사회에서의 채무 책임에 대한 고려와 더불어 1983년도 법전에서는 '보조성의 원리'[92]를 한층 강조함으로써 교회 관련 재산에 대한 민법상의 권리를 강하게 지키기 위해 현행 단독 법인이 부적절함을 강력히 주장한다.[93] 이러한 방법이 아직도 사용되는 곳에서는 교회 재산의 취득, 유지, 관리, 양도에 관한 교회법이 충실하게 이행되도록 교구장 주교와 재정 관리자 및 참사회가 모든 노력을 다해야 할 것으로 보인다.

교회법 제1256조의 '합법적으로legitime'[94]라는 용어는 재산권의 합법적인 취득이 아닌, 유효한 취득을 말한다. 유효한 취득 조건이 갖춰질 때 법인에게 재산권이 생긴다. '합법 요건'[95]이 만족되지 않으면 재산권의 불법 취득이 되나, 교회법 제1256조의 목적에 위배되지는 않는다. 합

---

91) 공의회 심의회, 1911년 7월 29일, Canon Law Digest(이하 CLD) 2 (1956) 444-45. 현 교황청의 기구 가운데는 공의회 심의회라는 기구가 없지만, 1909년 비오 10세의 헌장 "지혜로운 의견Sapienti Consilio"에 포함된 11개 심의회 가운데 하나였다.
92) 보조성의 원리란 상대적으로 큰 단위의 사회가 개인, 가족 등을 포함한 하위 사회의 기능을 흡수·대체할 수 없고, 그 기능을 다하도록 협력해야 한다는 이론으로서 정치학은 인간을 공동체의 한 구성원으로 인식하는 데서부터 출발한다. 이러한 보조성의 원리는 상위 집단에 의한 일방적 의사 결정이 아닌 하위 집단의 능동적 참여 및 자기 자신에 대한 의사 결정을 주장하는 개념이다. 즉, 작은 단위의 정치 주체들(하위 집단)이 집단을 구성하는 구성원임을 인정하는 것에 근거한 개념이다. 이러한 정치 철학의 개념이 교회에 적용되어 사도좌에 유보되지 않은 기타 여러 문제들을 개별법으로 규제하는 특별 권한을 다양한 기구에 위임하도록 한 조치를 말한다. 교회가 정치 철학의 개념인 보조성의 원리를 수용한 것은 1967년 10월 교황의 명령으로 주교 대의원회의 총회의 심의에 제출하여 만장일치로 승인된 교회법 개정의 기본 원칙 제5조에서 유래한다. 교회법 개정 기본 원칙 제5조는 "권한이 결부된 주교의 직무는 하느님 법에 따른 것이므로 상급자로부터 나오고 보조성의 원리라고 불리는 원칙이 교회 안에서 더 많이 적용되도록 고려되어야 한다. 이 원칙에 힘입어 입법의 일치와 보편적 일반법이 지켜지는 동시에 개별적인 기관들의 유용성을 배려한 편의와 필요성은 특히 개별법과 개별 기관에 인정된 특별 집행권의 건전한 자주성을 통하여 옹호되어야 한다. 또한 같은 원리에 입각하여, 새 법전은 보편 교회의 규율의 일치에 필요하지 않은 것은 개별법이나 집행권에 위임하여 이른바 건전한 '권력 분산'을 적절히 배려하되 국가적 교회의 분열이나 설립의 위험을 제거하여야 한다."고 규정한다.

법과 유효라는 용어는 각 나라마다 의미와 쓰임이 조금씩 다르므로 아래의 각주(94-95번)를 참조하시기 바란다.

교황의 최고 권위에 대한 언급은 단지 교회의 목적에 맞게 봉헌된 재산의 소유와 사용에 관한 교황의 가르침과 사도좌의 통치 권위를 일컫는 것이지, 교황이 교회의 재산권을 제한할 수 있다는 의미가 아니다.[96] 그러나 교회법 제1255조와 마찬가지로 교회법 제1256조는 재산권을 합법적으로 취득한 법인의 재산권을 확언하면서, 개인이나 단체의 일원으로서 자연인의 재산권을 인정한다.

로마법에 사용된 용어 'dominium소유권'은 교회법 제1256조와 그 밖

---

93) 단독 법인의 장점을 옹호하는 반대 의견은 R. Kealy의 *"Method of Diocesan Incorporation"*, Canon Law Society of America Proceedings(이하 *CLSAP*) (1986) 163-177에 나타나 있다.
94) 교회법 관련 서적을 번역하는 데 있어 겪는 어려움은, 유럽에서는 각기 다른 상황에 적용하여 사용되는 용어가 우리말로는 같거나 비슷한 용어로 번역할 수밖에 없는 한계이다. 가령, legal(영어, legale 이탈리아어, legis 라틴어)이란 용어는 법률 조문에 정해진, 법률의 조문에 어긋나지 않는, 성문화된 명령에 대해서만 쓰이는 표현이며, legitimate(영어, legittimo 이탈리아어, legitimus 라틴어)란 용어는 법률, 관습, 전통에 의해 정당하게 인정되는 것을 가리킬 때 사용한다. 그리고 licit(영어, lecito 이탈리아어, licitus 라틴어)는 방법이나 절차가 법의 규정과 엄밀하게 일치하는 것을 뜻한다. 하지만 이 세 용어에 대해 적절한 우리말로 옮기기에는 상당한 어려움이 있다.
95) 전체적인 의미에서 합법성은 무엇을 의미하고 법철학 분야에서 무엇을 다루어야 하는지, 이는 철학과 법학의 공통적인 학문적 연구 분야이다. 실상 철학적 교육 없이 법학을 심오하고 조화롭게 해석할 수 없다. 주요한 법률적인 개념들, 가령 사람, 법률, 본질적인 특성 등에 대한 정의는 근본적으로 철학적 개념들이다. 교회법에서 말하는 합법성의 원칙이란, 법 규정에 따라 이행해야 함을 의미한다. 교회법에서 합법성이 필요한 분야는 '통치권'에서 요구된다. 즉, 통치권의 수행은 합법성의 원칙을 따라야 하는데, 이는 법으로 규정된 방식으로 행사해야 함을 의미한다(제135조 제2항-제3항; 제391조). 교회의 통치권에는 입법권, 사법권, 집행권이 있고, 교회의 재산은 집행권에 관한 부분에서 주로 다뤄진다. 따라서 교회 재산의 합법성은 그 집행이 법으로 규정된 방식으로 이루어져야 함을 의미한다. 가령 공법인이 조건이 붙은 봉헌금을 받을 수 있도록 직권자의 허가를 얻는 것을 들 수 있다. 교회법 제1267조 제2항 참조.

의 다른 조문에서 "재산권"으로 번역되었다. 이 용어가 전달하는 단순한 개념과 비교했을 때 영어권 나라에서의 교회법은 종종 관습법에 의한 재산권을 좀 더 복잡하게 이해하는 경향이 있다. 관습법이 많은 형태의 '재산권 분할'[97]을 인정하는 데 비해, 로마법 용어 dominium은 분할되지 않고 절대적이라고 보기 때문에 마치 관습법의 단순 봉토권(封土權, 무조건 상속재산권) 개념에 더 가깝다. 즉, 법전에 사용된 dominium이라는 용어는 그 소유권의 범위를 분할되지 않은 완전한 재산권으로 제한하는 것이다. 따라서 로마법에서는 이 조문의 dominium이라는 용어를 현시대의 부분적이거나 분할된 재산권의 형태에 적용하는 것을 허용하지 않는다.

그러나 이러한 견해는 현대에서는 여러 가지 이유로 옹호할 수 없다. 그 주된 이유는 후기 로마법에서 dominium을 proprietas와 바꿔서 사용했기 때문이다.[98] 로마법에서 물건에 대한 사실상의 지배 상태와 실질적인 권리관계가 일치하는 소유자의 법적 지위를 최초에는 dominium으로 표시했지만, 후에는 prorpietas라는 용어로 표시하였고, 물건의 사실상의 지배 상태만을 표시하기 위해서는 'posessio점유'라는 말을 사용했다. 또한 proprietas라는 용어에서 영·불 법학계의 소

---

96) Comm 12 (1980) 398.
97) 예를 들어, 법적 재산권 및 형평법상 유효한 재산권, 다양한 부동산, 여러 형태의 공동 재산권 등.
98) J.-P. Schouppe, *Elementi di Diritto Patrimoniale Cononico* (Milan: Giuffrè, 1997) 20, n.28; F. Schulz, *Classical Roman Law* (Oxford: Oxford University, 1961) 338-344; W. Buckland, *A Text-Book of Roman Law from Augustus to Justinian* (Cambridge: Cambridge University, 1966) 186-194.

유권 또는 재산이라는 말이 파생되었다.[99] 아울러 법전에서도 교회법 제1256조에서는 dominium을, 교회법 제1284조 제2항 제2호에서는 proprietas를 사용하였다. 게다가 부분적이든 완전하든 모든 재산권은 사실상 교회 법인이 봉헌금이나 계약에 의해 취득한다. 이럴 경우 봉헌자의 의사나 계약이 적용되는 지역의 일반 시민법이 재산권의 한계를 결정하는데, 이에 대해 교회법 제1300조는 봉헌자의 의사가 충족되어야 한다고 규정하며, 교회법 제1290조에서는 계약에 관한 그 지역의 일반 시민법을 준용하도록 규정하고 있다. 따라서 법전의 dominium은 전통적인 로마법에서의 의미로 한정시켜 이해할 것이 아니라, 분할 여부에 관계없이 현시대 사회에서 인정하는 모든 형태의 재산권을 가리킨다고 보아야 한다.

교회 재산(제1257조)

【제1257조】
① 보편 교회나 사도좌 또는 그 밖의 교회 내의 공법인들에 속하는 재산은 모두 교회 재산이며, 아래의 교회법 조문들과 고유한 정관에 따라 규제된다.
② 사법인의 재산은 고유한 정관에 의하여 규제된다. 그러나 달리

---

[99] 현승종 저, 조규창 증보, 「로마법」, 법문사, 1997, 501면, 524면 참조.

명시적으로 규정되지 아니하는 한 아래의 교회법 조문들에 의하여 규제되지 아니한다.

이 조문은 공법인의 재산에 관한 것으로서 '교회 재산'이라는 표현에 전문적인 의미를 부여하는 정의 규정이다. 그 법체계 내에서 단어가 어떤 의미를 갖는지 규정하는 조문을 정의 규정이라고 한다. 동시에 이 규정은 교회의 재산을, 재산이 속하는 특정 공법인을 규제하는 정관 규정에 종속시키며 동시에 교회법전 제5권의 나머지 교회법에 종속시킨다.

사법인의 재산은 교회 재산이 아니며 사법인 정관에 의해 규제되기는 하나, 달리 명시된 경우가 아니라면 이 재산은 교회법전 제5권의 규범에 의해 규제되지 않는다. 달리 명시된 조문은 교회법 제1263조, 제1265조 제1항, 제1267조 제1항, 제1269조 등이다.

사법인의 재산과 공법인의 재산을 구별하는 것은 사법인의 특징이기도 한 자율성을 높여 준다.[100] 자율권은 교회 관련 자선 단체, 특히 의료 영역 자선 단체의 법적 지위를 결정하는 데 있어서 효율적으로 활용된다. 의료 영역 자선 단체의 재산에 대해서도 공법인과 같은 규정을 적용할 경우 교회 재산의 관리와 양도를 규제하는 세부 규정의 준수가 지나치게 부담이 되고, 때로는 효율적인 재정 관리에 걸림돌이 될 수도 있기

---

100) 공법인이 더 많은 규범에 종속된다. 교회법 제116조 참조.

때문이다.

교회의 의미(제1258조)

【제1258조】
제1258조 아래의 교회법 조문들에서 '교회'라 함은 보편 교회나 사도좌뿐 아니라, 교회 내의 모든 공법인도 뜻한다. 다만 문맥상이나 사안의 본성과 달리 명백하면 그렇지 않다.

이 조문은 또 다른 용어 정의 규정으로서 교회법전 제5권의 나머지 부분에서 사용되었듯이 '교회'라는 단어에 제한적이며 다소 특별한 의미를 부여하고 있다. 문맥상으로나 사안의 성격상 달리 명백하지 않다면, 교회법전 제5권의 나머지 부분을 통틀어 '교회'라는 용어는 보편 교회뿐만 아니라 사도좌, 교회 공동체 내의 모든 공법인도 뜻한다. 사법인은 사도직 사업을 목적으로 하지만 여기에 속하지 않는다.[101] 신자들의 사립 단체도 비슷한 목적을 가지나, 여기에 속하지 않는다.[102]

이 흥미로운 용어는 교회를 위계적인 교계 제도로 정의하는 경향이 있는 후기 트리엔트 공의회에서 비롯되었다. 이러한 경향은 1917년도 법전에서도 찾을 수 있다.[103] 이는 제2차 바티칸 공의회의 '하느님 백성'

---

101) 교회법 제114조 제1항, 제2항 참조.
102) 교회법 제298조, 제299조 참조.

이라는 교회론과 일치하지 않는 것처럼 보일 수 있다. 하지만 제5권에서 재산에 관한 용어를 사용할 때 위에서 말한 '교회'라는 전문적 의미에 유의하지 않으면 상당한 혼란과 많은 법적 오심을 초래할 수 있다. 교회법전 제5권의 제목인 "교회'의' 재산"에서 소유격인 '의'가 단순히 '교회의Ecclesiae' 재산을 가리키는 데 사용되기 때문에 해석 시에 표면적 어려움이 생기는 것이다.

교회법전 제5권은 '교회'라고 알려진 하나의 소유주에 속한 재산을 다루고 있지만, 사실상 교회법전 제5권의 주제가 다루고 있는 재산은 다수의 소유주에 속해 있다. 여기에는 사도좌, 개별 교구, 축성생활회, 사도 생활단, 본당, 기타 공법인, 사법인, 개별 혹은 단체의 자연인 등이 포함된다.

교회법전 제5권의 주요 주제인 교회의 모든 재산의 공통점은 소유권자에 있지 않다. 왜냐하면 위에서 언급한 것처럼 교회 재산의 소유주가 다양하기 때문이다. 또한 교회 재산의 공통점은 교회의 활동, 즉 하느님에 대한 경배, 복음서가 전하는 기쁜 소식의 선포, 정의와 자비의 하느님 나라를 지향하는 것만이 공통적인 점이다. 이는 영적인 일이지만 현세에서 '교회'라고 일컫는 재산의 소유와 사용이 반드시 필요한 사업이다. 여기서 '교회'라고 말하는 이유는 단순히 교회가 재산을 소유하고 있기 때문이 아니라, 교회의 초월적 사명에 재산이 필요 불가결하기 때

---

103) 1917년도 교회법 제684조-제686조에서는 교회 관할권자에 의한 신자들의 단체 설립을 "교회에 의한" 설립이라고 일컬었다(ab Ecclesia).

문이다. 아울러 교회법 제1258조에 의하면 '교회' 재산은 교회의 사업에 봉헌되었거나 사용되는 재산뿐만 아니라, 교회 관할권자가 엄격하게 규제하는 법인에 속하는 재산도 의미한다. [104]

---

104) 이것이 공법인과 사법인을 구별하는 특징이다. 교회법 제116조 참조.

제2부

재산의 취득

[제1259조-제1272조]

Acquisto dei beni ecclesiastici
(Adquisitio bonorum ecclesiasticorum)

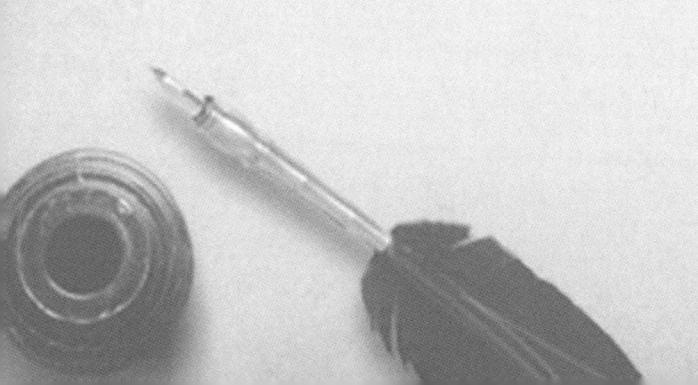

교회재산법 제1장의 앞부분(제1259조-제1261조)은 교회 사업에 필요한 물질의 취득에 관한 일반 원칙으로 시작된다. 그 뒤에 나오는 조문들은 자유 봉헌금(교회법 제1267조)과 의무 봉헌금, 즉 일반 모금(교회법 제1262조), 부담금(교회법 제1263조), 납부금과 사례금(교회법 제1264조), 모금(교회법 제1265조), 교회의 특별 모금(교회법 제1266조) 등에 대한 규범들을 포함한다. 그 다음에 재산 취득 수단으로서의 시효에 관한 세 가지 교회법 규정(교회법 제1268조-제1270조)이 이어진다. 교회법 제1271조는 사도좌 지원을 위한 재산 취득에 관한 것이며, 마지막 교회법 제1272조는 교회록에 관한 규제와 점진적인 폐지에 관한 것이다. 재산 취득을 규제하는 법전 조항에 대한 포괄적인 이해를 갖추려면 교회법 제121조-제123조에 대한 선이해 또한 요구된다. 여기서는 교회 내 법인의 합병[105], 분할[106] 또는 소멸[107] 시 재산 취득에 관해 다루고 있다.

---

105) 교회법 제121조.
106) 교회법 제122조.
107) 교회법 제123조.

1장 일반적인 취득 권리

교회법 제1254조 제1항은 교회 재산에 대한 교회의 권리를 명시하기 위하여 취득권을 우선적으로 놓는다. 교회법 제1255조도 이를 반복한다. 실제로 소유, 관리, 양도와 같이 그 밖의 명시된 사항은 소유권diritto a ritenere, 곧 취득된 것을 자기의 소유로 만드는 권리를 자동적으로 허가하지 않을지라도 취득된 것에 달려 있다. 실상 현행 교회법도 소유권이 아닌 취득권diritto ad acquistare의 요구 가능성을 전제하고 있다.

교회법 제668조 제3항은 "수도자가 자기의 수고나 회의 이유로 취득한 것은 무엇이든지 회에 귀속된다."고 규정하고 있다. 반면 교회법 제634조 제1항은 수도회들, 관구들과 수도원들은 재산의 취득·소유·관리·양도할 권리를 갖는다고 반복하면서, 회헌은 취득할 수는 있지만 소유권을 배제하거나 제한하는 규정을 달리 제정할 수 있다고 언급한다. 하지만 그런 가능성을 숙고하면서도 교회법 제1256조에 규정된 일반 원칙에 따르면, 재산권은 그 재산을 합법적으로 취득한 법인에 속한다. 결과적으로 교회법에서 말하는 취득권은 합법적으로 취득한 것을 자신의 것으로 만드는 소유권과 맥락을 같이한다.

2장 합법적 취득 방법

1. 총칙

취득과 소유의 합법적인 방식에 관하여 교회법 제1259조는 일반적으로 교회는 자연법으로나 실정법으로 정당하게 인식된 방식으로 재산을 취득할 수 있다고 규정하고 있다. 교회법전(입법자)은 이 규범으로써, 교회가 가지는 취득권을 부정하면서 교회와 대립하는 부당하고 차별화된 국가 법률을 거부하고자 한다. 이는 정당한 일반 시민법에 의해서 부과된 제한을 단순히 거부하는 것이 아니라, 교회라는 이유로 교회에 대해서만 행하여진 차별들을 거부하는 것이다.

교회의 재산 취득 방식은 자연법 또는 국가의 실정법에 따른 재산 취득 방식들에 대해 다루지 않고, 다음과 같은 재산 취득의 방식을 다룬다.

1) 재산 취득의 방식은 수입의 토대가 ① 통치권과의 관계impero, 즉 자신의 의지와 달리 납세자에게 부과하는 상위 권력의 구조인지 또는 ② 자발적인 봉헌이나 이른바 계약의 자율권에 따라 수령자와 납세자 사이에 자유롭게 체결된 계약 관계에서 생겨나는 수입 인지에 따라 교

회의 공법과 사법으로 구분된다. 이 구분에서 통치권과의 관계에 의해 발생하는 재산에는 공법을 적용하고, 자발적 봉헌금 등에 대한 수입에는 사법을 적용한다.[108]

2) 재산 취득의 방식은 주체 스스로 소유권diritto dominio을 얻었는가(소유권을 가졌던 이전의 주체가 존재하지 않는 경우. 예를 들면 무주물선점無主物先占, 발견, 통합, 가공 등이 여기에 해당한다), 또는 다른 주체로부터 소유권의 이전을 받았는가에 따라(예를 들면 상속, 낙찰, 계약, 몰수, 소멸 시효 등이 있다) 원시 취득과 승계 취득으로 나뉜다.

3) 재산 취득의 방식은 특별한 명의 없이 부과된 부담금을 다루는 것인가, 아니면 어떤 신자들에 의해 제공된 특별한 봉사인가에 따라 일반적인 취득 방식과 특별 취득 방식으로 나뉜다. 일반적인 취득 방식으로는 부담금과 특별 납부금을, 특별 취득 방식으로는 의무 봉헌금, 사례금을 들 수 있다.

4) 재산 취득의 방식으로는 교회의 다른 인격체들(법인, 자연인 등)로부터 취득했는가, 또는 그 외의 법적 인격체로부터 취득했는가에 따라 내적인 방식과 외적인 방식으로 나뉜다.

5) 재산 취득에 있어 전형적인 취득 시효의 방식을 수용한다.

---

108) M. Petroncelli, *Diritto ecclesiastico*, Napoli 1975, p. 186.

2. 재산 취득 방식

1) 자유 봉헌금

교회가 통상적으로 재산을 취득하는 방식은 신자들의 헌금에 의한 것이다. 이를 우리나라 천주교회에서는 주일 헌금이라고 부른다. 교회법 제1260조에 따르면 교회는 고유한 목적에 필요한 것을 그리스도교 신자들에게 요구할 천부적 권리가 있다. 한편 교회법 제222조 제1항은 그리스도교 신자들에게는 교회가 고유한 목적들, 즉 하느님 경배, 사도직과 애덕의 사업 및 교역자들의 합당한 생활비에 필요한 것을 구비하도록 교회의 필요를 지원할 의무가 있음을 규정하고 있다. 또한 교구장은 교회법에 따라 신자들에게 그런 의무를 상기시켜야 한다고 언급한다.[109] 다른 한편, 국가가 그러한 기부금을 금지하는 경우 이는 국가 권한이 행하는 부당한 규제로 "신자들은 이에 반대하고 교회를 위해 자기 재산을 바칠 권리가 있다는 것도 인정해야 한다."고 규정한다.[110] 교회법 제1299조 제1항은 신심 목적으로 재산을 처리할 수 있는 권한은 자연법과 교회법으로만 지켜진다고 언급한다. 일반 시민법에 따르면 유언자의 최종 의사 규정에 따라 시민법상의 요식 행위들이 지켜져야 한다. 그러나 일반 시민법상 요식 행위들이 지켜지지 않았더라도 교회법상 유언을 무효로 만들지 않으므로 유언자의 의사는 유효하다. 따라서

---

109) 교회법 제1261조 제2항.
110) 교회법 제1261조 제1항.

이는 이행되어야 한다.[111] 이에 대해서는 '계약' 편에서 다시 살펴보기로 하자.

신자들의 자유 봉헌금은 법에 기초한 방향성을 갖는다. 신자들의 자유 봉헌금은 교회법 제1267조 제1항의 규범에 따라 법인에게 바쳐진 것으로 추정되며, 신자들이 바친 봉헌금은 그 목적대로만 사용되어야 한다.[112] 그래서 동 교회법 제2항에 기초하지 않는 한, 교회 재산 관리자의 권한에 봉헌금에 대한 거절권은 포함되지 않는다.

2) 원조 봉헌금

신자들은 교회의 선익을 위하여 자유 봉헌금을 바칠 권리를 가지는 것 이상으로, 교회의 원조 요청에 응하여 주교회의에서 제정한 규범에 따라 교회의 유지비를 바쳐야 한다.[113] 그러한 원조 봉헌금에는 교회법 제1266조의 규범에 따라 특별 상황과 목적을 위해 요청된 봉헌금이 포함된다. 이를 우리나라 천주교회에서는 교무금이라는 제도로 운영한다.

3) 의무 봉헌금

성사와 준성사의 집전 기회에 교회 관구의 주교들에 의해 규정된 봉헌금이 있다.[114] 물론 이를 봉헌금이라 부르더라도 의무적인 특성을 가

---

111) 교회법 제1299조 제2항.
112) 교회법 제1267조 제3항.
113) 교회법 제1262조.

지며 이는 법인에 귀속된다.[115] 구 교회법전은 이를 '사례금(요금)'이라 불렀는데, 1971년 주교대의원 회의는 이러한 봉헌금이 폐지되길 바란다는 원의를 표명하였다. 그러나 교회법전 개정위원회(Commissione per la revisione del Codice)는 "법으로 달리 정하지 아니하면"(nisi aliud iure cautum sit) 규범은 유효하다고 알리면서, 일부 지역에서는 사제들의 수입이 없다는 점을 참작하여 여전히 성사와 준성사에 규정된 봉헌금을 받아들이도록 허락하였다. 그러나 개별법이 달리 정하면 그렇게 하지 않는다.

4) 사례금(납부금)

교회가 재산을 취득하기 위한 다른 방식은 교회법 제1264조 제1항의 규범에 따라 관구의 주교들에 의해 규정된 사례금(요금)으로 "시혜적 집행권의 행위나 사도좌의 답서의 집행을 위해 사도좌로부터 승인받은" 것이 있다.

5) 부담금

교회법 제1263조는 교구장에게 부담금을 부과할 수 있는 권한의 여지를 주고 있다. 이는 교회법전 공포의 마지막 순간까지 부담금의 대상과 부담금의 비율을 어느 정도로 책정해야 할지에 대한 고된 논쟁을 거쳐 결정된 법 조항이다. 주교가 부담금을 부과할 수 있는 대상은 두 가

---

114) 교회법 제1264조 제2항.
115) 교회법 제531조; 제551조; 제848조; 제1181조 참조.

지가 있다.

① 주교 관할에 속하는 공법인들[116]
② 공법인들, 사법인과 자연인들

첫 번째 부류에게 부과되는 부담금은 수입에 비례하여 적정하게 부과해야 한다. 두 번째 부류에게는 예외적이고 적절한 규모로 부담금을 징수해야 한다. 그러나 첫 번째 부류의 부담금 징수는 일반적으로 단순히 교구의 부담금에 대한 필요성을 고려한다면, 두 번째 부류의 부담금 징수는 그 필요성을 중대하게 고려해야 한다. 즉, 두 번째 부류의 부담금은 첫 번째 부류에 속한 법인들에게는 부과되지 않는다. 첫 번째 부류는 주교에게 예속된 공법인을 말하고, 두 번째 부류는 자연인과 사법인 그리고 주교에게 예속되지 않는 공법인, 즉 공법인이지만 주교에게 예속되지 않는 공법인인 성좌 설립 수도회를 말한다.[117]

부담금을 징수할 때 절차상 주교는 교구의 재무평의회와 사제평의회의 자문을 구해야 하지만, 모든 경우에 있어서 교회법 제1263조는 교구장에게 더 큰 권리를 부여하는 '개별법과 관습'을 존중하고 있다. 실제로 적지 않은 나라에서 주교의 절대권이 매우 폭넓게 인정되고 있으며,

---

116) 주교 관할에 속하는 공법인이란 관할권자가 직접 구성한 이들을 말한다. 교회법 제312조; 제1303조 참조.
117) C. Begus, Diritto patrimoniale canonico, Roma 2007, 85. 교회법 제1263조 해설 참조.

어떤 나라에서는 수도회 공동체의 모든 회원들에게 그들 공동체의 생계비를 위한 세금을 부과하는 일반 시민법이 존재한다. 그런 관습과 법률들은 교회법 제1263조의 규범에 따라 존중된다. 신학교를 위한 부담금에 대해서는 교회법 제264조에서 규정하고 있다.

부담금에 관해 주교들이 고려해야 하는 여러 필요들 가운데 교회법 제1271조의 규정에 따라 사도좌에 보내는 기부금을 통하여 보편 교회의 필요에 참여하는 것도 있다.

6) 모금

교회법 제1266조는 특히 구걸(탁발) 수도자들을 위해 모금하는 것처럼, 자연인이나 법인이 어떠한 신심이나 교회 시설, 혹은 목적을 위해서 모금할 가능성을 규정하고 있다. 하지만 이런 계획(발안)을 위해서는 소속 직권자의 허가를 얻고, 주교회의가 정한 규범을 준수해야 한다.

7) 계약

여러 형태의 계약을 통해 교회가 재산을 취득할 수 있는 가능성 또한 간과될 수 없다. 이 점에 관하여 교회법 제1290조는 교회법이 준용하는 일반 시민법과 시효의 전형적인 방식[118]을 수용한다는 점을 언급하는 것으로 제한한다. 또한 여러 번 정부가 교회에 행하는 기부금 납입이나 성

---

118) 교회법 제197조-제199조; 제1269조-제1270조.

직자의 생계비를 위한 규정을 살펴보기 위해서는 정교조약Concordato에 대해 살펴보아야 한다.

따라서 계약과 관련해 교회법이 준용하는 일반 시민법에 대해서는 '계약' 편에서 다시 살펴보기로 하자.

V. De Paolis[119]

---

119) A cura di C. Corral Salvador, V. de Paolis, G. Ghilanda, "*Acquisto dei beni ecclesiastici*", in "*Nuovo Dizionario di Diritto Canonico*", 3-6. 참고문헌: Cei, I*struzione in materia amministrativa*, 1° aprile 1992, Edizioni Paoline, Milano 1992; V. Del Giudice, *Nozioni di diritto canonico*, 12ª ed. A cura di G. Catalano, Giuffrè, Milano 1970; T. Mauro, *Gli aspetti patrimoniali dell'organizzazione ecclesiastica in Il nuovo Codice di diritto canonico*, Il Mulino, Bologna 1983, 207-226; A. Mostaza Rodrìguez, *Il diritto patrimoniale canonico in Corso di diritto canonico*, vol. I, Queriniana, Brescia 1975, 297-334. 한동일, "가톨릭교회의 재산법", "II. 교회재산 취득", 「서강법학」 제9권 제2호, 서강대학교, 2007, 257-261면의 내용을 재인용한 글임을 밝힌다.

 **교회법 해설**

법인의 재산 취득권(제1259조)

【제1259조】
교회는 자연법으로나 실정법으로 다른 이들에게도 허용되는 온갖 정당한 방식으로 재산을 취득할 수 있다.

일반적으로 주장하는 '재산 취득권'[120]은 교회 내의 모든 공법인에게 적용된다.[121] 더 나아가 이 조문은 자연법이나 실정법 등 여러 가지 정당한 방식에 따라 교회가 재산을 취득할 수 있는 권리를 주장한다.

이 조문의 의도는 재산 취득을 위해 정당한 방식을 사용하는 데 있어 교회 공법인이 비슷한 상황에 있는 세속 법인과 동등하다는 주장을 하는 것이다. 여기에서 자연법 내지 실정법에 대한 언급은 문제가 된다. 자연법이 (가령 절도나 사기를 금지하는 것보다는) 재산 취득의 특정 형식에 관한 많은 것을 포함하거나, 법인과 같은 비자연적 실체에 적용된다고 말하는 것이 적절한지가 의심스러운 것이다. 여기서 실정법은 교회법

---
120) 교회법 제1254조.
121) 교회법 제1258조.

의 전통대로 교회법을 지시할 뿐 아니라 일반 시민법을 포함한다.[122] 그러나 일반 시민법은 종종 상속이나 재산의 축적, 일정 형식의 모금에 관해서 교회와 교회 관련 단체를 다른 단체와 다르게 다루는 규제 조항을 포함하고 있다. 이러한 차별성 있는 규제는 교회에 대한 부당한 차별이라기보다는 종종 철저한 공공 정책(예를 들어, 교회 및 자선 단체에 대한 세금 감면이라는 관점에서 일반 시민을 위해 적절하고 공평한 과세 표준을 유지하는 것)에서 비롯되는 것이다. 따라서 교회법 제1259조는 교회의 공법인이 재산 취득에 있어 불공정한 규제를 받지 않을 권리를 주장하는 것으로 이해하는 것이 가장 바람직하다. 동방 가톨릭 교회법 제1010조에서는 자연법이나 실정법에 대한 언급을 생략함으로써 논쟁의 여지를 줄였다.[123]

신자에게 요구할 권리(제1260조-제1261조)

【제1260조】

교회는 그 고유한 목적에 필요한 것을 그리스도교 신자들에게 요구할, 타고난 권리가 있다.

---

122) F. Cappello, *Summa Iuris Canonici*, 5th ed. (Rome: Gregorian University, 1951) 2:550; A. Vermeersch and J. Creusen, *Epitome Iuris Canonici*, 6th ed. (Rome: H. Dessain, 1940) 2:570.
123) 동방 가톨릭 교회법 제1010조.

이 조문은 교회가 그리스도교 신자들에게 교회 목적 수행에 필요한 것을 요구할 수 있는 권리를 규정하고 있다. 그러나 이 조문에서 언급하는 '교회'를 공법인이라는 전문적 의미로 이해해서는 안 된다.[124] 또한 권리를 '타고났다'고 했는데, 법인에게는 타고난 것이 아무것도 없다. 법인은 인공적인 법적 조직체이기에 '타고난' 권리가 있다고 말하는 것이 적절하지 않다. 아울러 이 조문에서 언급하는 '교회'는 일반적으로 그리스도교 신자들을 가리키는 것도 아니다. 즉, 교회가 그리스도교 신자들에게 요구할 권리가 있다는 주장은 그리스도교 신자들을 교회와는 다른 관점에서 이해하는 것이 바람직할 것이다.

교회법 제1260조에서 언급하는 '교회'는 교회 관할권자를 의미하기 위해 사용한 용어이다. 물론 오늘날 이해하는 교회론과는 일치하지 않지만, 1917년도 법전에서는 이 단어를 위와 같은 의미로 빈번히 사용하였다.[125] 교회법 제1260조에서 주장하는 바는 교회의 목적에 필요한 재정 지원을 교회 관할권자가 그리스도교 신자들에게 요구할 권리가 있다는 것이다. 이러한 해석은 동방 가톨릭교회 법전의 병행 조문에서도 확인할 수 있다.

"관할권자는 교회의 고유한 목적에 필요한 것을 그리스도교 신자들에게 요구할 권리가 있다."[126]

---

124) 교회법 제1258조.
125) 교회법 제1258조 앞의 해설 참조.
126) 동방 가톨릭 교회법 제1011조.

교회법 제222조 제1항이 교회의 필요를 지원해야 하는 그리스도교 신자들의 의무를 규정하고 있고 교회법 제1261조 제2항이 신자들이 의무를 수행하도록 촉구하는 것이 교구장의 의무라고 규정한 것을 고려했을 때, 교회법 제1260조의 규정은 불필요하게 보일 수도 있다. 그러나 교회법 제222조와 제1261조의 초점은 교회 내에서의 모금에 맞춰진 반면, 교회법 제1260조의 초점은 국가 권력에 대응하여 모금할 수 있는 권리에 맞춰져 있다. 이러한 초점은 1917년도 법전의 병행 조문에 명백하게 나타나 있다.[127] 즉, 교회법 제1260조의 취지는 교계 제도의 구성원인 신자들에게 필요한 지원을 요구할 수 있는 타고난 권리(거룩하게 제정된 고유 임무)를 주장하는 것이다. 이 조문의 바탕에는 특히 국가 권력이 불허하거나 간섭, 또는 불합리하게 이러한 권리를 제한하려는 시도에 대응하겠다는 의지가 깔려 있다.

【제1261조】
① 그리스도교 신자들은 교회를 위하여 재산을 바칠 자유가 있다.
② 교구장은 신자들에게 제222조 제1항에 언급된 의무를 깨우쳐 주고 적당한 방식으로 이를 촉구하여야 한다.

공법인이 "모든 정당한 방식으로 재산을 취득할 수 있는 권리"[128]와

---

127) 1917년도 교회법 제1496조.

교회 관할권자가 "신자들에게 필요한 지원을 요구할 수 있는 권리"[129]에 대한 일반 원칙을 진술한 다음, 교회법 제1261조는 상호 관련이 있는 원칙을 두 가지 더 설명한다. 즉, 신자들이 자유롭게 기부할 수 있는 권리와 교회 생활비를 마련하기 위해 신자들이 의무를 수행하도록 촉구해야 하는 교구장의 책임이 그것이다.

자유롭게 기부할 수 있는 권리에 대한 주장은 교회 안팎에서 이러한 종교적 자유권 행사를 부인하거나 저지하려는 사람들에 대한 선언이었던 것으로 보인다. 또한 신자들에게 의무를 깨우치고 물질적 지원을 해야 하는 의무를 수행하도록 촉구하는 주교의 의무를 열거한 것은 신자들이 다양한 사도직 사업에 참여하고 지원하도록 촉구하며[130], 교회법의 준수를 촉구함으로써 교회의 규율을 장려해야 하는 교구장의 일반적 책임을 설명한 것이다.[131]

교구장은 신자들이 의무를 수행하도록 "적당한 방식으로opportuno modo" 촉구해야 한다. 적당한 방식이란 교역자들의 생활비와 이용 가능한 교회의 재산에 대한 완전하고 정직한 공개를 포함하는데, 이때 촉구의 경우 강제보다는 마음 어린 설득의 방법을 선택하는 것이 참된 그리스도교적 동기 부여라고 하겠다.

---

128) 교회법 제1259조.
129) 교회법 제1260조.
130) 교회법 제394조 제2항.
131) 교회법 제392조 제1항.

교회 유지비(제1262조)

【제1262조】
신자들은 원조 요청에 응하여 주교회의에서 제정한 규범에 따라 교회의 유지비를 바쳐야 한다.

앞의 세 조문(교회법 제1259조-제1261조)이 재산 취득에 관한 일반 원칙이었다면 교회법 제1262조는 취득의 특정 형식을 다루고 있다. 재산 취득의 형식으로는 신자들이 자율적으로 정한 방식으로 금액을 봉헌함으로써 교회의 원조 요청에 응하도록 하는 방법이 우선된다.[132] 이를 우리나라 천주교회에서는 교무금 제도로 운영한다.

그러나 이러한 원조 요청은 다양한 형식을 취할 수 있고, 그에 따라 상이한 문화에서 예기치 못한 문제들을 일으킬 수 있다. 때문에 교회법은 주교회의가 적절한 규정을 제정하는 데 있어 보조성 원칙에 근거하도록 권고한다. 교회법 제1258조에서와 마찬가지로 이 조문에서 '교회'라는 용어는 공법인을 가리킨다.

교회법 제1262조는 공법인에 의한 모금에 한정되어 있다. 따라서 개인은 자연인이든 법인이든 소속 직권자와 교구 직권자의 서면 허가 없

---

132) 교회법전 개정 과정 중에는 현재의 교회법 제1262조가 부담금에 관한 교회법 제1263조 뒤에 배치되었다. 그러나 원조 요청에 응하는 자유 의지보다 부담금이 재산 취득의 방법으로 더 선호된다는 인상을 주지 않기 위해서 이 두 개의 조문의 순서가 뒤바뀌었다. 교회법전 개정위원회 282.

이 어떠한 신심이나 교회 시설, 목적을 위한 것이라도 모금하는 것이 금지된다.[133] 특별 모금에 대해서는 교회법 제1266조의 적용을 받는다.

동방 가톨릭교회 법전에는 라틴 교회의 교회법 제1261조와 제1262조에 병행하는 조문이 없다.

부담금(제1263조)

【제1263조】
교구장은 재무평의회와 사제평의회의 의견을 듣고, 교구의 필요를 위하여 자기 관할에 속하는 공법인들에게 그들의 수입에 비례하여 알맞은 부담금을 부과할 권리가 있다. 그 밖에 자연인들과 법인들에게는 매우 필요한 경우와 그와 동일한 조건하에서만 적당한 특별 납부금을 부과할 수 있다. 다만 교구장에게 더 큰 권리를 부여하는 개별법과 관습은 존중된다.

원조 요청에 응하여 신자들이 자유롭게 바치는 봉헌금을 먼저 다룬 후, 교회법은 교회 부담금 문제를 언급한다. 교회법 제1263조는 초안 과정 동안 많은 토론과 개정을 거쳐 완성되었다. 이것은 1917년도 법전에서 교구장에게 수여한[134], 엄격히 제한된 부담금 부과권을 그 이상으로

---

133) 교회법 제1265조 제1항.
134) 교회법 제1504-1506조; D. Frugé, *"Taxes in the Proposed Law"*, CLSAP (1982) 274-278.

확장할 필요성을 느끼는 사람들과 교구 내 교회 사업을 수행하는 본당 및 다른 기관에 교구장이 교구 부담금을 과도하게 부여하는 권리를 가지는 것에 반대하는 사람들의 바람을 모두 충족시키려는 시도였다. 교회법 제1263조의 마지막 조문으로 해결된 쟁점 사항들에는 다음이 포함된다. 누가 부담금을 부과할 수 있는가(교구 직권자 혹은 교구장 주교)? 누구에게 부담금을 부과할 것인가? 무엇을, 어느 정도, 무슨 명목으로 부과할 것인가? 어떤 자문을 먼저 받아야 하는가?[135]

이 조문은 두 부분으로 되어 있다. 첫 번째 부분에서는 자문을 한 후 관할에 속하는 공법인들에게 그들의 수입에 비례하여 알맞은 부담금을 부과할 권리를 교구장에게 부여한다. 두 번째 부분과 달리 첫 번째 부분에서는 "매우 필요한 경우"를 언급하지 않으며, 부담금을 '특별' 부담금으로 지정하지도 않는다. 이로 인해 첫 번째 부분에서 언급된 부담금은 교구의 필요를 위한 정기적인 모금 수단이라는 것이 명확해진다. 그리고 이러한 의미에서 첫 번째 부분의 부담금은 두 번째 부분에서 언급한 특별 부담금과 대조적인 '통상적' 부담금으로 간주된다. 첫 번째 부분에서 '통상적'이라는 단어의 사용을 꺼리는 것은 원조 요청에 자발적으로 응하는 것이 재산 취득의 바람직한 형식이므로 이를 우선시하기로 한 결정에 따른 것이다.[136] '통상적' 부담금이란 표현을 법전에 명시

---

135) 교회법 제1263조의 법제사는 다음 자료에서 충분히 찾아볼 수 있다. R. Kealy, *Diocesan Financial Support: Its History and Canonical Status*(Rome: Gregorian University, 1986) 312-330; 또한 Frugé, 279-287 참조.

하게 되면, 필요 자금을 취득하는 방법으로서 부담금을 우선시한다는 오해를 낳을 수 있기 때문에 '통상적' 이라는 용어를 삭제하였다.

필요한 자문 기관에는 참사회의뿐만 아니라, 재무평의회와 사제평의회가 포함된다.[137] 자문의 내용으로는 부담금을 부과해야 하는 교구의 필요에 대한 진위와 상대적 중요성과 같은 문제들이 있다. 이것이 특별한 상황에서의 '적당한[138]' 이라는 의미이며, 무엇이 부담금 수익이 되는지 결정하는 기준이다. 부담금을 누진적으로 부과하지 않을 근거가 없지만, 이런 경우 다양한 등급과 비율을 사용할 수 있는지에 대해서도 자문을 구해야 한다.

연례 부담금이거나 정기 부담금일 경우 부담금을 부과할 때 자문을 단 한 번만 구하는 것은 자문을 필수로 하는 조문의 취지를 살리기에 부족하다. 따라서 자문은 매번 부담금을 갱신하기 전에 받아야 한다. 물론 주교에게 재무평의회와 사제평의회 두 기관에서 받은 자문에 따라야 할 의무는 없다. 그러나 자문을 받지 않고 부과한 부담금은 무효가 되어 부담금을 부과 받은 대상에게는 그것을 지불할 의무가 사라진다.[139]

교회법 제1263조는 오직 재무평의회와 사제평의회의 자문만을 요구한다. 그러나 부담금에 관해서는 부담금 의무자의 의사를 최대한 반영

---

136) 각주 131번을 참조하라.
137) 교회법 제1277조, 제1292조 참조.
138) 상대어이긴 하나 명확히 한계가 있다.
139) 교회법 제127조 제1항 참조. 반면 동방 가톨릭 교회법에서는 재무평의회의 동의만을 요구하는데, 교구장이 부담금을 부과하기 전에 재무평의회의 동의를 얻도록 규정한다(동방 가톨릭교회법 제1012조 제1항 참조).

하는 것이 일부 문화권에서의 윤리이다. 예를 들어, 미국에서는 교구장으로 하여금 지구회의, 부담금 의무가 있는 교구 설립 수도회의 장상, 제안된 부담금을 내야 하는 다른 종류의 공법인 대표자들의 의견 또한 듣도록 하고 있다.

교회법 해석평의회는 조문의 첫 부분인 "자기 관할에 속하는 공법인들"이라는 어구가 교황청 설립 수도회가 운영하는 외부 학교를 포함하는 것이냐는 질문에 기각 답변을 주었다.[140] 교황청 설립 수도회가 운영하는 학교의 경우 교구장 관할에 속하는 공법인으로서 설립된 외부 학교는 거의 존재하지 않는다. 따라서 대부분 공법인이 아니라는 단순한 이유만으로 학교에 직접 부과된 부담금 의무를 질 필요가 없다. 교황청 설립 수도회의 학교는 교회법 제1262조의 첫 부분에 부과된 부담금에 속하지 않는다. 왜냐하면 교황청 설립 수도회는 일반적으로 교구장 주교의 관리 아래 있지 않으며, 특히 학교 운영에 관해서는 자율권을 행사할 수 있기 때문이다.[141] 마찬가지로 교회법 해석평의회의 유권 해석에 따르면 교구장의 관할권 아래 공법인으로 설립되었을지라도, 교황청 설립 수도회에 의해 계속 원조를 받고 운영되는 학교들은 교구장의 관할에 속하지 않는다. 이는 교회법 제1263조의 첫 부분에 따라 부과되는 부담금의 취지에 따른 것이다.[142]

---

140) *AAS* 81 (1989) 991.
141) 교회법 제806조 제1항 참조.
142) L. Wrenn, *Authentic Interpretations on the 1983 Code*(Washington, D.C.: CLSA, 1993) 57-58.

아울러 본 조문은 교구장 주교의 수도회 순시에 관한 권리, 의무와도 연관되는데, 교구장 주교가 소속 교구 내 수도회를 순시할 경우 그 수도회의 설립 인준 교령에 따라 순시의 범위와 내용이 달라진다. 설립 인준 교령은 교회법 제589조에 따라 분류되는데, "봉헌 생활회가 사도좌에 의하여 설립되었거나 사도좌의 정식 교령에 따라 승인되었으면 성좌 설립이라고 일컫고, 교구장 주교에 의하여 설립되었고 사도좌로부터 승인 교령을 아직 받지 않았으면 교구 설립이라고 일컫는다." 이에 따라 교구장 주교의 소속 교구 내 수도회의 순시에 대해서는 성좌 설립 수도회, 교구 설립 수도회, 자치승 수도회를 각각 구분하여 살펴보아야 한다.

1. 순시에 관한 교회법 규정

"주교는 적어도 5년마다 교구 전역을 몸소 또는 합법적으로 장애되면 부주교나 보좌주교나 총대리나 교구장 대리나 다른 탁덕을 통하여 순시하게 되도록, 매년 교구 전역이나 일부를 순시할 의무가 있다."(교회법 제396조 제1항)

"주교는 법으로 명시된 경우에만 성좌 설립 수도회들의 회원들과 그들의 집(수도원)들을 순시할 수 있다."(교회법 제397조 제2항)

"수도 규율에 관하여서도 순시할 권리와 의무가 교구장 주교에게 있는 곳은 다음과 같다. ① 제615조에 언급된 자치 수도원승 ② 자기 지역 내에 있는 교구 설립 (수도)회의 각 (수도)원"(교회법 제628조 제2항)

"혹시 주교가 폐단을 알게 되어 수도회 장상에게 통고하여도 개선되지 아니하면, 자기의 권위로 몸소 조처할 수 있다."(교회법 제683조 제2항)

2. 분류

교구장 주교는 단지 권리만이 아니라, 오히려 교회법 제628조 제2항에 규정한 대로 법률상 수동 주체(소속 교구 내 수도회들)에 대한 순시의 의무를 갖는다. 수도회의 설립 인준 교령에 따라 순시의 세부 내용을 분류하면 다음과 같다.

① 교황청 설립 수도회

교회법 제397조 제2항은 "주교는 법으로 명시된 경우에만 성좌 설립 수도회들의 회원들과 그들의 집(수도원)들을 순시할 수 있다."고 규정한다. 이에 따라 교구장 주교의 교황청 설립 수도회에 관한 순시권 범위는 영혼의 돌봄, 하느님 경배의 공적 수행과 그 밖의 사도직 사업에 관한 교회법 제678조 제1항, 제681조 제1항, 제683조에 국한된다.[143] 다시 말해서 교구장 주교는 교황청립 수도회에 대한 순시권은 없고, 자기의 관할권 안에서 수도회에 위탁되었거나 수도회에 의해 설립된 학교, 병원, 본당 등을 순시할 권한만이 있다.[144] 이에 따라 교구장 주교는 수도회에

---

143) The canon law society of great Britain and Ireland, *The canon law letter & spirit*, Dublin 1999, p. 226.
144) Patrick. J., Cogan, S.A., *Selected issues in Religious Law*, Bulletin on issues of religious law, 1997 USA, p. 74.

위탁한 소속 지역 내 본당에 대해서도 소속 교구 사제에게 위임한 본당과 동일하게 순시할 권한이 있다.[145] 왜냐하면 수도회에 위탁된 본당도 교회법 제515조-제552조에 규정된 보편법에 예속되기 때문이다.[146] 단, 수도자들의 내부 생활에 대한 규율[147]과 자치권[148], 수도회 장상의 소속 회원에 대한 인사권은 존중된다.

② 교구 설립 수도회

교구 설립 수도회는 교구장 주교의 특별 배려 하에 있다.[149] 교구장 주교의 특별 배려와 지도에 달려 있는 내용은 다음과 같다.

첫째, "제615조에 언급된 자치 수도승원의 장상과 교구 설립 수도회의 총원장의 선거에는 본원 소재지의 주교가 주재한다."[150]

둘째, "제615조에 언급된 자치 수도승원들은 매년 한 번씩 교구 직권자에게 관리 보고를 하여야 한다. 교구 직권자는 교구 설립 수도원의 재무 보고에 대한 심사권도 있다."[151] 이 조문에서 말하는 교구 직권자란 교회법 제134조에 의해 교구장 주교와 총대리를 의미한다. 우선 교구 직권자가 수도승원의 회계 보고에 대해 승인하지 않을 경우 취할 수 있

---

145) 교회법 제683조 제1항.
146) Domingo Javier Andrés, *Il diritto dei religiosi*, Roma 1999, 572 참조.
147) 교회법 제593조.
148) 교회법 제586조 참조.
149) 교회법 제594조 참조.
150) 교회법 제625조 제2항.
151) 교회법 제637조.

는 조치를 알아보면, 수도승원의 재무 담당자에 대한 교체나 면직에 대한 직접적인 권한은 없고, 다른 요구 사항이나 조건 부과, 다른 해결 방안에 대한 모색 및 충고, 수도회 장상에게 해당 재무 담당자에 대한 면직을 권유하는 것은 가능하다. 반면, 교구 설립 수도회에 대해서는 더욱 엄격하게 이 교회법 조문이 적용된다. 교구 직권자에게 "교구 설립 수도원의 재무 보고에 대한 심사권도 있다."라는 교회법 제637조의 내용은 단지 수도원의 재무 상태에 대한 분석을 위한 회계 보고만을 의미하지 않는다. 이 규정은 수도회의 재무 상태에 대해 알 권리와 회계 장부에 대한 감사권까지 교구 직권자에게 허락한다.[152]

하지만 간과해서는 안 될 점은, 이러한 재무 상태에 대한 감사가 단순히 조사와 감시에서 그칠 것이 아니라 재정적 어려움을 겪는 수도회에 대한 교구장 주교의 각별한 도움과 지원까지 나아가야 한다는 것이다.

③ 자치 수도승회[153]

자치 수도승회란 고유한 원장 이외에 다른 상급 장상이 없고, 또 교회법 제614조의 남자 수도회와 연합되어 그 수도회의 장상이 그 수도승원에 대하여 회헌에 규정된 권위를 행사하지도 않는 수도승회를 말한다. 이와 같은 자치 수도승회는 법 규범에 따라 교구장의 특별 감독에 위탁된다. 먼저, 교회법 제628조 제2항 제1호의 "수도 규율에 대해서도 순시

---

152) Cfr. Domingo Javier Andrés, op. cit., 226-227.
153) Domingo Javier Andrés, op. cit., 93.

할 권리와 의무가 교구장 주교에게 있는 곳"과 그 조건은 다음과 같다.

첫째, "제615조에 언급된 자치 수도원승" 이어야 한다.

둘째, "법인의 세습 자산의 조건이 악화될 수 있는 양도나 처리가 유효하려면 평의회의 동의를 얻은 관할 장상의 서면 허가가 요구된다. 더구나 성좌가 지방별로 정해 준 총액을 초과하는 업무이거나 서원으로서 교회에 기증된 물건이거나 예술적 또는 역사적 이유로 보배로운 물건인 경우에는 성좌의 허가도 요구된다."[154] "제615조에 언급된 자치 수도승원들과 교구 설립 수도회들에 대하여는 교구 직권자의 서면 동의도 필요하다."[155]

셋째, "제615조에 언급된 자치 수도승원에서는 제명을 판정하는 것은 교구장 주교에게 속한다. 장상은 평의회가 인준한 조서 기록을 교구장 주교에게 제출하여야 한다."[156]

넷째, "제615조에 언급된 자치 수도승원의 장상과 교구 설립 수도회의 총원장 선거는 본원 소재지의 주교가 주재한다."[157]

다섯째, "수녀승들의 수도승원들과 양성소들, 회원이 많은 평신도 공동체에는 교구 직권자가 그 공동체와 의논한 후 승인한 정규 고해 사제들이 있어야 한다. 그러나 이들에게도 가야 할 의무는 지우지 말아야 한다."[158]

---

154) 교회법 제638조 제3항.
155) 교회법 제638조 제4항.
156) 교회법 제699조 제2항.
157) 교회법 제625조 제2항.

여섯째, "교구장 주교는 정당한 이유가 있으면 자기 교구 내에 있는 수녀승들의 수도승원의 봉쇄 구역 안에 들어갈 특별 권한이 있다. 또 중대한 이유가 있고 원장 수녀가 동의하면 다른 이들도 봉쇄 구역 안에 들어갈 수 있도록 허가하거나 봉쇄 수도회 수녀들이 필요한 기간 동안 봉쇄 구역에서 나오게 허가할 특별 권한도 있다."[159]

위에서 말한 정당한 이유에는 교회법 제628조 제2항 제1호에 나타난 순시 지도 또는 단순 사목적 방문이 해당된다. 교구장 주교가 다른 사람들도 봉쇄 구역 안에 들어가게 허락할 수 있는 중대한 상황은 아픈 수녀를 치료할 의사나 간호사, 봉쇄 구역 안에 어떤 것을 보수해야 할 노동자 등이 필요한 경우이다. 그러나 교회법에 규정된 대로 교구장 주교는 원장 수녀의 동의 없이 이를 허가할 수 없다. 아울러 교구장 주교는 봉쇄 수녀승들이 봉쇄 구역에서 나오게 허가할 수도 있는데, 여기에는 의사에게 진찰을 받는 경우, 투표권을 행사해야 할 경우가 해당한다. 하지만 이러한 허가는 언제든지 그 일들이 직접적으로 필요한 경우에만 문제가 된다.[160]

④ 사목 순시의 예외 사항

순시에 관한 규정인 교회법 제683조 제1항에는 "회 소속의 학생들 전

---

158) 교회법 제630조 제3항.
159) 교회법 제667조 제4항.
160) James A. Coriden., Thomas J. Green., Donald E. Heintschel., op. *cit*., 371.

용으로 개설된 학교는 제외된다."라는 규정이 있다. 이는 소속 수도회의 입회자나 양성자(청원자, 수련자, 유기 서원자)를 위해 개설한 신학원이나 수도원을 의미한다. 여기에는 청원소, 수련소 등이 해당하는데, 이러한 장소는 교구장 주교의 사목 순시 대상에서 제외된다.

교회법 제1263조의 두 번째 부분에서는 "매우 필요한 경우와 그와 동일한 조건하에서만" 그 밖에 자연인들과 법인들에게 특별 부담금을 부과할 수 있는 권한을 주교에게 부여하고 있다. 이러한 특별 부담금은 정기적으로 부과해서는 안 되며, 정기적으로 발생하는 교구의 필요를 위한 것이어서도 안 된다. 부담금은 수입에 비례하여 적당해야 하며, 재무평의회와 사제평의회의 의견을 들은 후에 부과해야 한다. 마지막으로, 개인이든 단체든 부담금은 자연인과 사법인에게 부과할 수 있다. 이 모두는 "그 밖에 자연인과 법인"에 해당한다.

그러나 다소 불명확한 점도 있다. 가령 특별 부담금을 교구장 주교의 관할에 속하지 않는 공법인(교황청 설립 수도회)에게 부과할 수 있느냐 하는 것이다. 교회법 제1263조의 첫 번째 부분에 나오는 "자기 관할에 속하는"이라는 어구는 두 번째 부분의 특별 부담금을 부과할 때도 충족되어야 하는 '조건'인가? 아니면 첫 번째 부분은 단순히 부담금 의무자에 대한 설명으로서, 교구장의 관할에 속하지 않는 공법인을 포함한 다른 이들은 특별 부담금을 부과할 경우 납부 의무가 있는가?

두 가지 해석 중 하나를 지지하는 주장이 있을 수 있는데,[161] 해석자들은 종종 이유를 제시하지 않고 정반대의 결론을 내려 왔다.[162] 이에 대해 유권 해석이 제시하는 실용적인 결론을 내리자면, 교구장 주교가 교회법 제1263조에 따라 특별 부담금을 자기 관할에 속하지 않는 공법인(또는 어떤 사람)에게 부과하려는 시도는 그 유효성이 의심스러우므로 구속력이 없다.[163]

교회법 제1263조가 교구장에게 부담금을 부과할 수 있는 권리를 부여하지만, 의무적인 것은 아니다. 즉, 교구장이 교구의 필요를 충족하기 위해서 부담금을 부과하는 강제적인 방식보다는, 원조 요청에 응하여 자유롭게 봉헌금을 내도록 하는 방식을 선호한다. 그러나 본당 사목구나 그 밖의 법인에 부담금을 부과하려는 시도는 원조 요청을 납부금 부과로 바꿔 놓게 되므로, 교회법 제1263조의 모든 조건을 충족시켜야

---

161) 특별 납부금 부과 대상을 교구장의 관할에 속하는 이들에게로 제한시키는 것에 찬성하는 이들은 입법자의 관할에 속하지 않는 사람들에게 납부금을 부과하는 것은 특별 납부금일지라도 극히 드문 일이라는 사실을 지적할 수 있다. 게다가 교회법 개정 과정에서 한때 사무국은 교구장의 납부금 부과권이 관할에 속하는 사람들에게로 제한된다고 못 박았다(교회법전 개정위원회, 282). 반대 주장은 교회법 제1263조의 라틴어 텍스트를 근거로 지적할 수 있다. 이 법전의 첫 번째 부분에서는 전통적으로 신하들이 바치는 조세라는 의미를 가진 tributum이라는 단어를 사용하지만, 두 번째 부분에서는 exactioneum이라는 단어를 사용한다. 이는 더 폭넓은 의미로서, 엄격히 말해 신하 이외의 대상에게도 입법 취지가 적용됨을 시사한다. 또한 교회법 제264조는 교구의 신학교를 지원하기 위해서 교구 안에 설립된 법인이 교구장의 관할에 속하지 않더라도 납부금을 부과할 수 있도록 한다. 이렇게 함으로써 교회법 제264조를 교회법 제1263조의 두 번째 부분처럼 좀 더 폭넓게 해석할 수 있다.
162) 다음 자료에서는 제1263조를 특별 납부금을 주교 관할에 속하는 인격체에게만 부과할 수 있도록 제한하는 의미로 해석한다. F. Aznar Gil, *La Administracion de los Bienes Temporales de la Iglesia*, 2nd ed. (Salamanca: University of Salamanca, 1993) 166; and M. López Alarcón, in *Pamplona ComEng*, 781. 다음 자료에서는 반대 의견이 피력되어 있다. J. -C. Périsset, *Les Biens Temporels de lÈglise* (Paris: Tardy, 1996) 87; J. Myers, in *CLSA Com*, 865.
163) 교회법 제14조.

한다.

'1917년도 교회법전'[164]이나 '동방 가톨릭교회 법전'[165]과 달리, 1983년도 교회법전에는 미사 예물에 부담금을 부과하는 것을 금지하는 조항이 없다. 사실 초기 교회법 개정 과정에서 이러한 부담금을 금지하는 조항을 법전의 좀 더 적절한 곳으로 옮기고자 했다.[166] 교회법 제1263조의 초안을 마련한 입법자들이 미사 예물에 부담금을 부과할 수 없다는 개념에 지속적으로 동의해 왔음에도 불구하고[167] 이러한 금지 조항은 개정된 재산 관련 교회법에 포함되지 않았다. 이는 부주의로 인해 교회법전에서 누락된 것이 확실하다. 금지 조항을 삭제하지 않고 이전시키려 했던 의도나, 동방 가톨릭교회 법전에서 금지 조항을 보전하고 있다는 사실을 고려하여, 교구장이 미사 예물을 부담금에서 면제한다 치더라도, 금지 조항 누락으로 인해 이론상으로는 1983년도 교회법전 하에 미사 예물에 부담금을 부과하는 것이 가능하다.

교회법 제1263조의 마지막 문장은 개별법과 관습에 따라 교구장이 더 큰 부담금 부과권을 가질 수 있음을 시사한다. 이런 종류의 개별법은 명백히 교구 차원에서 비롯되는 것이 아니라, 근본적으로 교구의 차원을 넘는 것이기에 사도좌의 검토를 받아야 한다.[168] 또한 법률상 효력을

---

164) 1917년 교회법 제1506조.
165) 동방 가톨릭교회법 제1012조 제1항.
166) 미사 예물을 규정하는 부분일 가능성이 크다. *Comm* 5 (1973) 95.
167) *Comm* 12 (1980) 402.
168) 교회법 제446조, 제455조 참조.

가지기 위해서 관습은 법을 도입할 의도로 신자 공동체에 의해 도입되어야 하는데,[169] 이는 부담금을 내는 지역에서는 좀처럼 일어나기 힘든 일이다. 이 조문은 교회법전 시안을 교황에게 제출한 뒤 추가된 표현으로서, 일부 유럽 교회가 처한 상황과 맞추기 위해 첨가한 내용이다.[170]

가령, 독일 교회의 경우 교회 지원을 위한 부담금을 각 사람의 종교에 따라 Kirchen steuer(교회세, 종교세)라고 하여 국가가 원천 징수하여, 세금을 제한 뒤 징수된 금액만큼을 각 종파별로 배당한다. 이에 대해 독일 교회의 입장은 교회가 직접 부담금을 징수할 수 있길 바라는데, 그 이유는 국가가 징수한 금액에 세금을 공제한 뒤에 교회에 주기 때문이다. 아울러 종교세 납부를 거부하는 개인은 해당 관청에 가서 신고(선서)를 하면, 종교세 납부 의무에서 면제된다. 그리고 이와 동시에 교회로부터 그 어떠한 성사도 받을 수 없게 된다.[171]

사례금(제1264조)

【제1264조】
법으로 달리 정하지 아니하는 한 다음의 것은 관구의 주교들의 집회의 소임이다.

---

169) 교회법 제23조, 제25조 참조.
170) V. De Paolis, *I Beni Temporali Della Chiesa* (Bologna: Dehoniane, 1995) 111-112; K. Walf, *"The Church Tax as a Means of Subsistence"*, *Con* 117(1979) 20-27.
171) 교회법 제843조 제1항 참조.

1. 시혜적 집행권의 행위나 사도좌의 답서의 집행에 대한 사례금(요금)을 정하여 사도좌로부터 승인받는 일.
2. 성사와 준성사의 집전 기회에 바치는 봉헌금을 정하는 일.

전통적으로 교회법 제1264조 제1호는 교회의 집행권이 시혜를 할 경우 재정적인 원조를 구하기 위한 조항이 된다. 여기에는 요청에 응답하여 답서로 수여한 관면, 특전 및 그 밖의 다른 은전 등이 포함된다.[172] 은전은 교구 차원에서 주어지거나 교황청에서 수여된 답서의 집행, 또는 교황청이 이전에 수여한 답서를 확장시키는 것으로 구성될 수 있다.[173] 이런 경우 사례금을 평가하는 것은 집행에 종사하는 사무처 및 기타 기관의 행정 비용을 지원하기 위한 구체적인 자료를 제공하기 위한 목적을 갖는다.

조문은 이러한 **시혜의 경우 받아야 할 금액을 관구의 주교들이 정해야 한다고** 지시하고 있다. 이러한 결정은 공식적인 관구 공의회에서 내릴 필요가 없으며, 보좌 주교도 결정 과정에 참여할 수 있다. 교회법전 라틴어 문헌은 사도좌 답서의 집행에 대한 사례금뿐만 아니라 기타 모든 사례금에 대해서 사도좌로부터 승인을 받아야 한다는 점을 명백히 하고 있다.

혼인 관면에 대한 사례금 결정은 1917년도 교회법전에서 개별적으로

---

172) 교회법 제59조.
173) 교회법 제72조.

다루어지긴 했으나[174], 현 법전에서는 언급되지 않았다. 현재는 교회법 제1264조 제1호 규정에 종속된다. 그러나 교구법원의 사법권 행사로 인해 초래된 비용에 대한 사례금은 전적으로 다른 방식으로 규제된다.[175] 재판 비용에 대해서는 훈령「혼인의 존엄」제303조의 규정이 적용된다.

또한 오랜 전통을 가지긴 했지만 현대 교회론의 견해와 모순되어 논란이 되고 있는 교회법 제1264조 제2호는 성사와 준성사 집전 기회에 원조를 요청하는 조항이다. 이에 대해 1971년 주교대의원회의는 다음과 같이 진술하였다.

"그리스도인들을 차차 교육하여 성직자의 수입이 그들의 직무, 특히 성사 집전과 별개가 되도록 하는 것이 가장 바람직하다."[176]

세계의 많은 지역에서 아직도 성직자를 달리 원조할 수 있는 방법이 없다는 사실이 '성무 사례금(ius stolae, stole fees)'을 폐지할 수 없게 만들었다. 그러나 성사와 준성사의 집전 기회에 바친 재정적 원조를 언급할 때는 '사례금taxas' 이라는 용어 대신 '봉헌금oblationes' 이라는 용어를 사용해야 한다는 데는 의견을 모았다.[177] 또한 교회법 제1264조 제1호에서 답서 집행에 대한 사례금을 정해야 한다는 점을 설명하기 위해 사용한

---

174) 1917년도 교회법 제1056조.
175) 교회법 제1649조.
176) 1971년 주교대의원회의, *The Ministerial Priesthood*(Washington, D.C.: USCC, 1972) 29; *Comm* 5 (1973) 95.
177) *Comm* 12 (1980) 403.

동사 praefinire(미리 정하다)를, 교회법 제1264조 제2호에서 성사와 준성사의 집전 기회에 바치는 봉헌금을 언급할 때는 definire(한계를 정하다)로 대체해야 한다는 점에도 의견을 같이한다.[178] 제2호의 취지는 봉헌금을 요구할 수 있는 한계를 관구의 주교들이 정하도록 하는 데 있다. 단, 자발적인 봉헌금은 한계를 넘더라도 수용될 수 있다.[179]

주교회의라는 새로운 제도에도 불구하고 여러 주교회의의 내부적 경제 조건으로 인해 관구 차원에서 계속해서 사례금과 봉헌금을 정하게 되었다. 각 관할권자가 액수의 한계를 정하도록 하자는 제안은 사례금과 한정된 봉헌금이 1917년도 교회법의 규정에서 그랬듯이, 적어도 관구 내에서의 경제적 조건이 균등해야 한다는 이유로 수용되지 않았다.[180]

1917년도 법전에서 개별적으로 다룬, 장례의 기회에 바치는 봉헌금은 교회법 제1264조에 의해 규정한다고 명확히 명시되어 있다. 단, 이때에는 장례식에서 가난한 이들의 합당한 장례식이 박탈되지 않도록 조심해야 한다.[181] 가난한 이들이 성사를 받는 기회에 바치는 봉헌금에 관

---

178) Ibid. *Comm* 12 (1980) 403.
179) 1971년 주교대의원회의에서 건의한 내용은 교회법 제531조와 제551조에 반영되어 있다. 이 조문들은 성직자가 직무를 집행하는 기회에 바친, 관구가 정한 금액을 초월하는 자발적 봉헌금은 봉헌자의 의향이 명확히 다르지 않을 경우 사목구 기금에 속하는 것으로 규정한다.
180) 1917년도 교회법 제1507조; 교회법전 개정위원회 283. 현 교회법전의 제952조는 특별한 목적이 있는 성체성사나 미사 거행의 경우 어떤 봉헌금을 요구해야 하는지 결정할 권한을 관구 주교들에게 위임한다. 동방 가톨릭교회에서 사례금과 미사 예물 액수를 정하는 다른 방법도 규정되어 있다. 동방 가톨릭 교회법 제1013조.
181) 교회법 제1181조.

하여도 비슷한 규정이 제정되어 있다.[182]

위에서 언급한 1917년도 법전의 혼인 관면과 장례식에 관한 경우처럼,[183] 교회법 제1264조의 서두에서 혼인 관면과 장례식에 대해 법으로 달리 규정할 수 있는 가능성을 인정한다. 1983년도 법전에는 다른 법이 존재하지 않지만 미래의 보편법(예를 들면, 교황 답서의 집행에 관한 것)이나 주교회의의 개별법은 교회법 제1264조와 다른 규정들을 포함할 수 있다. 이러한 법(교회법 보완 규정)은 우선시된다. 그러나 개별 교구장이나 관구 주교가 상반되는 법을 규정하는 것은 교회법 제1264조 위반으로 무효가 된다.

모금(제1265조)

【제1265조】
① 개인은 자연인이거나 법인이거나 누구도 소속 직권자와 교구 직권자의 서면 허가 없이는 어떠한 신심이나 교회 시설이나 목적을 위해서도 모금하는 것이 금지된다. 다만 구걸(탁발) 수도자들의 권리는 보존된다.
② 주교회의는 모금에 관하여 모든 이가 지켜야 하는 규범을 정할 수 있다. 회헌에 따라 구걸(탁발) 수도자들이라고 불리고 실제로 그

---

182) 교회법 제848조.
183) 1917년도 교회법 제1234조.

러한 자들도 제외되지 않는다.

그리스도교가 생겨나기 한참 전부터 면전에서 모금을 하는 현상이 있었는데,[184] 이는 현재까지도 지속되고 있다. 이로 인해 발생되는 문제는 시민 사회에서 중대하며, 모금의 목적이 종교적인 것을 내세우고 있을 경우 교회 단체에도 또한 중대한 문제가 된다.

교회법이 최소화하고자 하는 폐단은 허설, 사기, 자비심 오용, 경박한 판매 권유, 교구나 본당 및 수도회나 그 밖의 공법인에 의한 효율적인 모금을 방해하는 행위 등이다. 이와 더불어 모금과 관련된 다른 폐단을 막기 위해서 교회법 제1265조는 어떠한 종교적인 목적을 가지고 모금을 하려는 사법인은 자연인, 법인의 여부에 관계없이 소속 직권자(교구나 수도회)와 모금하려는 지역의 교구 직권자의 서면 허가를 받도록 한다. 이의가 제기될 경우 위임받은 증거로 서면 허가가 필수적이다.

교회법은 구두 모금 형태와 서신 모금 형태를 구분하지 않지만, 1917년도 법전의 병행 조문에 대해 대부분의 학자들은 구두 또는 (가정 방문 형태와 같은) 면전 형식의 모금만이 교회법이 정하는 한계라는 결론을 내렸다.[185] 서신 원조 요청이 훨씬 강제성이 덜하여 거절하기 쉽기 때문에, 법이 경계하고자 하는 오용을 낳을 염려가 없다는 것이 일반적 견해이

---

184) stipen cogere는 로마법에서 유래한 전문적인 표현으로서 면전 모금을 의미한다. Cappello, 2:553.
185) Vermeersch-Creusen, 2:573; G. Vromant, *De Bonis Ecclesiae Temporalibus*, 3rd ed. (Paris: Desclée de Brouwer, 1953) 89-90; T. Bouscaren, A. Ellis, and F. Korth, *Cannon Law: A Text and Commentary*, 4th rev. ed. (Milwaukee: Bruce, 1966) 813.

다. 또한 현실적인 측면에서 서신 원조 요청을 보내는 모든 지역의 소속 직권자로부터 서면 허가를 받는 것은 사실상 불가능한 일이다.

제한되는 모금은 몇몇 친구나 지인들뿐만 아니라, 개별적 혹은 그룹의 형태로 많은 사람들을 대상으로 하는 모금이다. 큰 모임이나 신자들 혹은 일반 대중에 의한 원조 요청은 일반 모금 규정의 지배를 받고,[186] 교회에서 하는 모금 규정에 종속되고 있다.[187] 그러므로 개인뿐만 아니라 공법인의 대표(교구장이나 본당 사목구 주임)에 의한 원조 요청은 일반 모금 규정과 교회의 모금 규정에 종속된다. 가령, 본당 사목구 주임이 성전 건립을 위해 타교구 본당에서 원조 요청 일반 모금을 할 때에는, 소속 직권자(교구나 수도회)와 모금하려는 지역의 교구 직권자의 서면 허가를 받아야 한다.

교회법 제1265조 제1항의 서두에서는 구걸(탁발) 수도자들의 권리를 보존한다고 했는데, 이는 구걸(탁발) 수도자들이 언제 어디서나 허가 없이 모금할 수 있다는 의미가 아니다. 모금은 구걸(탁발) 수도자들의 생활에 고유한 것으로서 이들의 모금 권리가 적절하게 존중받을 수 있도록 하기 위해서, 이들에게 허가를 주지 않거나 제한할 경우 신중을 기해야 한다는 점을 관련 직권자들에게 상기시키려는 것이다.[188] **구걸(탁발) 수도자의 생활에 있어 모금은 필수적이기 때문에 교구 내에 탁발 수도원**

---

186) 교회법 제1262조.
187) 교회법 제1266조.
188) 바오로 6세, 1966년 8월 6일 자의교서 「거룩한 교회Ecclesiae Sanctae」 I, 27, AAS 58 (1966) 757-787.

을 설립하도록 교구장이 동의하면, 그 교구에서 모금할 수 있는 허가도 함께 낸 것으로 본다.[189] 그러나 다른 교구에서 모금을 하려면 관련 교구 직권자의 허가가 다시 필요하다.

교회법 제1265조 제2항은 주교회의로 하여금 제1항처럼 탁발 수도자들을 포함한 모든 이가 지켜야 하는 보완 규정을 추가함으로써 제1항의 조항들을 보완할 수 있도록 한다. 한국 천주교 주교회의는 아직 이러한 보완 규정 규범을 발행하지 않았다.

특별 모금(제1266조)

【제1266조】
교구 직권자는 본당 사목구나 교구나 전국적이나 세계적인 특정 사업 계획을 위하여 수도회에 속한 것을 포함하여 실제로 그리스도교 신자들에게 늘(상시적으로) 공개되어 있는 모든 성당과 경당에서 특별 모금을 하여 이를 성실히 교구청으로 보내도록 명할 수 있다.

1917년도 법전에는 통제 규범이 없기 때문에, 교구 직권자는 교황의 특전 없이 교구에 속하지 않는 수도자에게 본당 소속이 아닌 교회에서 모금하도록 허가할 수 없다는 것이 학자들의 일반적 견해이다.[190] 교회

---

189) 교회법 제611조 제1호

법 제1266조는 이런 점에서 교구 직권자의 권한을 확장시킨다.[191]

교구 직권자는 수도회에 속한 것을 포함하여 실제로 그리스도교 신자들에게 상시적으로 공개되어 있는 모든 성당과 경당에서 특별 모금을 하도록 허가할 수 있다. 모든 그리스도교 신자들은 경건한 경배를 하기 위해 성당을 이용할 권리가 있지만 경당에 대해서는 그러한 권리가 없다는 점에서 성당과 경당은 다르다. 경당은 성당과 달리 특정 공동체를 위해 존재한다.[192] 교회법 제1266조는 모금을 명할 수 있는 권리를 경당의 법률적인 사용보다는 사실적인 사용에 두고 있다.

모금은 교구나 본당 사목구(극빈하거나 곤경에 처한 본당), 전국적이거나 세계적으로 명확하고 특별한 사업을 위한 것이어야 한다. 또한 모금의 목적인 사업이나 계획이 부과금의 경우에서처럼 반드시 필요를 충족시키지 않아도 된다.[193] 이것은 모금의 동기가 납부금을 부과하는 동기보다 덜 시급함을 의미한다. 그러나 교회법 제1266조가 제정된 역사를 살펴보면 위임받은 모금은 모금의 특별 수단으로 여겨지기 때문에, 과도하게 사용해서는 안 된다는 것을 알 수 있다.[194]

교구 직권자가 명하는 모금과 교구장만이 명할 수 있는 납부금 부과 간의 가장 핵심적인 차이점은 모금을 명할 때는 자문을 구할 필요가 없

---

190) Vermeersch-Creusen, 2:574; Cappello, 2:553.
191) 이 교회법의 출처는 자의교서 「거룩한 교회Ecclesiae Sanctae」 I, 37이다.
192) 교회법 제1214조와 제1223조 비교.
193) 교회법 제1263조.
194) *Comm* 12 (1980) 405.

다는 것이다. 이는 모금이 액수가 정해져 있지 않은 비강제적인 행위인 것과 달리 납부금은 그 본질상 강제성을 띠기 때문이다. 그러나 전례 거행 시 걷도록 명한 모금이 많을 경우 신자들 사이에서 누적되어 온 불만이 표출될 수 있는데, 사전에 대표단이 모금에 대한 적절한 설명을 덧붙임으로써 이를 미연에 방지할 수 있을 것이다. 모금에 의무적인 할당량을 부과하면(예를 들어, 본당으로 하여금 지정된 액수를 보내도록 하는 것) 모금의 성격이 납부금으로 변질될 수 있으므로 교회법 제1263조의 자문 및 기타 요구 사항에 관한 조항을 준수해야 할 것이다.

교회법 제1266조의 마지막 문장은 명령한 모금의 수익을 성실히 sedulo 교구청으로 보내도록 요구한다. '성실히' 라는 단어가 가지는 의미는 두 가지이다. "① 모금 수익을 주저하지 않고 ② 온전히 그대로 보내야 한다는 것" 이다. 사전에 봉헌자들에게 통보하지 않으면 모금 수익의 어떤 부분도 본당이나 그 밖의 다른 차원에서 보유할 수 없다. 모금 전액을 즉시 넘기지 않는 것은 봉헌자들의 의사를 저버리는 행위이며, 교회가 모금액을 보유하고 있음이 알려지게 되면 투명한 모금 활동으로 인식된 교회의 이미지가 실추될 수 있다.

봉헌금(제1267조)

【제1267조】
① 어느 교회 법인이든지 사법인까지도 그 장상들이나 관리자들에

게 바쳐진 봉헌금은 그 법인에게 바쳐진 것으로 추정된다. 다만 그 반대가 확증되면 그렇지 않다.

② 공법인의 경우에 정당한 이유와 아울러 중대한 사안에는 직권자의 허가가 없는 한 제1항에 언급된 봉헌금은 거절될 수 없다. 어떤 양식의 책무나 조건이 붙은 봉헌금을 받기 위해서는 동일한 직권자의 허가가 요구된다. 다만 제1295조의 규정은 보존된다.

③ 특정한 목적을 위하여 신자들이 바친 봉헌금은 오직 그 목적대로만 사용할 수 있다.

제1항에서는 장상들이나 관리자들에게 개인적인 목적으로 봉헌금을 바칠 수 있다고 인정하면서도, 이들에게 바친 봉헌금은 그들이 대표하고 관리하는 법인에게 바쳐진 것으로 추정한다는 전통적인 개념을 재확인한다.[195] 반대 의향이 있을 경우 거기에는 윤리적 확실성이 있어야 한다. 윤리적 확실성이란 하나의 개연성이나 의문이 없음을 뜻한다. 개정 과정에서 이러한 전통적 추정을 현 시대의 관행에 맞게 반대로 고쳐야 한다는 의견이 제시되었다. 그러나 이 제안은 승인되지 못했고, 전통적인 추정을 공법인뿐만 아니라 사법인에게도 분명하게 적용시키도록 했다.[196]

제2항은 세 가지 규정으로 구성되어 있다. 첫째 규정은 공법인과 사

---

195) 1917년도 교회법 제1536조 제1항.
196) *Comm* 12 (1980) 405.

법인 관리자들에게 적용되는 것으로서 봉헌금을 거절하기 위해서는 정당한 이유가 있어야 한다고 밝힌다. 이 사항은 수탁인으로서 관리자가 가지는 책임의 본질과 전적으로 일치한다. 봉헌하는 예물에 따라 거절할 수 있는 정당한 이유가 많을 수 있다. 예를 들어 비윤리적으로 취득한 자금, 대규모의 수리가 필요한 자산 등을 들 수 있다. 예를 들어, 어떤 기업인이 거액의 재산을 교구에 봉헌하기로 약정했다. 그런데 사업의 부도로 고용인의 임금이 체불되고 하청 업체들의 경영이 악화되는 상황이었다. 하지만 봉헌 약정자는 이미 봉헌한 금액과 아울러 아직 봉헌하지 못한 금액에 대해서는 자신의 사재를 털어서라도 봉헌하겠다고 재확인하였다. 하지만 수증자 교구장 주교는 이미 받은 봉헌금을 봉헌자에게 되돌려 주기로 결정하고 봉헌금을 반납하였다면, 이는 본 조문 제2항의 교회법적 취지를 아주 훌륭히 이행한 좋은 사례라 할 수 있다. 다시 말해서 교구 직권자는 정당한 이유로 봉헌금을 거절한 것이다.

교회법 제1267조 제2항의 나머지 규정들은 공법인에게만 적용된다. 정당한 이유와 아울러 중대한 사안일 경우 봉헌금을 거절하고자 하는 공법인의 관리자는 동일한 직권자의 허가를 받아야 한다. 이 조문에서 모호한 점이 있는 '중대한 사안'의 정의는 공법인의 정관에 따라 결정해야 한다.[197]

---

197) 교회법 제117조 참조.

교회법 제1267조 제2항의 마지막 규정은 봉헌금을 공법인이 승낙하는 경우와 관련되는데, 어떤 양식의 책무나 조건이 붙은 봉헌금을 받기 위해서는 직권자의 허가를 받아야 한다. 또한 관련이 있다면 교회법 제1295조의 규정을 준수해야 한다. 용어가 유래된 로마법에 따르면, 어떤 양식의 책무는 봉헌금을 받을 때 수증자에 대해 부과되는 의무인데, 이 의무를 이행하지 않는다고 해서 봉헌금을 봉헌자에게 반납하는 것은 아니다. 반면, 조건이 붙은 희사금은 조건을 만족시킬 경우 재산권의 이전을 조건으로 한다. 조건이 만족되지 않으면 재산권이 봉헌자에게 복귀된다. 교회법 제1295조는 공법인의 재산에 대한 양도를 제한하는 모든 규범[198]을 양도뿐만 아니라, 법인의 세습 재산 조건을 악화시킬 수 있는 모든 거래에도 적용시킨다. 너무 벅찬 조건이나 양식이 붙은 봉헌금을 받으면 수증자의 재정 조건이 악화될 수 있다. 이런 경우 교회법 제1267조 제2항의 규정뿐 아니라 제1291조-제1294조의 규정들도 준수해야 한다.

교회법 제1267조 제3항은 몇몇 다른 조문[199]에서 밝힌 근본적인 교회법적 원칙, 즉 기증자의 의사는 조심스럽고 성실하게 이행되어야 함을 다시 언급한다. 많은 민법 체계에서도 찾아볼 수 있는 이러한 원칙은 수세기 동안 있어 왔던 교회법 이론에서 비롯되었다.

---

198) 교회법 제1291조-제1294조.
199) 교회법 제121조-제123조, 제1284조 제2항 제3호, 제1300조, 제1303조 제2항, 제1304조 제1항, 제1307조 제1항, 제1310조 제2항.

시효(제1268조)

【제1268조】
교회는 제197조-제199조의 규범에 따라 재산을 취득하고 해방되는 수단으로서 시효時效를 수용한다.

교회법과 민법에 있는 시효는 법에 명시된 조건하에 시간이 지나면 권리를 취득, 상실하거나 어떠한 의무로부터 해방되는 수단이다.[200] 교회법 제1268조에서는 시효 제도를 재산에 적용하여, 재산권을 취득하거나 상실, 또는 채무에서 해방되는 수단으로 삼는다. '재산 취득'이라는 제목 아래 포함되기는 하였으나 시효는 교회의 실생활에 있어서 재산 취득의 수단이라기보다는 오히려 재산 상실의 위험으로서 중요하다. 교구, 본당, 수도회와 기타 단체의 관리자들은 주의를 기울이지 않으면 시효 제도로 인해 재산을 상실할 수도 있는 위험을 염두에 두어야 한다.

시효로써 재산권을 양도시키는 근본적인 이유는 재산권 문제가 오랜 시간 동안 불확실하거나 혼란스러운 상태로 남아 있는 것을 방지하기 위한 것이다. 이것은 오랜 기간 동안 재산권을 주장하지 않은 주체가 하루아침에 재산을 빼앗길 염려 없이 재산을 관리하고 증진시키도록 장려하고자 하는 의도를 가진 제도이다. 또한 재산권 회복에 대한 법적 소

---

200) 교회법 제197조.

송 시에 증인과 관련 서류 자료를 유용 기간 내에 제시해야 한다는 점에서 절차적 정의에 대한 요구이기도 하다.

다른 내용과 마찬가지로 시효에 관해서 교회는 국가와 불필요한 마찰을 피하기 위해 최대한 각 나라의 민법 규정을 수용하고 있다. 이는 교회법 제22조의 규정에 따라 동일한 법률적 효과로 교회법에서 수용된다. 일반 시민법을 준용하는 조건은 하느님의 법에 어긋나지 않고 교회법이 달리 규정한 것이 없을 때이다. 따라서 시효의 주체, 시효에 의해 취득한 재산, 조건, 시효를 입증하기 위해 필요한 기간, 효과 등에 대하여 각 나라의 민법 규정이 교회 영역에서 유효하도록 일반 원칙을 세울 필요가 있다. 즉, 계약이나 시효는 국가 법률이 법칙이라고 말할 수 있다. 단, 교회법 제198조와 제199조[201]와 같이 교회법의 특별 규범은 예외이다. 즉, 선의의 성격과 기간,[202] 시효에 걸리지 않는 것[203]에 대해서 교회법전 제1권의 시효에 대한 일반 규범이 규정하고 있다.[204] 이 규정들은 교회 재산을 다룰 때 교회법 제1268조에서 다시 언급된다. 재산권 시효에 대한 민법의 적용에 부가적으로 예외가 되는 것들은 교회법 제1269조와 제1270조에 잘 나타나 있다.

시효에 대한 민법은 이론적으로 재산권 이전 효력이 없지만, 지정된

---

201) 1917년도 교회법 제1512조, 제1509조.
202) 교회법 제198조.
203) 교회법 제199조.
204) 교회법 제199조에서 시효에 종속되지 않는 것은 교회 관할 구역의 확실한 경계선, 미사 예물들과 책무들이다.

기간이 만료된 후에는 재산권을 주장하는 법적 소송을 걸지 못하게 함으로써 실질적 효과를 가진다. 본 조문은 '시효'라는 용어를 가장 폭넓게 사용하여 지정된 기간이 만료된 후 법적 소송을 취하는 것을 금지한다.[205] 그리하여 법전에 명시된 예외를 제외하고 시효에 대한 일반 시민법을 교회법으로 준용한다.

성물의 취득 시효(제1269조)

【제1269조】
거룩한 물건이 개인 소유의 것들이면 시효로써 개인에 의하여 취득될 수 있다. 그러나 봉헌이나 축복을 상실하지 않는 한 그것을 속된 용도로 사용할 수 없다. 한편, 교회 공법인에 속하는 것들이면 오직 다른 교회 공법인에 의하여서만 취득될 수 있다.

성물은 봉헌이나 축복으로써 하느님 경배를 위하여 지정된 거룩한 물건이다.[206] 그 예로는 유해, 성작, 제의, 제대포와 화상畵像들이 있다. 성물의 소유권은 일반적으로 교구, 본당 사목구, 수도회, 그 밖의 공법인에게 귀속되나 자연인 혹은 사법인에게 귀속될 수도 있다.

교회법 제1269조는 시효에 의한 공법인 소유 성물의 취득을 다른 공

---

205) 교회법 제1362조, 제1363조, 제1492조, 제1512조 제4호.
206) 교회법 제1171조.

법인에게로 제한한다. 하지만 자연인이든 법인이든 개인이 소유한 성물은 시효를 통해 다른 개인이나 공법인이 취득할 수 있다. 예를 들어, 개인 소유 성작을 소유주가 해외 선교를 가게 되어 본당에 놓고 갈 경우, 이것은 시효를 통해 본당 재산이 될 수 있다. 그러나 본당 소유 성작은 교회법에 따라 시효로 성직자 개인의 소유가 될 수 없다. 교회법 제1269조는 시효에 관한 일반 시민법을 교회법으로 준용하는 데 있어 제한을 두면서, 봉헌이나 축복을 상실하지 않는 한[207], 성물을 속된 용도로 사용하는 것을 금지한다. [208]

시효의 기간(제1270조)

【제1270조】
부동산과 보배로운 동산 및 권리와 인적이나 물적 소권은 사도좌에 속하는 것들은 100년의 기간으로 시효에 걸리고, 그 밖의 교회 공법인에 속하는 것들은 30년의 기간으로 시효에 걸린다.

교회와 정부 간의 갈등이란 관점에서 볼 때, 시효에 관한 민법 중 교회법적 예외로 정하는 가장 골치 아픈 문제는 시효의 기간에 관한 것이다. 교회법 제1270조에 따르면 부동산과 보배로운 동산 및 권리와 인적

---

207) "통상 관할 직권자의 교령으로." 유추 조문은 교회법 제1212조 참조.
208) 예를 들어, 축성받은 성작이나 제의를 연극 공연 소품으로 사용하는 것.

이나 물적 소권은 사도좌에 속하는 것이면 100년 시효에 걸리고, 그 밖의 교회 공법인에 속하는 것들은 30년 시효에 걸린다.[209] 동방 가톨릭 교회법전에서는 100년과 30년의 시효 기간을 규정하면서, 교구eparchia의 교회 재산에 대해서는 50년의 시효 기간을 추가 규정하였다. 또한 오래전에 받은 교황의 특전으로 일부 수도회(성 베네딕토, 시토 수도회 등)의 재산은 긴 시효 기간(60년 혹은 100년)에 의해 보호받는다. 이러한 특전은 아직도 효력이 남아 있다.[210]

그러나 민법이 정하는 기간은 일반적으로 더 짧다. 예를 들어, 우리나라에서는 부동산에 대한 시효는 20년을 넘지 않으며[211], 동산에 대해서는 점유자가 악의일 때에는 10년을 인정한다. 점유자가 선의이고 과실이 없을 때는 5년으로 단축된다.[212]

교회법전에서는 보배로운 동산에 대한 명확한 정의를 내리지 않는다. 그러나 보배로운 화상畫像에 대해서는 연대나 기술, 공경심에서 탁월한 것으로 정의를 내리고 있다.[213] 또한 양도라는 맥락에서 예술적 혹은 역사적인 이유로 보배로운 재산에 대해서도 언급한다.[214] 1917년도 법전에서는 보배로운 동산을 예술적·역사적 혹은 물질적으로 현저한

---

209) 동방 가톨릭 교회법 제1019조.
210) 동방 가톨릭 교회법 제4조. D. Tirapu, in *Com Ex* IV/1, 97; F. Morrisey, in *CLSGBI Com*, 717, n. 3 참조.
211) 민법 제245조 제1항 참조.
212) 민법 제246조 참조.
213) 교회법 제1189조 참조.
214) 교회법 제1292조 제2항.

가치가 있는 재산으로 정의했다.[215] 이러한 정의는 동방 가톨릭교회 법전에 통합되었다.[216] 따라서 '교회법 해석 원칙'[217]에서는 교회법 제1270조에서 사용한 "보배로운 동산"이라는 표현을 '물질적 구성 요소'[218]로 인해, 혹은 골동품이나 예술적·역사적 보물로서 가지는 지위로 인해 현저한 가치가 있는 것 혹은 경배 대상물을 지칭하는 것으로 이해하도록 지시한다.

물권real rights이란 특정한 물건을 직접 지배하여 이익을 얻는 배타적인 권리로 재산권이고 지배권이며 절대권이다. 채권은 특정인의 행위를 그 객체로 하지만, 물권은 물건을 객체로 하는 재산권이라는 점에서 채권을 대인권이라고 부르는 반면, 물권을 대물권이라고 부른다.[219]

시효 기간이 문제가 되는 것은 특정 권리와 소송을 내는 특정 지방(국가)에 따라 그 기간이 다르다는 점이다. 사실 교회법전 개정 기간 동안, 시효 기간에 대한 관련 민법에 대해 교회법적 예외를 두지 말자는 제안이 있었다. 하지만 그럴 경우, 시효 기간에 대해 교회법과 일반 시민법 규정의 차이점이 너무 커지게 될 것이라는 이유로 이 제안은 기각되었다.[220] 이 결정이 현명했느냐에 대해서는 의심의 여지가 있어 보인다. 애초에 일반 시민법을 준용하기로 정했을 때 차이점을 수용하자는

---

215) 1917년도 교회법 제1497조 제2항.
216) 동방 가톨릭 교회법 제1019조.
217) 교회법 제6조 제2항, 제17조, 제19조 참조.
218) 예를 들어, 금이나 백금, 다이아몬드 등.
219) 큰글 「법률학 사전」, 법률출판사, 2004, 548면 참조.
220) *Comm* 12 (1980) 407.

의도가 있었을 뿐더러, 교회법과 일반 시민법이 일치하지 않으면 교회와 정부 간에 부득이한 갈등이 생기기 때문이다. 이러한 갈등은 어떤 경우에도 바람직하지 않지만, 시효와 같이 신학적 가치가 문제가 되지 않는 부분에 있어서는 특히 유감스러운 일이다. 더욱이 공법인에 속한 물권과 채권을 취득한 시효의 기간과 일반 시민법에 따른 기간 차이의 허용을 꺼리면서, 사법인의 재산 취득에 요구되는 기간에 차이가 나는 것을 허용하는 것과 모순되어 보인다. 또한 교회법원에서 소송 착수를 위해 요구되는 다양한 민법상의 기간을 일반적으로 수용하는 것과도 모순된다.[221]

사도좌 지원(제1271조)

【제1271조】
주교들은 일치와 애덕의 유대로써 자기 교구의 능력대로 사도좌가 보편 교회에 대한 봉사를 올바로 할 수 있도록 시대의 조건에 따라 필요로 하는 수단을 조달하는 데 기여하여야 한다.

이 조문은 새로운 규정이지만 사도좌가 하는 일을 재정적으로 지원해야 한다는 개념은 낯설지 않다. 이 개념은 오래 전부터 세계적으로 시

---

221) 교회법 제1492조 참조.

행해 왔던 교황 주일 헌금에서 실제적인 전례를 찾을 수 있다. 교회법 제1271조는 사도좌가 보편 교회에 대한 봉사를 올바로 하기 위해 필요로 하는 수단을 교구가 조달해야 하는 도덕적 의무를 교회법전에 첨가시키기 위해 입안되었다.[222]

교회법에 의한 도덕적 의무는 가톨릭교회를 구성하는 개별 교회들의 친교와 보편성에서 비롯된다.[223] 사도좌는 교회 간의 화합 어린 상호 관계를 구축할 수 있는 지상의 주요 도구로서, 이를 통해 모든 교회의 이익이 장려되고 촉진된다. 그러므로 사도좌의 많은 직무에 대한 원조는 모든 교구의 공통된 의무이다. 이는 도덕적인 의무로 오랫동안 인식되어 왔으나 현재는 교회법적 의무이기도 하다.

이 조문에서는 '교구'라는 수식어 없이 주교에 대해서만 언급하는 것으로 보아 여기서 말하는 일치와 애덕의 유대가 주교단의 모든 구성원을 하나로 묶어 주지만, 교회법에서 요구하는 의무는 보좌 주교가 아니라 교구장 주교에게만 지워지는 듯하다. 주교에 대해 언급할 때 이 조문에서는 "자기 교구suae dioecesis"의 능력이라는 표현을 썼다. '자기'라는 용어는 자신의 이름으로 교구의 관할을 맡은 주교, 즉 교구장 주교만을 지칭한다.

교회법 제1271조의 입법 과정을 살펴보면, 입법자들이 '모든 교회에

---

222) Comm 12 (1980) 411.
223) 「교의헌장」 제13항, 제23항; 「주교들의 교회 사목직에 관한 교령」 제6항; 「교회의 선교 활동에 관한 교령」 제38항; Directorium 46-49, 138.

특별 모금을 하라고 명하는 것'[224]은 교구장이 사도좌를 지원하기 위해 사용하는 수단이라고 생각한다는 점을 시사한다.[225] 그러나 교회법 제1271조의 의무를 이행하기 위한 적절한 수단으로서 교구장이 모금만을 사용하도록 제한한다는 규정이 교회법에는 없다. 납부금 부과까지도 허용될 수 있는 것은 납부금이 교구의 필요를 위한 경우여야 하는데, 사도좌가 모든 교구에 봉사해야 하는 책임을 다할 수 있도록 하는 것이야말로 각 교구가 진정으로 필요로 하는 것이기 때문이다. 이러한 필요는 친교와 보편이라는 교회론에서 비롯된다. 따라서 현재 우리나라 천주교회에서 시행하고 있는 교황 주일 헌금 외에 또 다른 부담금을 주교회의 차원에서 결정하는 것도 보편 교회와의 친교와 보편이라는 관점에서 고려되어야 할 것이다.

참고로 미국 천주교회에서는 1992년 11월 이래로 각 교구에 따라 교구장이 교황 주일 헌금과는 별도로, 사도좌를 위한 연례 부담금을 각 교구의 연간 예산에 포함시킴으로써 교회법 제1271조를 준수하는 것이 관행이 되었다. 이 자발적인 부담금은 교황 대사에게 직접 보내지는데, 그 액수는 각 교구가 미국 주교회의에 내는 연회비와 같을 것으로 짐작된다. 그러나 연간 예산을 맞추기 위해 모금하는 방법은 교구마다 다르다.

---

224) 교회법 제1266조.
225) *Comm* 12 (1980) 411-412.

교회록의 개혁(1272조)

【제1272조】
본 의미의 교회록이 아직 존속하는 지방에서는 주교회의가 사도좌와 합의하여 승인받은 적절한 규범으로써 이러한 교회록의 운영을 조정하여 교회록의 수입뿐 아니라, 될 수 있는 한 그 기본 재산까지도 제1274조 제1항에 언급된 기관으로 점차 옮길 소임이 있다.

교회록은 엄격한 의미에서 수여받은 교회 직무이다. 우리나라를 제외한 많은 나라에서는 주교직이나 주임 신부직, 그 밖의 직무가 교회록으로서 오랫동안 자리를 잡아 왔다. 교회록이 가지는 신학적 장점은 성직자가 개인적 원조를 받을 걱정을 하지 않아도 된다는 데 있다. 그러나 실질적으로 이 제도는 재정적 불공평을 초래하여 성직자의 직분이 종종 교회의 야망이나 탐욕에 종속되는 현상을 만들기도 했다. 이러한 부작용을 막기 위해서 제2차 바티칸 공의회는 교회록 제도를 개혁하거나 폐지하도록 촉구하였다.

"첫째로 중요시해야 할 것은 성직자가 수행하는 임무 자체이다. 따라서 이른바 교회록을 폐지하든가 혹은 적어도 개혁하여 교회록이나 수익, 즉 직무에 결부된 증여 재산에서 오는 수익의 이권은 부수적인 것으로 간주되고 법적으로 교회의 직분이 앞자리를 차지할 수 있게 되어야 하겠다."[226]

교회법 제1272조는 교회록의 전적인 폐지를 원하는 측과 일부 지역에서 민법을 포함하는 특정 상황으로 인해 사도좌가 인준하는 규범을 통해 주교회의가 교회록 제도를 감독하는, 보다 다른 접근법을 원하는 측 사이의 타협안을 반영하고 있다.[227] 우리나라를 포함해 일부 국가에서는 엄격한 의미에서의 교회록 제도가 없기 때문에, 이 조문은 우리나라와 크게 관련되지 않는다.

동방 가톨릭 교회법에서는 본 조문의 규정이 없다. 실상 대다수 동방 가톨릭교회의 성직자들에게는 교회록, 즉 일정한 성직자 보수가 지급되지 않는다. 이는 제단의 봉사자는 제단에서 나오는 것으로 산다는 전통에 의해서인데,[228] 이는 과거 라틴 교회에서 그랬던 것처럼 오히려 성직자 간의 재정적 불평들을 초래하고 있다. 따라서 오늘날 인권과 노동법의 발전으로 동방 가톨릭교회에서도 이러한 문제를 해결하기 위해 보완 규정을 준비 중이다.

---

226) 「사제 직무에 관한 교령」 20항.
227) *Comm* 12 (1980) 412.
228) "그 곡식 예물에서 남은 것은 아론과 그의 아들들의 몫이다. 이것은 야훼께 살라 바치는 예물로서 더없이 거룩한 것이다."(레위 2,10) "그러나 하느님께 바친 양식, 곧 더없이 거룩한 것과 보통으로 거룩한 것을 받아먹을 수는 있다."(레위 21,22)

제3부
재산의 관리
[제1273조-제1289조]

Amministrazione dei beni temporali ecclesiastici
(Administratio bonorum temporalium ecclesiasticorum)

제2장의 구성은 기본적으로 교계 제도에 따라 교황을 모든 교회 재산의 최고 관리자로 주장하는 것을 시작으로 하여[229] 교구장과 '그 밖의 직권자'[230]에 의한 관리에 대한 규범[231], 직권자 이외의 인격체(공법인과 사법인)에 의한 관리에 대한 규범으로 끝을 맺는다.[232] 주제에는 성직자와 그 밖에 교회에 봉사하는 이들의 보수remuneratio[233], 관리자들의 의무, 통상적·특별 관리 행위, 교구장과 그 밖의 관리자가 자문을 구해야 할 요건, 사회 정의, 법에 위배되는 관리자의 행위에 대한 책임, 관리자의 보고 의무 등이 포함된다.

---

229) 교회법 제1273조.
230) 직권자란 교구 직권자와 수도회와 사도 생활단의 상급 장상을 의미한다. 교구 직권자에는 수도회들과 사도 생활단의 장상들을 제외하고, 교구장과(총주교, 관구장 대주교와 교구장 주교) 준주교 (성직 자치구장, 자치 수도원구장), 교구장 직무대행, 총대리와 교구장 대리가 이에 포함된다(교회법 제134조 제1항, 제2항 참조).
231) 교회법 제1274조-제1278조.
232) 교회법 제1279조-제1289조.
233) 2000년 4월 29일 교황청 교회법 해석평의회의 교령은 교회에 봉사하는 성직자들에게 지급되는 보수는 일반인에게 적용할 수 있는 '급여stipendium' 라는 개념의 단어가 아니라, '보수(remuneratio, 교회법 제281조 제1항)' 라는 개념의 용어가 사제의 직무와 정체성에 더 타당하다고 밝힌다.

1장 전제 사항

교회 재산은 교회의 공법인들에 속하는 재산이다.[234] 공법인들은 "공익을 위하여 법 규정에 따라 그들에게 맡겨진 고유한 임무를 수행하도록 교회의 관할권자에 의하여 설립된" 이들이다.[235] 공법인들은 교회에서 생기는 재산에 권한을 갖는다. 사실 교회는 자기가 추구하는 고유한 목적을 가지기에 재산권을 가진다.[236] 교회의 공적 권한으로 구성된 공법인들은 교회의 규정에 따라 교회의 고유한 목적을 추구하기 위하여 재산에 관한 교회법을 준수해야 한다.[237] 따라서 공법인들의 재산권은 교회법으로 규제된다.[238] 그러나 어떤 경우 교회법은 일반 시민법을 따르고,[239] 그러한 경우 재산 관련 일반 시민법(일반 시민법의 교회법 준용 canonizzazione)[240]을 준용한다. 교회법이 준용하는 일반 시민법 규정은 법으로 취득, 유지, 관리, 양도하도록 구체적으로 설명된다.[241]

---

234) 교회법 제1257조 제1항.
235) 교회법 제116조 제1항.
236) 교회법 제1254조.
237) 교회법 제1255조.
238) 교회법 제1255조; 제1257조.
239) 교회법 제22조; 제97조; 제1290조.

'재산에 대한 교회의 권리' 부분에서는 재산 관리의 측면을 다루기 때문에, 먼저 재산 관리의 개념을 고찰하고, 재산 관리의 통상적·특별 관리의 중요한 차이점을 검토하고, 재산 관리와 어떤 유사점이나 관련을 가질 수 있는 다른 행위와 구별할 필요가 있다.

---

240) 교회법은 경우에 따라서 각 나라의 일반 시민법을 교회법의 체계 안에 수용하여 교회의 법률과 동등한 것으로 삼는다. 이를 교회법이 준용하는 일반 시민법canonizzazione이라고 말한다. 일반 시민법을 교회법으로 준용하는 것은 단순히 인정하는 차원을 넘어 일반 시민법을 교회법 안에 수용하는 것이다. 특히 계약에 대해서는 각 나라의 일반 시민법을 교회법으로 준용하여, 그 나라에서는 국민들뿐 아니라 교회의 법인들도 그 법률에 구속된다. 이는 전 세계 11억 가톨릭 신자를 대상으로 하는 가톨릭교회의 입장에서 각 나라마다 상이한 계약 및 양도와 같은 일반 시민법 체계를 준용하는 것이다. 이에 대해서는 "계약 및 양도" 편에서 살펴보기로 하자.
241) 교회법 제1054조; 제1255조.

2장 재산 관리의 정의

1. 교회의 입장에서 재산권의 특수 권리로서 재산 관리

교회법 제1254조 제1항은 교회의 입장에서 재산권을 '취득하다, 유지하다, 관리하다, 양도하다' 라는 네 개의 동사로 구체적으로 설명한다. 교회법 제1255조에서도 이와 동일한 구분을 찾아볼 수 있는데 1917년도 법전 교회법 제1495조 제1항과 비교해 보면 '양도하다' 라는 동사가 첨가되었다. 따라서 재산 관리라는 말이 자주 취득 및 양도로 이해되었더라도, 엄격한 의미에서 재산에 대한 교회의 권리 가운데 한 측면만을 다룬 것이다. 그러나 교회법전은 재산의 취득 및 양도를 구체적인 방식으로 규정한다. 따라서 개별 행위에 대한 특수 규범이 준수되어야 한다.

2. 재산 관리는 무엇인가

1) 사물의 관리에 속한다

재산 관리의 권한은 '통치권potestà di governo'[242)]에 속한다. 교회법전이 재산 관리에 관한 규범을 제시하는 위치는 그 점에 있어서 이미 암시적이다. 재산을 다루는 교회법전 제5권은 교회의 통치 임무munus regendi에만 다시 연결할 수 있다. 교회법전이 수도회의 재산 관리를 다룰 때는 수도회 통치와 관련된 규범[243)]에서 이를 명확하게 배열한다. 다시 말해서, 수도회의 재산 관리 조항은 교회법 제643조-제640조인데, 이 부분은 제2절 수도회의 통치(제617조-제640조) 안에 배열되어 있다. 교회법 제1279조 제1항은 "교회 재산의 관리는 그 재산이 속하는 인격체를 직접 다스리는 자의 소관이다. 다만 달리 정하면 그러하지 아니하다."라는 일반적인 원칙을 규정하고 있다. 따라서 다음과 같이 비교할 수 있다. 통치가 사람에게 달려 있는 것처럼 재산 관리는 취득된 사물에 달려 있다. 통치를 통하여 사람이 안전하게 보호되고 그 목적에 적합하게 인도되는 것처럼, 재산 관리를 통하여 취득된 재산은 고유한 목적에 합당하게 사용된다. 엄밀히 말해 관리 행위는 다음과 같은 내용을 포함한다. ① 취득된 사물의 보존 ② 그 재산의 결실, 곧 모든 행위로써 재산의 증가, 이자 창출 또는 합당한 시기에 이자를 낳게 된다. ③ 그 이자는 법인을 위하여 사용된다. '타베라Tabera' [244)]는 재산 관리를 좁은 의미에서 "이미 취득된 재산 체제"라고 정의한 후 관리 행위를 이렇게 표현한다. "재산 관리는 필요하거나 유용한 행위를 포함하여 취득된 사물이 그 성

---

242) "De potestas regiminis", 교회법 제129조-제144조.
243) 교회법 제634-640조.
244) 저명한 교회법 학자인 Arturo Tabera Araoz(1903-1975)는 아빌라 인근의 바르코El Barco de Ávila에서 출생하였으며, 1969년 4월 28일 바오로 6세에 의해 추기경에 서임된다.

격에 따라 보존되고 이자를 낳도록 한다(이자를 낳아 이 사물이 적당한 시기에 모아져 합법적으로 고유한 성격의 목적이나 부과된 목적에 따라 적용되도록 한다). 왜냐하면 그 재산의 생산적 가치와 효과를 더 중대할 수 있기 때문이다."[245]

2) 재산의 사용 행위이자 '소유권dominus'[246]에 속한다

재산을 관리하는 것은 재산의 사용도 아우르며 관리권의 행사를 수반한다. 재산 관리는 소유물에 대한 권리의 한 측면일지라도 동시에 소유자의 소임이다.[247] 그러나 교회 재산은 공법인을 지배의 주체로 가지면서, 법인의 소속 대표자를 통하지 않고서는 수행할 수 없으며, 그 법인은 자기들의 위임과 명의로 관리 행위를 하는 사람들을 통해서, 곧 그들의 관리자들을 통해서 정확히 재산을 관리한다. 이들이 행하는 행위는 법 규범에 따라 그들에게 위임된 범위 내에서 책임이 맡겨진다.

교회법전은 제1273조-제1289조에서 일반적인 방식으로 관리자들의 임무를 정확히 규정한다. 관리자들의 구체적인 임무는 교회법 제1279조-제1289조에서 특별하게 나열되어 있다. 교회법 제1282조는 재산 관리에 참여하는 모든 이는 "법 규범에 따라 교회의 이름으로"(nomine Ecclesiae, ad normam iuris) 자기 임무를 수행해야 한다고 규정한다. 교회

---

245) Tabera, *Il diritto dei religiosi*, ed. *Commentarium pro Religiosis*, Roma 1961, p. 198, n. 163.
246) 교회법 제1256조 앞의 해설 참조.
247) 교회법 제1254조 제1항, 제1255조, 제1256조 참조.

법 제1283조는 관리자들이 자기 임무를 시작하기 전에 맡아야 할 의무를, 교회법 제1284조는 관리자들이 가장처럼 맡아야 할 의무를 정확히 규정한다. 교회법 제1285조는 통상적 관리의 범위 내에서만 고정 세습 재산에 속하지 아니하는 동산 중에서 신심이나 그리스도교 애덕의 목적을 위한 증여를 허가한다. 교회법 제1289조는 맡겨진 임무를 제멋대로 유기하지 말아야 할 의무를 관리자들에게 부과하고, 제멋대로 유기함으로써 교회에 손해를 끼쳤다면 보상을 해야 하는 처벌 또한 부과하고 있다.

3) 관리자들은 위임의 범위 내에서 수행한다

교회법 제1282조는 관리자들에게 교회의 이름으로, 곧 법 규범에 따라 자기 임무를 수행할 의무를 실질적으로 상기시킨다. 더 넓은 의미에서 "교회의 이름으로 수행한다."는 것은 "교회의 정신과 본성과 사명에 따라" 공법인들의 재산권이 교회에 의해 생기면서, 교회의 이름으로, 교회의 위임을 통하여 행해진다는 것을 의미한다. 따라서 관리자들이 위임과 권리를 벗어나 임무를 수행하게 되면, 교회법 규범이 이중적 관점으로 규정하는 법규의 위반을 범하게 된다. 만약 행위를 무효로 만드는 규범을 위반한다면, 관리 행위는 동일 법인이 아닌 관리자가 책임을 져야 한다. 그러나 행위의 합법성에 관련된 규범을 위반한다면, 이에 대해서는 법인이 책임을 져야 한다. 그러나 그 법인은 행위의 책임 관리를 다시 맡을 수 있다. 법인이 규범을 거슬러 행한 행위에서 이익을 얻을 수 없는 규정도 보존된다.[248] 그러한 원칙에 대한 자세한 설명은 수도회 법에서도 찾아볼 수 있다.[249]

---

248) 교회법 제1281조 제3항 참조.
249) 교회법 제639조.

3장 통상적 · 특별 재산 관리

모든 관리 행위가 중요성과 중대성을 가지는 것은 아니다. 교회법 규범은 통상적 재산 관리와 특별 재산 관리를 구별하고 있다. 통상적 재산 관리는 표면적으로 일반적이고 통상적인 재산 관리와 대단히 중대한 통상적 관리 행위로 구별한다. 교회법 제638조 제1항, 제1277조, 제1281조 제1항이 이에 대하여 언급한다. 그러나 이 용어는 새로운 것은 아니다. 구 교회법전에서도, 특히 제1520조 제3항과 제1527조 제1항에서 이 용어를 찾아볼 수 있다. 그러나 새 교회법전에서는 보다 새롭고 정확한 설명을 사용한다. 그 설명은 재산 관리의 개념을 심화시키고, 특별 관리 행위를 맡는 법률적 중요성을 강조하며, 소송 절차 부문 및 법률적 효과의 부문에 대한 신중한 성찰을 필요로 한다.

통상적 관리 행위에 속하는 행위의 결정과 특별 관리 행위에 속하는 행위들은 다소 이론적인 방식이나 실제적인 방식으로 진행될 수 있다. 교회법전은 두 기준을 통합하여 양립시킨다. 참작해야 할 이론적인 요소를 제공하고 정확한 규범과 함께 특별 관리 행위를 규정하도록 한다.

특별 재산 관리의 이론적인 기준은 교회법 제638조 제1항의 "통상적 관리의 목적과 한도를 초과"(qui finem et modum ordinariae administrationis excedant)하거나, 교회법 제1281조 제1항의 "통상적 관리의 범위와 한도를 초과하는"(qui fines modumque ordinariae administrationis excedunt)[250] 행위로서 자격을 갖춘 재산 관리의 행위라고 언급된다. 통상적 재산 관리 행위와 특별 재산 관리 행위는 재산 관리의 개념에 머물지만, 전자는 일상적인 재산 관리의 목적과 한도fines et modum에 머물고, 후자는 통상적 재산 관리를 뛰어넘는 목적이 따르거나, 통상의 규칙이나 한도를 초과한다. 행위가 규칙이나 한도가 아닌 목적 때문에 통상적인 재산 관리에 속할 수도 있고, 또한 다소 어렵게 가정하더라도 그와 반대가 될 수도 있다. 따라서 실제로 행위가 유효한지를 규명하거나 특별 관리가 되는 요소를 규명하는 작업이 필요하다. 예를 들어 특별 관리가 되는 요소들에는 수치상 손실의 위험 행위가 재산이나 이자에만 끼칠 수 있는 영향, 세습 재산의 안정성에 대한 위험, 재산 관리와 보조되는 일의 대상인 사물의 성격, 매매의 방식과 복잡성, 사물의 가치 실행 시기의 기간, 경제적 결과의 불확실성, 법인의 경제적·재정적인 세습, 재산의 일관성 등이 있다.

 그러나 실상 그러한 기준만으로는 불충분하고 그 이상의 설명이 필요하다. 수도회에 대해서 교회법 제638조 제1항은 특별 관리 행위를 하기 위한 필요 사항으로 특별 관리 행위들을 고유법으로 정해야 한다고

---

[250] 교회법 제1281조 제1항의 원어 modus에 대해 "방식"이라고 우리말 교회법전에서 옮겼는데, 이 조항에서 modus는 "한도, 한계"를 의미한다.

규정한다. 교회법 제1277조는 교구장이 행해야 하는 행위들인 경우에는, 그 소임을 주교회의에 위임한다. 교회법 제1281조 제2항은 통상적 관리의 범위와 방식을 일반적으로 법인의 정관에 맡긴다. 또한 정관에 없는 경우 교구장에 종속된 법인이라면 교구장에게 맡긴다. 수도회에 있어서 요구되는 사항들과 같이 특별 관리 행위를 규정하는 것은 고유법에 속한다.[251]

그러나 특별 재산 관리 행위를 규정해야 하는 사람은 교회법전(입법자)에 의해 설명된 이론적인 기준들을 참작해야 한다. 기준을 보면 금융 자산이 빈약한 법인에게는 특별한 것이, 그렇지 않은 다른 법인에게는 통상적인 것이 될 수 있다는 것을 쉽게 알 수 있다. 회의 내부에서 개별 수도원에게는 특별할 수 있는 사항이, 관구 및 더 나아가 회 차원에서는 통상적 사항이 되기도 한다.

특별 관리 행위를 위한 사항에서 교회법은 언제나 준수해야 하는 일반 규범을 규정한다. 우선 관할권자의 허가가 요구된다. 그 허가 없이 행한 행위는 무효이다.[252] 그 다음 결정 기관들의 동의를 얻어야 한다.[253] 또한 관리 행위의 유효성을 위하여 요구되는 법적인 모든 요건을 이행해야 한다.

통상적 재산 관리의 행위 가운데에서 대단히 중대한 관리 행위가 구

---

251) 교회법 제638조 제1항.
252) 교회법 제1281조 참조.
253) 교회법 제1277조; 제638조 제1항.

별될 수 있다. 이는 교회법 제1277조에 명시되어 있는데, 특히 수도회법 분야에 널리 퍼져 있다. 법인의 "재정 상태에 비추어" 통상적 재산 관리는 "대단히 중대한 것이다." (maioris momenti) 교회법 제1277조는 통상적 재산 관리 행위를 위하여 교구장은 재정 상태에 관해 교구 재무평의회와 참사회의 의견을 들어야 하고, 특별 관리 행위를 위하여 주교는 같은 기관들의 동의를 얻어야 한다고 규정한다. 동의와 자문에 대해서는 교회법 제127조에서 규정된다. 유추 규범들은 개별법이나 그러한 범주를 사용하는 법인들의 정관들에서 찾아볼 수 있다. 어느 법인에게는 대단히 중대한 사항이 다른 법인에게는 그렇지 않음을 구분할 때는, 법인의 재정 상태에 비추어 고려해야 한다.

4장 유사 행위들과 구분된 행위로서의 관리

1. 법률상 대표reppresenza legale와 구분

교회법전이 명시적으로 규정한 바대로, 예를 들면 교구에서 관리자(관리국장)는 법률상 대표(교구장 주교)와 구분된다. 법률상 대표는 교회법이나 일반 시민법의 법률에 의해 법인을 대표하는 사람만을 가리킨다. 대표는 법인의 행위를 만들지는 않지만, 그 행위를 표현하며 모든 경우에서 재산에 관하여는 어떠한 관리 임무도 가지지 않는다. 법률상 대표는 대리하는 법인의 의지를 표현하고 증명하는 성격만을 가진다.

2. 법인의 재산과 법인의 통제권 및 감독권과의 구분

감독의 내용에서 관리의 전형적인 사항, 즉 재산의 사용은 배제한다. 감독은 법인에 대한 일정한 권한을 전제하지만 재산의 사용 권한까지도 반드시 갖고 있는 것은 아니다. 그 재산에 대하여 감독의 소임만을 가진 직권자는 처분할 수 있는 권한이 없다. 특히 교회법 제1276조는 자기 소속의 법인에 속하는 재산에 대한 직권자의 감독에 대해 규정하고 있다. 그러한 감독권을 바탕으로 직권자들은 "보편법과 개별법의 범위 내에서 특별 훈령"을 발령할 수 있다. 어떤 직권자의 감독 아래 있는 법인들은, 정해진 기간 안에 법 규정에 따라, 특별한 방식으로 직권자에게 관리에 대한 결산 보고를 해야 한다. 교회법 제1287조 제1항은 교구 직권자에게 종속된 법인을 위하여 이러한 의무를 부과한다. 교회법 제637조는 이를 자치 수도승원들에게 맡긴다. 교회법 제636조 제2항은 수도회의 재무 담당자(당가)에게 맡긴다. 교회법 제319조는 공법인을 위하여, 교회법 제1284조 제2항은 모든 관리자들을 위하여 이 의무를 부과한다. 반면 적지 않은 수도회에서 관리와 감독을 하는 상급 장상은 고유법에 따라 재산을 처분할 수도 있고, 관리 행위를 할 수 있는 권한도 가진다는 점을 주목해야 한다. 그러나 그러한 경우에 단순 감독의 권한과는 다른 별도의 권한을 통해서 이루어진다.[254]

3. 양도와의 구분

위에서 언급한 대로, 고유한 의미에서 관리 개념은 양도와 구분된다. 교회법전은 특별 관리 행위와도 다른 방식으로 '양도' 행위를 규제하고, 고유한 명칭을 부여한다. 배열도 그 구분을 강조한다. 양도에 대하

---

254) 교회법 제636조 제1항 참조.

여 "계약 및 특히 양도(De contractibus ac praesertim de alienatione, 제1290조-제1298조)"라는 제목으로 말하고 있다.

교회법 제1254조 제1항에서 '양도하다'라는 동사를 첨가한 것에 대해 반론을 제기한 학자에게, 교회법전 개정위원회(Commissione per la revisione del Codice)는 "관리는 양도를 포함하지 않는다."는 점에서 이는 정확히 합당하다고 답변하였다.

5장 관리자와 장상 사이의 관계

교회 재산의 관리에 대해 교회법 제1279조는 법인을 다스리는 자가 관리자이기도 하다는 일반적인 원칙을 규정하고 있다. 그러나 보편법이나 개별법, 고유법이나 정관은 이를 달리 규정하는 것을 허용한다. 실제로 적지 않은 경우에서 교회법전은 장상의 업무와 법인 관리자의 업무를 겸임하지 못하도록 규정한다. 구분할 경우에 이 둘 사이에는 어떤 관계가 있을까?

이 질문에 대해서는 둘의 역할 구분을 규정하고, 법인을 규제하는 법에서 결정적인 답변을 찾아야 한다는 점을 전제하고, 교구와 수도회에 관련하여 교회법전을 통해 답변을 제시한다.

교회법은 "교구장은 교구의 모든 법률적 업무에서 교구를 대표한다."[255]고 규정한다. 이처럼 교구장은 중대한 '통상적·특별 관리 행위'[256] 및 '양도 행위를 하는 자'[257]로 교회법 안에 나타난다. 그러나 그

---

255) 교회법 제393조.
256) 교회법 제1277조.
257) 교회법 제1292조 제1항.

는 교구 재산의 관리자가 될 수 없다. 동법에 따라 "교구 재산을 교구장의 관할 아래 관리하는"[258] 소임을 맡는 재정 담당자(관리국장)를 선임해야 한다. 관리자로 선임된 재정 담당자는 자기의 직무에서 임시로 해임된다.[259] 수도회 법은 상급 장상과 관구 장상의 직무에서 재산을 관리하는 총 재무 담당자와 관구 재무 담당자(당가)의 구별을 두고 있으며, 지역 장상과 구별되는 재무 담당자(당가)의 구별도 요구하고 있다.[260]

하지만 이러한 구별이 관리라는 측면에서 장상의 책임을 박탈하지 않는다. 교구장은 재무평의회를 주재하고,[261] 관리 행위를 행한다.[262] 재무 담당자는 "주교의 권위 아래"에서 자신의 임무를 행하며[263] 교구 재무평의회는 "교구장의 지시에 따라" 활동한다.[264] 수도회의 재정 담당자는 소속 장상의 지침에 따라 재산을 관리해야 한다.[265] 동일한 장상이 통상적·특별 관리를 행한다. 교회법 제638조 제2항은 다음과 같이 언급

---

258) 교회법 제494조.
259) 교회법 제423조.
260) 교회법 제636조 제1항.
261) 교회법 제492조.
262) 교회법 제1277조.
263) 교회법 제494조 제3항.
264) 교회법 제493조.
265) 교회법 제636조 제1항. 예를 들어 남자 수도회에서는 일반적으로 재정 담당을 평수사가 맡게 되는데, 간혹 관련 장상이 재무 상태에 대한 관리와 보고를 요청할 때 자기의 고유 영역에 대한 침해로 간주하는 이들이 있다. 이에 따라 간혹 불미스런 재정적 손실이나 추문이 발생하기도 한다. 하지만 이는 관리라는 측면에서 장상의 책임을 박탈하지도 않고, 소속 장상의 지침에 따라 관리 행위를 해야 한다는 규범에 대한 장상과 관리자 양편의 교회법적 무지라고 말할 수 있다.

하고 있다. "장상들 외에도 고유법에 따라 이 직무에 지명된 임원들은 자기 임무의 범위 내에서 통상적 관리의 비용 지출과 법률 행위를 유효하게 할 수 있다."

이 규정에서 통치 업무와 재산 관리 사이의 분명한 내면 관계가 드러난다. 재산 관리는 법인의 통치 행위에 속한다. 관리는 한 명이나 두 명이 할 수 있다. 통치와 재산 관리, 두 행위의 구분은 교회법전이 이를 지시하는 곳에서 지속되어야 한다.

공동 규범은 특수한 중책을 맡고 있는 통치 업무를 위해서든지, 수행하는 직무의 겸임을 위해서든지, 장상의 업무에 따르는 중책을 위해서든지 특별한 방식으로 이 구별을 규정한다. 그러한 숙고는 특히 주교 직무와 수도회의 상급 장상들의 직무에서 필요하다. 그러한 경우에 입법자는 장상이 다른 이들에게 관리 임무를 맡기는 것이 필요하다고 판단되면, 장상의 업무와 관리자의 업무를 겸임하지 못하도록 규정해야 한다. 그러나 이를 통해 장상이 이전에 행한 법인의 관리 책임을 상실하지는 않는다. 재정 담당자는 법에 따라 업무 자체에 정해진 자치(재량)의 폭넓은 공간을 누리면서, 즉 업무에 부여된(타고난)[266] 고유 권한을 누리면서 관할 장상에 종속된다. 그들은 관할 장상의 지휘 아래, 직무에서 생기는 그 임무는 면제된다. 장상만이 통상적 관리 행위를 유효하게 행할 수 있다.[267] 그러나 관례대로 행하는 통상적 관리 행위에 대해 장상이

---

266) 교회법 제131조.
267) 교회법 제638조 제2항.

직무를 방면하고, 규범의 정신과 문자를 위반하여 불법적으로 수행하면 관리 행위의 주체는 재정 담당자로 대체된다.

6장 관리자들과 재무평의회

관리 행위를 장상과 재무 담당자가 하더라도 관리 행위, 특히 특별 관리 행위라면 신중한 판단과 자문이 요구된다. 교회법 제1280조는 모든 법인에게 자문과 때때로 동의로써 법 규범에 따라 현명한 관리를 수행하기 위하여 협력하는 고문들이나 재무평의회를 두는 의무를 부과한다. 어떤 법인이든지 정관의 규범에 따라 관리자의 임무 수행에 도움을 주는 재무평의회나 최소 2명의 고문들을 두어야 한다. 재무평의회는 '교구'[268]와 '본당 사목구'[269]에 둔다. 수도회에서는 장상들이 수도회 통치에 협력하는 평의회를 두어야 한다.[270] 하지만 그러한 기관들은 말 그대로 통치가 아닌 자문과 참여의 역할을 한다는 점을 유의해야 한다. 장상이 행위를 하기 위하여 보편법과 개별법, 고유법이나 정관에 따라 그러한 기관의 동의나 자문을 미리 얻어야 할 때, 행위의 유효성을 규정한 교회법 제127조의 규범을 엄중히 비교하여 수행해야 한다.

---

268) 교회법 제492조.
269) 교회법 제537조.
270) 교회법 제627조.

7장 관리 행위와 상급 관할권자의 통제

적지 않은 경우에 관리 행위는 상급 관할권자의 예방 및 차후 통제에 따라야 한다. 차후 통제란 앞에서 언급한 보고서를 통해서 이루어진다. 예방 통제는 관리 행위에 앞서 승인이나 허가의 필요성으로 표현된다. 관리자들은 소송의 제기나 쟁송[271], 재산의 양도 이전에[272], 그리고 특별 관리 행위를 다룰 때마다 상급 관할권자의 허가를 받아야 한다. 그러한 허가는 일반적으로 행위의 유효성을 위한 것이다. 그러나 그 허가는 관리 행위가 아니라 관리 행위를 위하여 필요한 요건이다.[273] 물론 이러한 내용이 구조적이고 본질적인 요소는 아니다. 다시 말해서 허가를 내주는 장상은 말 그대로 관리 행위의 책임자가 아니다. 그는 위임을 주지 않고 다른 이에게 책임을 맡기지 않고 길을 제시하면서 단순히 행위에 권한을 부여한다. 이는 관리권이 아닌 통치권에 포함된다.

---

271) 교회법 제1288조.
272) 교회법 제1291조, 제638조 제3항.
273) 교회법 제124조 제1항.

8장 교회 재산의 관리를 주도하는 몇 가지 원칙들

1) 교회 재산 관리는 공법인들의 재산을 대상으로 한다. 이 공법인들의 재산을 통하여 교회는 초자연적인 고유한 목적을 달성한다. 따라서 교회 관리자는 교회의 이름으로 교회의 규범에 따라, 교회의 본성과 사명에 따라 교회 재산의 고유한 목적을 비교하여 재산을 관리해야 한다.

2) 재산 관리는 사도좌[274], 직권자들[275], 수도회 장상들[276]과 같은 교회 장상들의 감독 아래 늘 이루어져야 한다.

3) 하느님을 경배하고 이와 관련된 종교적 목적과 동기를 가지는 신심 의사piae causae를 다룰 때는 신자들의 의사가 언제나 준수되어야 한다. 따라서 특정한 목적을 위하여 신자들이 바친 봉헌금은 오직 그 목적대로만 사용될 수 있다.[277]

4) 재산상의 위험과 교회의 추문을 피하면서, 재산은 신중하게 관리되어야 한다. 이러한 관점과 관계된 법 규정이 무척 많다. 아울러 그 나

---

274) 교회법 제1255조, 제1256조, 제1273조.
275) 교회법 제1276조.
276) 교회법 제1276조, 제636조.
277) 교회법 제1267조 제3항, 제1308조.

머지 교회의 모든 입법 또한 이를 지향하고 있다.[278] 일반적으로 법이 합당한 허가와 승인을 규정할 때 얻어야 할 동의와 자문, 재무평의회와 관련된 규범들은 특히 그러한 목적을 향한다고 말할 수 있다.

5) 재산 관리는 일반 시민법(국법)을 준용해야 한다. 일반 시민법이 교회의 합법적 권위에 의해 부과되었을 때 교회법 자체로 다루기 때문이며[279], 안전을 위해서나[280], 또는 일반 시민법 자체를 의무로 지켜야 하기 때문이다.[281]

V. De Paolis[282]

---

278) 교회법 제1279조, 제1280조, 제1281조 제2항, 제1288조, 제1289조, 제1294조 제2항 참조, 제127조 제3항, 제1277조, 제1281조, 제1292조, 제638조와 비교.
279) 교회법 제22조, 제197조, 제1290조.
280) 교회법 제668조 제4항, 제1274조 제5항, 제1284조 제2항 제2호, 제1284조 제2항 제3호.
281) 교회법 제1286조.
282) A cura di C. Corral Salvador, V. de Paolis, G. Ghilanda, "*Amministrazione dei beni temporali ecclesiastici*", in "*Nuovo Dizionario di Diritto Canonico*", 21-29. 참고문헌: V. *De Paolis, De Bonis Ecclesiae Temporalibus. Adnotationes in Codicem: Liber* V, Pug, Romae 1986; Id., *I beni temporali e la loro amministrazione in I Religiosi e il nuovo Codice di diritto canonico*, Ed. Rogate, Roma 1983, 134-159; Id., *I beni temporali nel Codice di diritto canonico in Monitor Ecclesiasticus* (1986) 9-30; A. J. Maida - N. P. Cafardi, *Church Property, Church Finances, and Church Related Corporations*, St. Louis, Mo, 1984; H. Parhammer, *Vermögensverwltung in der Kirche, Oesterreichischer Kulturverlag*, 1988² A. Tabera, *Il diritto dei Religiosi*, ed. Commentarium pro Religiosis, Roma 1961. 한동일, "가톨릭교회의 재산법", "I. 교회의 재산 관리", 「서강법학」 제9권 제2호, 서강대학교, 2007, 247-257면의 내용을 재인용한 글임을 밝힌다.

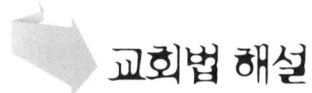

최고 관리자(제1273조)

【제1273조】
교황은 통치의 수위권에 의하여 모든 교회 재산의 최고 관리자이며 운영자이다.

교회 재산권은 교회의 공법인에게 있다.[283] '재산권의 필수 요소[284]'인 관리는 법률로 공법인에 의해 임명된 자연인이나, 기금(재단) 증서와 정관 혹은 합법적 관습에 따라 그 밖의 공법인에 의해 임명된 자연인이 맡아야 하며, 이를 임명하지 않은 곳에서는 공법인이 속한 직권자가 임명할 수 있다.[285] 관리 행위는 재산의 유지, 보수, 갱신, 채무, 수입의 투자, 계약 체결 및 일단 취득한 재산의 유지와 증식, 적절한 사용을 위해 필요한 그 밖의 행위들을 포함한다.

교회법 제1273조는 모든 교회에 대한 통치 수위권에 따라 교황은 모

---

283) 교회법 제1256조, 제1257조 제1항.
284) 교회법 제1254조 제1항.
285) 교회법 제1279조.

든 교회 재산의 최고 관리자이며 운영자임을 주장한다. 이는 모든 교회의 공법인을 대표하여, 임명된 관리자와 장소를 직·간접적으로 경질하고, 통상적·특별 관리 행위를 대신할 수 있는 교황의 권리를 인정하는 것인데, 이러한 권리는 좀처럼 행사하지 않는다.[286] 교회법 제1273조는 원래 교회 안의 모든 재산에 적용하기 위해서 입안되었으나[287], 교회 재산이라는 개념이 앞의 조문에서 사용되었기 때문에 그것이 이 조문의 초점이 되어야 한다는 기묘한 이유로 여기서는 교회 재산에만 한정되어 있다.[288] 그 결과, 교황이 사법인에 속하는 재산의 최고 관리자이며 운영자라고는 말할 수 없다. 이것이 공법인과 비교하여 사법인을 특징짓는 더 큰 자율권과는 일치하더라도[289], 교황이 "교회에서 최고의 완전하고 직접적이며 보편적인 직권을 가지며 이를 언제나 자유롭게 행사할 수 있다."[290]는 조문과 조화를 이루기란 어려운 일이다. 따라서 교회법 제1256조 규정에 따라 재산권은 교황의 최고 권위 아래 그 재산을 합법적으로 취득한 법인에 속한다.[291]

교황이 교회 재산의 최고 관리자란 의미는 통치의 수위권에 따른 것

---

286) De Paolis, De Bonis Ecclesiae Temporalibus, 81; Z. Combalía, in *ComEx* IV/1, 109; López Alarcón, in Pamplona ComEng, 787.
287) *Comm* 12 (1980) 412.
288) *Comm* 12 (1980) 413.
289) 교회법 제116조 참조.
290) 교회법 제331조.
291) 일부 저자들은 교회법 제1273조의 규정에도 불구하고 교황은 공법인뿐만 아니라 사법인 재산의 최고 관리자라는 의견을 가지고 있다. 예를 들어, Combalía, in *Com Ex* IV/1, 109.

으로, 교회법 제1273조는 재산의 관리 행위가 통치 행위임을 명백히 한다.[292] 성직자뿐만 아니라 평신도도 교회 재산의 관리자 역할을 할 수 있다는 것이 '교회법적 견해'[293]이기 때문에 평신도가 관리 행위를 실행할 수 있음은 부인할 수 없다. 평신도가 '관리권(지배권)'을 행사할 수 있느냐 하는 것이 논쟁 사항이 될 수 있을지 모르겠으나,[294] 교회법 제1273조는 확실히 이 논쟁과 관련이 있다.

성직자의 생활비(제1274조)

【제1274조】

① 교구마다 그 교구를 위하여 봉사하는 성직자들의 생활비가 제281조의 규범대로 마련되게 하는 목적으로 재산이나 헌금을 모으는 특별 기관이 있어야 한다. 다만, 그들을 위하여 달리 배려되어 있으면 그러하지 아니하다.

② 성직자를 위한 사회적 대책이 아직 적절히 마련되지 아니한 곳

---

292) 교회의 통치 이론에 관한 논문에서는 전통적으로 통치권을 입법권, 사법권, 집행권(행정)으로 나누고(교회법 제135조 제1항 참조), 통치 집행권은 협력, 행정, 관리 기능으로 세분하였다(교회법 제391조 제1항 참조). 이 중 마지막 기능이 재산 관리와 일치한다. 예를 들어, A. Ottaviani, Institutiones Iuris Publici Ecclesiastici (Vatican City: Vatican Press, 1958) 1:94-95, 325-346.
293) 교회법 제1282조, 제1287조.
294) 반대 의견은 다음을 참고하라: F. Urrutia, "Delegation of the Execitive Power of Governance", Stud Can 19 (1985) 343; and D-M. Jaeger, "The Relationship of Holy Orders and the Power of Governance according to the Revised Code of Canon Law or: Are the Laity Capable of the Power of Governance?" CLS-GBIN 62 (1984) 27 참조.

에서는, 주교회의가 성직자들의 사회 보장이 충분히 배려되기 위한 기관이 설치되도록 힘써야 한다.

③ 교구마다 필요한 만큼 공동 기금을 마련하여, 그 기금으로써 주교들이 교회에 보직하는 그 밖의 사람들에 대한 의무를 이행하고 교구의 여러 가지 필요를 충당하며 더 부유한 교구들이 더 가난한 교구들을 도울 수 있도록 하여야 한다.

④ 제2항과 제3항에 언급된 목적은 각기 다른 지역 사정에 따라 여러 교구들이나 주교회의의 전 지역을 위하여 설립된 그러한 교구 기관들의 상호 연합회나 협동체나 적절한 협회를 통하여 더 적절히 달성될 수 있다.

⑤ 이러한 기관들은 될 수 있는 대로 국법으로도 효과를 얻도록 설립되어야 한다.

공동 관리(제1275조)

【제1275조】
여러 교구에서 출연한 재산의 총체는 해당 주교들이 적절히 합의한 규범에 따라 관리된다.

교회법 제1274조의 규정을 제정하는 것은 몇몇 공의회 문헌과 관련되어 있다.[295] 그중 하나가 교구를 위해서 봉사하는 성직자를 위해 교회록 제도를 좀 더 공평한 보수remuneratio로 바꾸는 것이었다.[296] 2000년 4월 29일 교황청 교회법 해석평의회의 교령은 교회에 봉사하는 성직자들에게 지급되는 돈에 대해 일반인에게 적용할 수 있는 '급여, 봉급 stipendium' 이라는 개념의 단어가 아니라, '보수(교회법 제281조 제1항)' 라는 용어가 사제의 직무와 정체성에 더 타당하다고 밝힌다.

교회법 제1274조 제1항은 교회법 제281조의 규범에 따라[297] 성직에 봉사하는 성직자의 원조를 위해 교구 기금의 설립을 요구한다. 다만, 그들을 위하여 달리 배려되어 있으면 그렇지 않다. 우리나라를 포함한 몇몇 나라에서는 교구를 위하여 봉사하는 성직자의 보수와 생활비를 성직자가 봉사하는 본당이나 그 밖의 다른 기관에서 원조한다. 그러나 교회법 제1274조 제1항은 그 의무가 교구의 의무임을 명확히 하고 있다. 아울러 교회법 제1274조 제1항의 이러한 원조는 시대와 장소에 따라 다양한 조건을 고려하여 사실상 공평할 정도까지 교구에 의무를 부과하지는 않는다. 그러나 원조가 공평하지 않은 곳에서는 교구가 본당이나 기타 다른 기관에서 나오는 생활비를 보충해야 할 필요가 있으므로, 이러한 필요를 충족시키기 위해 교구 기금을 설립함으로써 교회법 제1274조 제1항을 이행해야 한다. 이러한 기금의 수익자가 교구에 입적된 성직자로 한정되어야 하는지, 아니면 교구에서 봉사하는 수도자나 출퇴

---

295) 「사제 직무에 관한 교령」제21항.
296) 교회법 제1272조.
297) 주목할 만한 조항 중 교회법 제281조는 성직에 전적으로 봉사하는 기혼 부제와 사회적 직업에 종사하여 봉급을 받는 사람을 구분한다.

근 수도자까지도 포함되어야 하는지에 대해서는 기금의 정관에서 결정할 사항이다.[298]

교회법 제1274조 제2항은 기금 관리 조직이 마련되지 않은 곳에서는 주교회의가 성직자들을 위한 충분한 사회 보장이 실현되도록 힘써야 한다고 주장한다. 사회 복지에 대한 교회법적 이해는 질병, 상해, 노령의 경우를 위한 적절한 부양 규정을 포함한다.[299] 현재 우리나라에서는 의료 보험과 국민연금이 실행되고 있지만, 이러한 제도만으로는 노후 생활비와 의료비를 내기에 충분하지 않으므로 개인 연금이나 부가적인 의료 보험이 사실상 필요한 실정이다. 이것이 교구가 성직자에게 하는 원조의 일부이다. 반면 동조 제2항에서는 주교회의가 다양한 사회 보장을 위한 기금을 마련할 의무는 없지만, 이러한 기금이 적절한 차원에서 마련되도록 힘써야 할 의무는 있다고 규정한다. 이는 질병이나 병고, 노환으로 고생하는 성직자에 대한 충분한 원조가 교구, 지역, 그 밖의 기금으로 마련되는지 알고 있어야 한다는 제1항의 의무를 주교회의에 부과하는 것이다.

교회법 제1274조 제3항에서는 제2차 바티칸 공의회의 가르침대로 교구장에게 그들의 직무에서 비롯되는 추가적인 재정상 의무가 있음을 상기시킨다. 이는 곧 교회에 봉사하는, 서품 받지 않은 수도자나 평신도

---

298) *Comm* 12 (1980) 409.
299) 쇠약과 병고에 시달리는 성직자에 대한 원조를 언급하기 전에, 교회법 제1274조의 공의회 문헌 「사제 직무에 관한 교령」 제21항은 예방 의학에 대한 적절한 프로그램과 의료 연금에 대해 명확히 언급한다(교회법 제281조 제2항 참조).

에게 적절한 봉급을 지급하고 교구의 교육, 자선, 그 밖의 다른 필요를 충당하며, 가난한 교구들을 도와야 하는 의무이다. 교구에서 봉사하는 평신도에 대한 봉급에는 산재, 의료, 퇴직 연금 등이 포함되어야 한다.[300] 교구 기금을 마련하여 이러한 의무를 이행하도록 하는 요구는 이 외에 달리 의무를 이행할 방법이 없으므로 필요한 기금이나 기관이 있다는 것을 전제 조건으로 한다.

가끔 이 규정으로 인해 교구에서 봉사하다 해고당한 평신도가 교구장 주교를 상대로 로타 로마나(Rota Romana, 로마 상소 법원)에 민사 소송을 제기하는 경우가 있는데, 민사 소송에 대한 로타 로마나의 법리in iurium는 "총대리가 교구에서 어떤 월급을 결정하고 지급하는 것은 참다운 교구장의 노동 계약 교령이 아니다."라고 밝힌다.[301] 따라서 교구장은 교구 내 모든 공법인 기관의 노동 계약에 대해 몸소 검토하고 인준해야 한다.

이러한 다양한 의무를 이행하기 위한 돈은 신자들의 자유 봉헌금이나 모금, 납부금, 사례금, 교회법이 승인하는 교구 재산의 양도 등으로 충당될 수 있다. 교회법 제1274조 제1항의 규정은 점진적으로 교회록의 수입과 기본 재산에 대한 처리 문제를 다룬 교회법 제1272조에서 이루어졌다. 또한 일부 주요 비자치 신심 기금의 기간이 만료되었을 경우 처

---

300) 교회법 제231조 제2항.
301) Coram Fiore, decisio diei 6 iulii 1976, R.R.Dec., vol. LXVIII, pag. 288. "Non est verus contractus laboris decretum Ordinarii quo constituitur in diocesi Vicarius Generalis et assignatur aliquod menstruum emolumentum".

리 문제를 다룬 교회법 제1303조 제2항에서도 언급된다.

교회법 제1274조 제4항은 현대 경제학의 특징 중 하나인 공동 기금의 이익이나 기금의 합병을 통해 더 높은 투자의 이윤율이나 성장률을 얻을 수 있다는 이점을 인정한다. 따라서 제2항과 제3항에서 언급했던 기금을 교구 간이나 전 지역을 통하여 달성할 것을 권장하며 또한 그렇게 할 수 있는 권한을 위임한다. 따라서 교구에 있는 고정 자산의 운영에 있어 안정적이면서도 더 높은 이율을 추구하는 것이 교구장의 현 시대 임무 중 하나이다.

이와 달리 교구를 위하여 봉사하는 성직자들에 대한 원조(제1항)에 관해 유사한 제안을 하지 않는 것은, 사제는 주교와 함께 사제단 presbyterate을 형성하기 때문에 전국적 혹은 전국 차원의 사제단으로 여겨서는 안 된다는 교리적 입장을 반영한 것으로 보인다.[302]

교회법 제1275조에서는 여러 교구들과 범교구 차원에서 마련한 기금을 해당 교구장이 합의한 규범에 따라 관리해야 한다고 규정한다.

재산에 관한 한 국가 권력으로부터 독립되어 있다는 교회의 주장에도 불구하고,[303] 교회법 제1274조 제5항에서는 교구와 범교구, 여러 교구들이 일반 시민법의 보호를 받을 수 있도록 기금을 설립할 것을 촉구한다. 채무와 관련해서 다양한 교구 기금에 대해 민법상 별도의 법인격을 부여해야 한다는 주장도 종종 있다. '자치 기금'[304]으로 기금을 마련

---

302) 「사제 직무에 관한 교령」 제7항-제8항, 「주교들의 교회 사목직에 관한 교령」 제28항.
303) 교회법 제1254조.

하면 교구와 별개의 교회 법인으로서 교회법상 독립이 가능하다. 그러면 민법상 단독 법인과 같기에 국가 법정에서는 물론, 교회 법원에서도 교구의 채무를 줄일 수 있으므로 교회법상의 독립을 권장할 만하다. 쉽게 말하자면 공동 기금의 운영 기관을 교구와 별도의 민법상 단독 법인으로 설립하게 되면, 후에 발생하게 될 채무 관계의 책임 소재에서 교구가 자유로울 수 있기 때문에 민법상 별도의 법인을 구성하자는 제안이다.[305]

직권자의 소임(제1276조)

【제1276조】
① 직권자는 자기 소속의 공법인들에 속하는 모든 재산의 관리를 성실히 감독할 소임이 있다. 다만 그 직권자에게 더 큰 권리를 귀속시키는 합법적 명의는 존중된다.
② 직권자들은 권리와 합법적 관습 및 환경을 유의하여 보편법과 개별법의 범위 내에서 특별 훈령을 발령하여 교회 재산 관리의 전체 업무를 조정하도록 보살펴야 한다.

교황이 모든 교회 재산의 최고 관리자라고 선언한 교회법 제1273조

---
304) 교회법 제115조 제3항, 제1303조 제1항 제1호.
305) 이에 대해서는 앞에서 설명한 교회법 제1256조에 대한 해설을 참조하라.

와는 아주 대조적으로, 교회법 제1276조는 교구장이나 다른 직권자가 교구 내 혹은 기타 법인 소속의 모든 교회 재산의 관리자라고 선언하지 않는다. 오히려 교회법 제1276조에서는 자기 소속의 공법인들에 속하는 모든 재산의 관리에 관하여 직권자에게 감독의 소임을 귀속시킨다.

교회 재산의 관리자는 보통 재산이 속하는 공법인을 직접 다스리는 자이다.[306] 그러므로 예를 들어, 본당에 속하는 재산의 관리자는 본당 사목구 주임이다.[307] 따라서 교구로 알려진 공법인에 속하는 재산의 관리자는 교구장이나 교구 내에 있는 본당이나 그 밖의 교회 재산의 관리자는 아니다. 이러한 재산의 관리에 관해서 교구장이 지니는 소임은 감독이다. 교구장은 교회 재산의 관리에 있어 해당 책임자들이 모든 교회법을 준수하도록 촉구하며, 이러한 재산 관리를 오용할 여지가 없도록 확인해야 할 의무가 있다. 이에 대해서 교회법 제1276조는 교회법 제392조의 일반 규범을 상세히 규정하고 있다.

직권자에 의한 관리 감독은 교회법 제1276조 제1항에 따라 공법인까지만 확장된다. 이것은 사법인이 가지는 더 큰 자율권과 맥락을 같이한다. 그러나 교회법 제1276조는 직권자에게 더 큰 권리를 귀속시키는 합법적 명의를 허용한다. 이러한 명의는 직권자에게 감독권을 부여하는 사법인에 대한 정관들 혹은 직권자를 재산의 관리자로 임명하는 공법

---

306) 개별법, 정관 혹은 합법적 관습은 달리 규정할 수 있다(교회법 제1279조 제1항). 임명된 관리자가 없는 드문 경우에는 직권자가 적격자를 관리자로 지명해야 한다(교회법 제1279조 제2항 참조).
307) 교회법 제532조.

인이나 사법인(의료, 교육 또는 다른 자선 기관이나 재단)에 대한 정관들을 포함한다.

직권자의 감독 소임을 구성하는 요건들에는 권리와 함께, 합법적 관습 및 환경을 유의하여 교회 재산 관리를 위한 적절한 특별 훈령을 발령할 의무가 포함된다.[308] 훈령은 항상 법의 범위 내에서 발령되어야 하며, 법의 가치를 손상시켜서는 안 된다(예를 들어, 본당 재산을 관리해야 할 본당 사목구 주임의 권리와 의무를 빼앗는 일). 법과 일치하지 않는 훈령은 효력이 없다.[309]

직권자의 감독 소임에 관한 다른 요건들은 다음의 조문들에서 찾을 수 있으며 아래의 내용을 포함한다.

- 서류상 관리 규정이 없는 공법인에 대한 관리자의 임명(교회법 제1279조 제2항)
- 몸소 또는 대리자를 통해 직무를 성실히 수행할 것에 대한 관리자의 서약 수령(교회법 제1283조 제1호)
- 관련 정관에 명시되어 있지 않은 경우 직권자가 관리의 범위를 정함(교회법 제1281조 제2항)[310]
- 특별 관리 행위에 대한 권한 위임(교회법 제1281조 제1항)
- 장기 투자에 대한 동의(교회법 제1284조 제2항 제6호)

---

308) 교회법 제1276조 제2항.
309) 교회법 제34조 제2항.
310) 교회법 제1281조 제2항에서는 모든 직권자가 아닌 교구장에게 이러한 결정권을 위임한다.

- 관리자가 태만한 경우의 간섭(교회법 제1279조 제1항)
- 연례 결산서 수령과 재무평의회로의 전달(교회법 제1287조 제1 항)[311]
- 국가 법정에 소송을 제기하거나 쟁송할 수 있는 허가 혹은 불허가(교회법 제1288조)
- 비자치 기금의 접수 허가나 불허가(교회법 제1304조 제1항)
- 비자치 기금의 기본 재산을 안전한 곳에 예치하고 투자할 수 있는 조항의 승인(교회법 제1305조)
- 재산과 관련된 문제에 대한 재판의 포기 승인(교회법 제1524조 제2항)

교구장에 의한 통상적 · 특별 관리(제1277조)

【제1277조】

교구장은 교구의 재정 상태에 비추어 중대한 관리 행위를 행하려면 재무평의회와 참사회의 의견을 들어야 한다. 보편법이나 기금 증서에 특별히 명시된 경우 외에는 특별 관리 행위를 행하려면 재무평의회와 참사회의 동의도 필요하다. 어느 행위가 특별 관리 행위로 간주되어야 하는지를 정하는 것은 주교회의의 소임이다.

---

311) 교회법 제1287조 제1항에서는 모든 직권자가 아닌 교구 직권자에게 연례 결산서를 제출해야 한다고 규정한다.

교구라는 공법인을 직접 관리하는 자로서 교구장은 교구에 속하는 재산의 관리자이다.[312] 그렇다면 교구 재산에 관한 주교의 소임은 교구 내에 있는 다른 교회 재산의 관리에 대한 감독의 소임보다 훨씬 크다. 그러나 교회법은 교구장이 교구 재정 문제를 관리하는 데 단독으로 행동하는 것을 허가하지 않는다. 교회법에 따르면 중대한 문제의 결정에 있어서 교구장은 다른 기관의 의견을 들어야 하고, 때로는 동의까지도 얻어야 한다.

이렇게 하는 근본적인 이유는 두 가지이다. 첫째, 식견을 갖춘 능숙한 전문가로부터 정확하고 적절한 정보를 얻고, 성급한 결정을 피해 교구 재정 상태에 치명적인 피해가 가지 않도록 하기 위한 것이다. 둘째, 교구장이 재정 문제를 관리하느라 과도한 시간을 소비함으로써 교회의 교도 직무와 성화 직무, 비재정적 분야에서 맡은 통치 직무에 소홀해지지 않도록 하기 위함이다.

교회법 제1277조는 두 부분으로 구성되어 있다. 첫째 부분에서는 조금 더 중대한 사안에 대한 교구장의 통상적 관리 행위를 다루는데,[313] 이 경우 교회법 제127조 제1항의 규정에 따라 유효성을 가지기 위해서 재무평의회와 참사회의 의견을 들어야 한다. 일반적으로 통상적인 관

---

312) 교회법 제1279조 제1항.
313) 조문에서는 '통상적ordinario'이라는 단어를 사용하지 않지만, 둘째 부분에서 '특별 extraordinario'이라는 단어가 사용된 것으로 보아 둘째 부분이 조금 더 중대한 통상적 관리 행위에 관계된다는 것을 확실히 알 수 있다. 통상적 관리 행위를 하려면 재무평의회와 참사회의 의견을 들어야 하나, 특별 관리 행위를 하려면 이 두 단체의 동의가 필요하다.

리 행위는 정기적으로 행하는 일이거나 그 재정적 중대성이 그다지 크지 않다. 교회법전 개정 과정에서 "조금 더 중대한 사안의 통상적 관리 행위"가 의미하는 바를 정확히 규정해 달라는 요청이 있었지만, 전 세계 교구 간의 경제적 차이점을 고려하여 본 조문에서는 이것의 의미가 각 교구의 재정 상태와 관계된다고만 명시했을 뿐이다.[314] 따라서 본 조문의 정확한 의미는 각 교구의 정관에서 찾을 수 있다. 이상적으로 폭넓은 의견을 수렴해서 입안된 정관이라면 어떠한 종류가 통상적 업무인지, 어느 정도의 재정적 한계를 넘어선 것이 교구 내에서 조금 더 중대한 사안에 해당되는지 명시해야 한다. 교회법에서는 이 조문의 의미를 확실히 정하는 것이 바람직할 것이다. 그렇지 않으면 교회법 제1277조의 첫 부분을 이행할 수 없다. 교구 정관이나 그 밖의 다른 곳에서 이 의미를 확실히 결정하면 교구장과 재무평의회, 참사회에게 의견 수렴의 필요성을 상기시키게 된다. 이는 공동 의무를 행하는 것인데, 그렇지 않을 경우 교구 재산과 재정 관리는 질적으로 허술해지게 될 것이다.

교회법 제1277조 둘째 부분에서는 교구장의 특별 관리 행위에 대해서 다루고 있다. 이 경우 교회법 제127조 제1항의 규정에 따라 특별 관리 행위가 유효성을 가지기 위해서는 재무평의회와 참사회의 두 기관의 동의가 필요하다. 일반적으로 특별 관리 행위는 비정기적으로 행하

---

314) *Comm* 12(1980) 414, can. 21; 15[1984] 33, can. 1228.

는 일이거나 그 재정적 중대성이 큰 일을 말한다. 교회법은 교구장의 어떤 행위가 특별 관리 행위인지 정할 의무가 주교회의에게 있다고 명시하며, 더 나아가 보편법의 다른 규범이나 기금 증서에 요구될 경우 재무평의회와 참사회의 동의를 구하도록 한다.

교구장의 어떤 행위가 특별 관리 행위인지 정하도록 하는 교회법 제1277조의 지침을 실행하는 데 있어 우리나라의 교회법 보완 규정에서는 교구의 재산 양도 규정과 임대 규정 외에는 결정된 바가 없으므로, 미국 주교회의의 교회법 보완 규정을 살펴보기로 한다.

미국 주교회의의 보완 규정에 나타난 문제점은 1917년 법전과 달리 1983년 법전에서는 특별 관리 행위를 양도와 구별되는 재정적 거래 혹은 양도 규범이 규제하는 다른 거래로 정한다는 사실에 주목하지 않은 듯 보인다는 것이다.[315] 미국 주교회의에서 1986년 6월에 공표한 교회법 제1277조의 보완 규정은 다음과 같다.

> 교회법 제1277조에 따라 미국 주교회의는 다음 사항을 특별 관리 행위로 정하며, 이러한 행위를 규제하는 교회법의 한계에 종속되는 것으로 한다.

---

315) *Comm* 12(1980) 396; De Paolis, *I Beni Temporali*, 149-150. 179, n.1; 183-184; López Alarcón, in *Pamplona ComEng*, 792; F. Morrisey, *"Ordinary and Extraordinary Administration: Canon 1277"*, *J* 48(1988), 722-723.

① 가치가 최소액을 넘어서는 영속적인 교회 재산의 양도(엄격한 의미에서 재산권의 이전, 교회법 제1292조 제1항)
② 서원으로써 교회에 기부된 사물이나 특히 감정 가치에 관계없이 예술적 또는 역사적 이유로 보배로운 사물의 양도(교회법 제1292조 제2항)
③ (상응하는 교구 재산의 증가 없이) 최저액을 초과하는 부채의 발생(교회법 제1295조)
④ 최저액을 초과하는 영속적인 교회 재산의 저당(교회법 제1295조)
⑤ 연간 임대 수입이 최저액을 초과할 때의 교회 재산 임대(교회법 제1297조)
⑥ 임대한 재산의 가치가 최저액을 초과하고, 임대가 9년 이상일 경우의 교회 재산 임대(교회법 제1297조)[316]

미국 주교회의가 정한 처음 네 가지의 특별 관리 행위는 양도를 규정하는 교회법의 조금 더 엄격한 요건에 이미 종속되어 있는 거래들이다. 아울러 미국 주교회의가 정한 나머지 두 개의 특별 관리 행위 또한 1983년도 법전에서 특별 관리나 양도와 별개로 보고 다른 규범에 종속시킨 임대와 관련된다.[317]

교회법 제1277조에 대한 다른 나라의 보완 규정을 보면, 특별 관리 행

---

316) NCCB- *CompNm* 21.
317) 교회법 제1297조 뒤의 해설 참조.

위의 본질에 관해 양도나 임대 행위와의 차이점을 더욱 잘 이해했음이 드러난다. 일부 주교회의에서는 의무 부담이 붙은 사례금이나 유산의 수용, 부동산 취득, 기관의 설립이나 폐지, 건물 변경, 예술적 혹은 역사적 작품의 이전, 묘지 건립 등의 특정 종류의 업무를 특별 관리로 분류한다. 그 외 다른 주교회의에서는 분류의 기준을 관련된 자금의 액수(양도 규범을 적용하기 위한 최저 액수 이하)에 둔다. 그 외 다른 주교회의에서는 특별 관리 행위로 분류하는 기준으로서 거래의 종류와 관련 자금의 액수 모두를 요구한다.[318] 이와 관련해서는 2005년에 이탈리아 주교회의가 발행하고, 로타 로마나에서 민사 소송만을 전담하는 데 안젤리스De Angelis 몬시뇰이 감수한 「Istruzione in materia amministrativa」를 필독서로 추천한다.

재무 담당자(제1278조)

【제1278조】

교구장은 재무 담당에게 제494조 제3항과 제4항에 언급된 임무 외에 제1276조 제1항과 제1279조 제2항에 언급된 임무도 맡길 수 있다.

---

318) *"Canon 1277. Particular Legislation: Definition of Acts of Extraordinary Administration"*, CLD 11, 303-308; *"Complementary Norms to the Code Promulgated by English-Language Conferences of Bishops"*, in *Pamplona ComEng* 1312, 1331, 1353, 1389, 1407; J. Martín de Agar, *Legislazione delle Conferenze Episcopali Complementare al C.I.C.* (Milan: Giuffrè, 1990).

교회법에 따르면 교구마다 법으로 주교의 관할 아래 교구로 알려진 공법인에 속하는 재산을 관리하는 재무 담당자를 두도록 되어 있다.[319] 재무 담당자는 이러한 재산의 관리자가 아니라, 관리자로 있는 교구장의 교회법상 대리인으로서 행동한다.

또한 교회법 제1278조는 교구 내 다른 교회 재산을 관리하며[320], 주교에게 속하는 공법인 재산의 관리자가 달리 정해지지 않은 경우 적격자를 임명하고 재임명해야 하는 주교의 감독 소임을 재무 담당자에게 맡길 수 있는 권한을 교구장에게 위임한다.[321]

다른 이에 의한 재산 관리와 관련된 교구장의 감독 소임(법으로 부여된 직무)이 주교의 통상적 관리 집행권에 속한다고 보는 이들은 교회법 제1278조의 필요성에 의구심을 가질지도 모르겠다.[322] 감독 소임은 그 자체로서 부가적인 위임을 받지 않고도 전적 혹은 부분적으로 대신할 수 있는 것이다.[323] 그러나 평신도가 재무 담당자를 대신할 경우, 교회법 제1278조와 같은 명백한 규정이 없으면 문제가 될 수도 있다.

---

319) 교회법 제494조.
320) 교회법 제1276조 앞의 해설 참조.
321) 교회법 제1279조 제2항.
322) 각주 289번 참조.
323) 교회법 제137조 제1항.

법인의 관리(제1279조)

【제1279조】
① 교회 재산의 관리는 그 재산이 속하는 인격체를 직접 다스리는 자의 소관이다. 다만, 개별법이나 정관이나 합법적 관습이 달리 정하면 그러하지 아니하며 관리자가 태만한 경우 직권자의 간섭권은 존중된다.
② 공법인의 재산 관리에 있어서는 법이나 기금 증서나 그 고유한 정관으로 자기의 관리자들을 가지고 있지 아니하면 그 법인이 소속되는 직권자가 적격자들을 3년 임기로 임명하여야 한다. 그들은 직권자에 의하여 다시 임명될 수 있다.

본 조문은 직권자 이외의 다른 이에 의한 재산 관리를 규정하는 일련의 교회법 중 첫 번째 것이다. 제1항에서는 교회 재산의 관리는 재산이 속하는 공법인을 관리하는 자의 책임이라는 일반 원칙을 설명한다. 본당의 재산을 관리할 책임자로서 본당 사목구 주임을 임명하는 교회법 제532조는 이 일반 원칙을 상술한 것이다. 개별법이나 공법인의 정관, 합법적 관습에 따라 이 원칙에 대한 예외가 있을 수 있다. 그러나 어떠한 개별법이나 정관이라도 개별법으로 달리 명시한 규정이 없는 한, 교회법 제532조와 같은 보편법의 효력을 실추시킬 수 없다.[324] 또한 현행법에 어긋나는 어떠한 관습도 공동체가 법으로 도입할 의도로 30년간

지켜 온 것이 아닌 이상 법으로 인정될 수 없다.[325]

제2항은 어떠한(제정된 법률 혹은 관습) 법이나 (증서나 정관 등의) 관리 문서의 규정이 관리자를 임명하지 않은 경우, 공법인이 속하는 (교구 혹은 수도회) 직권자가 적격자를 3년 임기로 임명해야 하며, 재임명할 수 있다고 규정한다. 1917년도 법전에서는 직권자가 관리자로 적격의 남성만을 임명하도록 제한했으며, 재임명 또한 지양하였다.[326] 그러나 1983년도 법전에서는 여성도 임명할 수 있으며, 재임명도 허용하는 신중한 변화를 엿볼 수 있다.[327]

교회법 제1279조 제1항의 결말 부분에서는 관리자가 태만한 경우 관련 직권자가 간섭할 수 있는 권리를 인정한다. 관리자가 태만한 경우의 간섭권은 감독의 필수 요건이다.[328] 그러나 태만은 신중한 의견의 차이와는 다르다. 그러므로 직권자는 보조와 책임 공유의 가치를 위해 법이나 기타 관리 문서에 의해 관리 책임을 맡은 이들의 판단을 무효로 할 때 매우 신중해야 한다. 반대로 관리자는 직권자의 합법적 감독 소임뿐만 아니라, 공동선을 위해 관리자의 권리를 규제할 수 있는 교회 관할권자의 권한을 존중해야 한다.[329]

공법인의 관리자가 부재할 경우 관리자를 임명하고, 관리자가 태만

---

324) 교회법 제6조 제1항 제2호.
325) 교회법 제25조, 제26조.
326) 1917년도 교회법 제1521조 제1항.
327) *Comm* 12 (1980) 416.
328) 교회법 제1276조 앞의 해설 참조.
329) 교회법 제223조 제2항.

할 경우 간섭해야 하는 교구장의 권리와 책임은 교회법에 따라 교구장 자신이 교구 내 모든 교회 재산의 관리자가 아니라는 점을 명백히 한다. 교회법을 매개로 하여 교구장이 발행한 합법적인 훈령으로 교회 재산에 관해서 내린 결정에 관해, 이러한 의사 결정의 실행은 본당일 경우는 본당 사목구 주임의 책임이며 교구 내 다른 공법인은 직접 관리하는 자의 책임이다.

재무 담당 보조 기관(제1280조)

【제1280조】
어떤 법인이든지 정관의 규범을 따라 관리자를 임무 수행 중에 도와주는 재무 평의회나 또는 적어도 2명의 고문들을 두어야 한다.

교구에 속하는 재산 관리에 있어서 교구장이 그러하듯이[330], 다른 관리자에 대해서도 교회법은 한 개인만이 하는 재무 관리를 허용하지 않는다. 본당 사목구 주임같이 관리자가 동시에 많은 책임을 수행하도록 요구될 때는 특히 그러하다.

재무, 민법, 교회법에 관한 전문가의 의견은 복잡한 현대 사회에서 아주 중요하다. 따라서 교회법 제1280조는 재무평의회나 적어도 2명의 고

---

330) 교회법 제1277조.

문이 관리자를 보조하도록 규정하고 있다.[331] 또한 이러한 평의회나 고문의 역할을 규정하는(예를 들면, 언제 이들의 자문을 구하고 언제 동의를 구해야 하는지에 관한) 규범을 법인의 정관에 포함하도록 요구한다. '교구 재무평의회의 구성과 기능'[332]은 다른 공법인 정관의 유사 규정에 본보기가 될 수 있다.

그런데 다른 조문에서도 발견할 수 있는 모호성이 교회법 제1280조의 첫 마디에서도 발생한다. '어떤 법인이든지' 라고 규정하고 있는 본 조문이 공법인뿐만 아니라 사법인에 대해서도 구속력을 가지는가? 교회법 제1257조는 달리 명시적으로 규정되지 아니하는 한, 교회법전 제5권은 공법인에게만 적용된다고 규정한다. 명시적인 규정은 명백할 수도 있고 함축적일 수도 있다. 교회법 제1280조에는 사법인에 대한 명백한 언급이 없지만, "어떤 법인이든지"라는 구절이 사법인도 포함시키기 위해서 사용되었는지는 불분명하다.

이에 대한 인용 답서는 다음의 사실에 근거한다. 바로 앞에 나온 교회법 제1279조 제1항에서는 교회 재산을, 제2항에서는 공법인을 명백하게 언급한다. 그러므로 교회법 제1280조에 사용된 "어떤 법인이든지"라는 표현은 공법인뿐만 아니라 사법인, 즉 모든 법인을 포함하도록 교회법 제1280조의 범위를 확장시키려는 입법자의 의도를 나타내는 것으로 해석하는 것이 합당하다. 반면 교회법 제1279조, 제1280조, 제1281조

---

331) 본당 사목구에는 단순히 형식적 고문이 아닌, 재무평의회를 두도록 되어 있다(교회법 제537조).
332) 교회법 제492조-제493조, 제1277조, 제1292조.

는 모두 같은 관리자, 즉 교회법 제1279조에서 명백하게 언급한 교회 재산의 관리자를 가리키는 것으로 해석하는 것이 합당하다. 이러한 의견에 대한 지지는 원래 제1279조에 추가하려고 했던 교회법 제1280조의 법제사에서 찾아볼 수 있다.[333]

교회법 제1267조 1항에서는 "어느 교회 법인이든지"라는 표현을 사용하면서 바로 "사법인까지도"라는 말을 덧붙여 사법인도 포함한다는 의도를 나타냈다는 사실에서 다른 주장에 대한 근거를 찾을 수 있다. 제1267조와 달리 교회법 제1280조에는 이러한 구체적 명시가 없다. 따라서 교회법 제1280조가 사법인에게도 적용되는가에 대한 질문은 교회법 제14조를 적용하면 풀릴 듯하다. 그러나 유권 해석 진행 중에는 교회법 제1280조의 규정은 사법인에게 구속력을 가지지 않는다.[334]

그럼에도 불구하고 사법인은 공법인과 마찬가지로 관리자가 전문적인 재정 고문을 받을 수 있도록 구성되어야 하며, 전적으로 그러하지 아니하면 대부분의 사법인이 그렇게 구성되어 있다고 당연히 추정할 수 있다. 그렇기 때문에 교회법 제1280조가 가지는 모호성을 해결해야 할

---

333) *Comm* 12 (1980) 415-416.
334) 교회법 제1280조를 사법인에게 적용할 수 있을지 의문스럽다는 점은 다양한 저자들의 의견을 통해 충분히 확인될 수 있다. 데 파올리스의 경우 초기 저술에서는 이러한 의문점을 해결하려 하지 않고 그대로 인정했다 (*De Bonis Ecclesiae Temporalibus*, 90). 하지만 후기 저술에서는 "어떤 법인이든지"라는 말마디가 사법인에게도 적용할 수 있다는 입장을 취한다(*I Beni Temporali*, 163). 또한 L. de Echeverria, in *Salamanca Com*, 608; Morrisey, in *CLSGBI Com*, 725 참조. 다른 이들은 이 서두어가 가지는 보편성에도 불구하고 교회법 제1280조는 공법인에게만 적용된다는 입장을 가진다. Périsset, 165; V. Rovera, "*I Beni Temporali della Chiesa*" in *La Normativa del Nuovo Codice*, ed. E. Cappellini, 2nd ed. (Brescia: Querinian, 1985) 284 참조.

실질적인 중요성은 매우 적다. 그러나 사법인에 대한 실질적 중요성이 커질 수 있는 다른 조문에서도 같은 모호성이 발생하므로, 이러한 모호성이 처음으로 제기되는 이 조문에서 문제를 도입하고, 이후의 조문에 대해 설명할 때 논의를 계속하는 편이 적절하리라고 본다.

특별 재산 관리(제1281조)

【제1281조】
① 정관의 규정은 유효하되 관리자들은 통상적 관리의 범위와 방식을 초과하는 행위를 행하면 무효다. 다만 직권자로부터 미리 서면으로 수여된 특별 권한을 얻었으면 그러하지 아니하다.
② 통상적 관리의 범위와 방식을 초과하는 행위가 정관에 정하여져야 한다. 그러나 만일 정관에 이에 대한 말이 없으면 교구장이 재무평의회의 의견을 듣고 자기 소속의 인격체들에 대하여 이러한 행위를 정할 권한이 있다.
③ 관리자들이 무효하게 행한 행위에 대해서는 법인은 책임을 지지 아니한다. 다만, 그것이 법인에 이익이 될 때는 그 정도만큼만 법인이 책임을 진다. 그러나 관리자들이 불법적이지만 유효하게 행한 행위에 대해서는 법인이 책임을 진다. 다만, 법인에 손해를 끼친 관리자들에 대하여 소송이나 소원을 제기할 권리는 보존된다.

교회법 제1281조의 어떠한 항에도 명백하게나 함축적으로 이 교회법이 사법인에게 적용된다는 암시를 주는 말은 없다. 그러므로 교회법 제1257조 제2항에 따라 공법인에게만 적용된다는 결론을 내릴 필요가 있다.

교구장이 특별 재산 관리 행위를 하면 무효라는 제한을 반영하여[335], 교회법 제1281조 제1항에서는 다른 재산 관리자들의 특별 재산 관리 행위에 무효라는 제한을 둔다. 그 특별 관리 행위가 유효성을 가지기 위해서는 소속된 공법인의 재산을 관리하는 (교구 또는 수도회의) 직권자로부터 특별 권한을 받아야 한다. 원활한 관리 원칙에 따라 교회법은 특별 권한을 서면으로 받아야 한다고 요구한다. 그러나 교회법적 전통에 따르면 서면 허가라는 부가적인 요건은 증거를 용이하게 하고, (절차상) 합법성에만 영향을 끼치는 것으로 구두로 된 특별 권한도 유효하다고 본다.[336]

관련 직권자로부터 서면으로 특별 권한을 받아야 할 요건(식)은 유효성이나 '합법성'을 위해 부가된 요건으로서, 그러한 요식은 특별 재산 관리에 관한 공법인의 정관에 포함된다. 이는 교회법 제1281조 제1항 서두 문구의 함축된 의미이다. 예를 들어 이러한 정관에는 공법인의 재무평의회나 고문단의 의견을 듣거나 동의를 얻어야 한다는 요건이 포함될 수 있다.[337]

---

335) 교회법 제1277조, 제127조 제1항 참조.
336) Cappello, 2:577; Vromant, 194; Vermeersch-Creusen, 2:591-592; De Paolis, *I Beni Temporali*, 177.

'특별 권한facultas' 이라는 용어를 교회법 제1281조에서 사용한 것은 평신도의 관리권 행사에 대한 끊임없는 논쟁과 무관하지 않다. 허가와 달리 특별 권한은 일종의 통치권 개념으로서[338], 교회법 제1281조와 같이 그것이 요구되는 곳에 없으면 무효가 된다.[339] 성직자뿐 아니라 평신도도 교회 재산을 관리할 수 있기 때문에[340], 교회법 제1281조에 따르면 교회법에 의하여 평신도에게도 특별 권한이 주어질 수 있다. 그러나 설교와 혼인 주례에 관한 교회법 조문에서는 인정되지 않는 사항이다.[341]

교회법 제1281조의 제2항에서는 어떤 종류의 재무 거래(구매, 차용, 갱신 등)와 어떠한 재정적 한계가 특별 재산 관리 행위로 여겨져야 할지 개별 공법인 정관에 정하도록 한다. 정관에 규정된 것이 없는 경우에만 교구장이 자기 소속의 공법인에 대하여 이러한 행위를 정할 수 있다. 같은 교구에 있는 모든 본당(혹은 그 밖의 공법인)이 동일한 특별 재산 관리 행위에 대해 명시하는 것은 불필요하며, 종종 교회론적인 의미에서나 경제적으로도 적절치 못하다. 왜냐하면 저소득층 지역 본당에서는 종류나 금액적인 측면에서 특별 재정 거래로 여겨지는 것이, 부유한 지역 본

---

337) 교회법 제1280조 참조.
338) 교회법 제132조 참조.
339) 설교에 관한 유일한 예외는 유·무효 개념이 들어맞지 않는 곳이다. 즉, 직권자에 의해 특별 권한이 제한, 박탈, 또는 개별법에 따라 명시적 허가가 요구되는 곳을 말한다(교회법 제764조 참조).
340) 교회법 제1282조, 제1287조 참조.
341) 교회법 제764조와 766조, 제1111조와 1112조 각각 비교. "사제와 부제들이 없는 곳에서는 교구장 주교는 먼저 주교회의의 찬성을 거쳐 성좌로부터 허가를 받고서 평신도들에게 혼인을 주례하도록 위임할 수 있다."(교회법 제1112조 제1항)

당에게는 지극히 일상적일 수도 있기 때문이다. 재정적 다양성을 인정하는 것은 다양성 안에서 일치를 추구하는 가톨릭 정신의 한 측면인데, 이러한 다양성을 통해 부유한 교회가 가난한 교회를 효과적으로 배려할 수 있다. 아울러 여기에는 고유적 상대성이란 개념이 적용되는데, 이는 경제적 격차에 따라 가난한 법인에게는 특별 관리 행위가 부유한 법인에게는 통상적 관리 행위가 되는 것을 의미한다. 즉, 소득 격차에 따라 관리 행위의 기준은 상대적일 수밖에 없다. 이에 대해서는 교회법 제1295조에서 다시 논하기로 하겠다.

교회법 제1281조 제3항은 뚜렷한 세 가지 내용을 규정하고 있다. 공법인은 관리자들이 무효하게 행한 행위에 대해서 책임을 지지 않으나, 불법적이지만 유효하게 행한 행위에 대해서는 책임을 진다. 또한 모든 경우에 있어서 무효인 행위 혹은 불법적인 행위로 공법인에 손해를 끼친 관리자에 대해 책임을 물을 수 있는 권리가 있다. 여기서 재정적 손해를 끼친 관리자의 개인적 책임은 교회법 제128조의 일반 규범을 언급한 것이다. 마지막으로 교회법적으로 무효한 행위에 대해 공법인이 교회법상 책임이 없다 하더라도(예를 들어, 특별 재산 관리 행위를 하기 전에 필요한 특별 권한을 얻지 못한 경우), 이 행위는 민법상 유효하여 결과적으로 공법인에게 해를 끼칠 수 있다. 따라서 교회 안에서 공법인을 대표하는 일반 시민법 변호사들은 법률과 그 밖의 관련 법조문과 판례를 참조해서 관리자가 교회법적으로 위임받지 못한 무효한 행위를 했을 경우, 교회법뿐만 아니라 일반 시민법으로도 그 무효성이 인정되도록 해야 할 것이다.

교회법적으로 무효한 재정 거래가 사실상 이익이 된다면, 공법인은 무효성을 무시하고 거래를 존속시킬 수 있다. 하지만 이러한 행위를 한 관리자는 공법인에게 결과적으로 이익을 가져왔더라도, 교회법을 위반했기 때문에 직무를 수행하는 관리자로서의 성실성이 떨어질 수도 있다는 점을 기억해야 한다.

교회법 제1281조를 법률적으로 사법인에게 적용하지 못하더라도, 제3항의 표면상 자명한 진술들은 공법인뿐만 아니라 사법인과도 관계가 있어 보인다.

재산 관리자의 의무(제1282조-제1284조)

【제1282조】

성직자들이거나 평신도들이거나 합법적 명의로 교회 재산 관리에 참여하는 모든 이는 법 규범에 따라 교회의 이름으로 자기 임무를 수행하여야 한다.

【제1283조】

관리자들은 자기 임무를 시작하기 전에 다음과 같이 하여야 한다.
1. 직권자나 그의 대리자 앞에서 충실하게 잘 관리할 것을 맹세로 서약하여야 한다.

2. 부동산 및 보배롭거나 어떤 형태로든지 문화재에 속하는 동산과 그 밖의 것들의 내용 묘사와 평가를 적은 정확하고 상세한 목록을 작성하여 자기가 서명하고 이미 작성된 목록은 검인하여야 한다.
3. 이 목록의 등본 1통은 관리 문서고에, 다른 1통은 교구청의 문서고에 보관하고, 세습 재산에 관한 변동이 있으면 이를 모두 두 목록 등본에 기입하여야 한다.

【제1284조】
① 모든 관리자들은 선량한 가장처럼 자기 임무를 성실히 수행하여야 한다.
② 따라서 다음 사항을 지켜야 한다.
1. 자기 관리에 맡겨진 재산이 어떤 방식으로든지 상실되거나 손해를 입지 아니하도록 감독하고 이 목적에 필요한 한도로 보험 계약을 맺을 것.
2. 교회 재산의 소유권이 국법상으로도 유효한 방법으로 안전하게 보관되도록 힘쓸 것.
3. 교회법과 국법 혹은 (기금) 설립자나 증여자나 합법적 권위가 부과한 규정을 지키며, 특히 국가 법률을 준수하지 아니함으로써 교회에 손해를 끼치지 아니하도록 주의할 것.
4. 재산의 수입과 이윤을 정확히 또 제때에 수금하여 그것을 안전히

보관하고 기금 설립자의 정신이나 합법적 규정에 따라 사용할 것.
5. 대부 또는 저당 때문에 지불하여야 할 이자를 정한 때에 지불하고 그 채무의 원금도 적당한 때에 갚도록 힘쓸 것.
6. 지출하고 남아서 유익하게 투자될 수 있는 돈을 직권자의 동의를 얻어 법인의 목적을 위하여 투자할 것.
7. 수입 및 지출 장부를 잘 정리하여 둘 것.
8. 매년 말에 관리 보고를 작성할 것.
9. 재산에 대한 교회 또는 기관의 권리가 근거하는 문서와 증서를 바르게 정리하여 편리하고 적합한 문서고에 보관하되, 그 공증된 등본(정본)은 불편 없이 될 수 있으면 교구청의 문서고에 보관할 것.

③ 관리자들은 매년 수입과 지출의 예산안을 작성하도록 간곡히 권장된다. 예산안 작성을 명하고 그 제출 양식을 더 자세히 정하는 것은 개별법에 맡겨진다.

성직자든 평신도든 공법인에 속하는 재산을 관리하는 모든 관리자의 최고 의무는 교회의 이름으로 교회법에 따라 자기 임무를 수행하는 것이다. 공법인이 모든 행위를 교회의 이름으로 하는 것, 즉 교회 관할권자로부터 수여받은 임무에 준하며, 그 직권자의 엄밀한 관리를 받는 것이 가장 중요하다.[342] 성직자뿐만 아니라 교회 재산을 관리하는 평신도

---

342) 교회법 제116조 참조.

도 "교회의 이름으로" 임무를 수행해야 한다는 것은 이런 의미이다.

"교회의 이름으로 행한다."는 의미에서, 교회법 제1282조에 "법 규범에 따라" 행해야 한다는 사항을 첨가할 필요가 없었을지 모른다. 법 규범에 따른 행위는 교회의 이름으로 행한다는 개념 안에 확실히 포함된다. 구성원의 대부분이 평신도가 되도록 이사회 혹은 공법인, 교회법상 공법인에 속하는 기관(병원이나 대학)의 수탁자 구성원을 바꾸면, 평신도가 교회의 구성원이 아니거나 교회법을 완수할 자격이 없기에, 교회법의 영역에서 그 실체와 특성을 상실하게 될 것이라는 잘못된 주장이 종종 제기되어 왔다. 그러나 교회법 제1282조는 성직자뿐만 아니라 평신도도 교회의 이름으로 행위하며, 교회법상 공법인에 속하는 재산의 관리에 있어서 적용 가능한 모든 교회법에 구속된다는 점을 명확히 하고 있다.

교회법 제1283조는 재산 관리의 임무를 시작하기 전에 관리자들이 충족시켜야 할 두 가지 예비 임무를 규정한다. 충실하게 잘 관리하겠다는 맹세, 관리해야 할 모든 재산에 대한 최근의 재산 목록과 평가서의 작성이 그것이다. 철저하고 신빙성 있는 최근의 재산 목록이 없으면 본당 사목구 주임과 같은 개별 관리자와 그 후임자 사이에 어떤 재산이 관리자 개인에게 속하고 어떤 재산이 법인에게 속하는지를 놓고 심각한 갈등이 생길 수 있다. 교회법 제1283조의 목적은 법인과 교구청 문서고에 최근 재산 목록의 사본을 보관하게 함으로써 이러한 충돌을 미연에 방지하는 것이다.

교회법 제1283조에는 이러한 규정이 사법인에게 적용된다는 명확하거나 함축적인 암시가 없다. 그러므로 교회법 제1257조의 규정대로 교회법 제1283조의 의무는 오직 공법인 관리자에게만 지워진다.[343] 직권자 앞에서 맹세로 서약하고, 교구청 문서고에 목록을 보관하는 것은 사법인의 상대적 자율성과 상반된다. 게다가 교회법 제1283조가 언급하는 관리자는 교회 재산의 관리자에 관한 내용을 다룬 교회법 제1282조에서 언급한 이들과 같다.

교회법 제1284조가 "모든 관리자들은"이라는 말로 시작하는 탓에, 본 조문이 공법인 관리자에게만 적용되는가 아니면 공법인과 마찬가지로 사법인의 모든 관리자에게도 적용되는가에 관해, 교회법 제1280조에서 처음 언급된 문제가 다시 제기된다. 교회법 제1265조 제1항과 교회법 제1267조 제1항의 경우 사법인에 관해서는 명확한 언급이 없었다. '모든' 관리자라는 말에 사법인이 함축적으로 포함되느냐가 의문이 생기는 부분이다. 1917년도 법전의 병행 조문에서는 교회 재산 관리자를 확실하게 언급하였다.[344] 이 말은 1983년도 법전에 생략되었다. 이것은

---

343) 1917년도 교회법 제1522조는 "앞의 조문에서 언급한" 교회 재산 관리자, 즉 관리자가 없을 경우 관할권자가 교회 재산의 관리자로 임명한 이들에게도 적용되었다(교회법 제1521조). 1917년도 교회법 제1521조 제2항의 초점은 관리자로 임명된 평신도에게 있었다. 초기 개정 과정에서 "앞의 조문에서 언급한"이라는 어구를 생략하기로 하여, 현 교회법 제1283조가 "일반적인 관리자"에게 적용되도록 하였다(Comm 5(1973) 9). "일반적인 관리자"가 평신도와 성직자만을 의미하는지, 아니면 관할권자가 임명한 이들뿐만 아니라 법이나 정관에 따라 임무를 수행하는 이들도 의미하는지, 아니면 공법인뿐만 아니라 사법인 관리자도 포함하는지는 불명확하다. 공표된 법전에는 사법인에게 적용된다는 암시가 전혀 없으므로, 교회법 제1257조의 규정대로 여기서는 공법인에게만 적용되는 것으로 해석한다.

교회법이 사법인까지 다루도록 그 한계를 확장하려는 의도였는지, 아니면 교회법 제1284조를 공법인에게 적용된다고 명확히 밝힌 교회법 제1279조와 교회법 제1282조에 관련 조항이 있기에, 단순히 이 표현이 불필요해서 생략했는지는 불분명하다.

교회법 제1284조의 거의 모든 규정들은 견실한 관리를 위해 통상 인정되는 원칙들로서, 이를 바탕으로 하면 공법인뿐만 아니라 사법인에게도 적용될 수 있다. 그러나 교회법 제1284조 제2항 제6호는 남는 자금을 투자하기 위해 직권자의 동의를 얻도록 함으로써, 사법인에 대해 가지는 교계적 권위와 아주 밀접한 관련이 있는 듯하다(공법인과 비교하여 사법인이 가지는 두드러진 특징은 자율성이 더 크다는 점이다). 특히 투자를 통해 자금을 안정화하여 고정 세습 재산의 일부로 만들 수 있는데, 공법인의 경우에만 법 규범에 따라 세습 재산을 양도할 수 있기 때문에 그러하다.[345] 또한 제2항 제6호에서는 직권자의 동의를 얻도록 요구함으로써, 명백히 직권자는 관리자에 포함되지 않기 때문에, 교회법 제1284조의 "모든 관리자들"이라는 말이 문자 그대로 '모든'을 의미하지 않는다는 점을 명백히 한다. 게다가 제2항 제2호에서는 교회 재산을 명확히 언급하고, 제3호에서는 '교회'라는 용어를 교회법 제1258조에서처럼 공법인에게로만 제한하여 쓴 특별한 의미로 사용한다. 명확히 언급되는 제2항 제1호와 제2호만이 공법인 관리자에게 한정되고, 나머지

---

344) 1917년도 교회법 제1523조.
345) 교회법 제1291조 참조.

제3호에서 제9호가 사법인 관리자에게도 적용되는지에 관해서는 논의의 여지가 있지만, 교회법전(입법자)은 제2항 제2호와 제3호의 의무가 공법인에게만 중요하다고 여기고, 나머지 의무는 사법인에게도 마찬가지로 중요하게 여겼는지 추측하기 어렵다. 제2항 제2호와 제3호의 교회 재산에 대한 언급은 조문 전체가 의도한 목적과 같다고 결론짓는 편이 더 합리적일 것이다. 교회법 제1280조와 마찬가지로 교회법 제1284조의 규정들을 법률적으로 사법인에게 적용할 수 있는지에 관한 의문은 교회법 제14조를 적용하여 유권 해석을 하면 풀릴 것이다. 결국 현재로서는 교회법 제1284조의 규정들은 교회법상 사법인에게 구속력을 갖지 아니한다.[346]

앞에서 살펴보았듯이 교회법 제1284조의 규정들은 대부분 건실한 재정 관리를 위한 기본 명령이다. 대부분은 자기 해설적이고 몇 가지 조항만이 한두 마디의 설명을 필요로 할 뿐이다. 재산에 관한 한 공권력으로부터 독립한다는 교회의 주장에도 불구하고[347], 교회 재산 관리자들은 일반 시민법상 유효한 방법으로 소유권을 행사해야 하며,[348] 관련된 모든 일반 시민법을 준수하여 공법인에 손해를 끼치지 않도록 해야 한

---

346) 동방교회의 라틴어 텍스트 법전에서 관리를 다루는 부분(동방 가톨릭 교회법 제1022조-제1033조)의 모든 조문에서 교회 재산을 명확히 언급한다. 그러나 1983년도 법전을 해석하는 데 있어 이는 최소한도로만 관련되는데, 동방교회 법전에서는 법인을 공법인과 사법인으로 나누지 않는다. 왜냐하면 이슬람 국가에서는 법인이라는 개념이 존재하지 않기 때문에, 굳이 그것을 구분할 법적 필요성 또한 없다.
347) 교회법 제1254조.
348) 교회법 제1284조 제2항 제2호.

다.[349] 이를 위해서는 재산과 관련하여 교회가 주장하는 독립성에 대한 이해를 필요로 한다.[350] 관리자들은 또한 기금 설립자나 증여자의 의사를 준수해야 하는데[351], 이는 법전을 통틀어 반복적으로 강조되는 가장 중요한 사안이다.[352]

교회법 제1284조 제2항 제5호의 초안에는 대부 또는 저당 때문에 지불해야 할 원금('채무의 원금'으로 번역됨)을 가능한 한 빨리 지불할 것을 요구한 데 반해[353], 공포된 교회법에는 "적당한 때에"라는 말로 대체하였다. 그리하여 서둘러 채무를 갚기 위해 고수익으로 상환하는 투자 자본금을 손해 보기보다는 이자율이 이익이 될 때는 채무를 보유하는 경제적 신중함을 우선시한다. 지출하고 남는 돈을 투자할 경우 교구나 수도회의 관련 직권자의 동의를 얻어야 한다.[354] 이러한 요건은 교회법 제1284조의 다른 요건과 마찬가지로 합법성을 위한 것으로서, 다른 상반된 이유를 가리키는 말이 없다.[355] 정관에 이러한 규정이 없다면 교구장은 특정 금액을 초과하는 투자를 특별 재산 관리 행위로 표명할 수 있다.[356] 이런 경우 직권자로부터 특별 권한을 얻지 못하면 교회법상 그 투

---

349) 교회법 제1284조 제2항 제3호.
350) 교회법 제1254조 앞의 해설 참조.
351) 교회법 제1284조 제2항 제3호, 제4호.
352) 앞의 각주 198번 참조.
353) *Comm* 5 (1973) 98.
354) 교회법 제1284조 제2항 제6호.
355) 교회법 제10조 참조.
356) 교회법 제1281조 제2항.

자는 무효이다.^357) 여기서 말하는 투자란 보통 저축 예금이나 단기 양도성 정기 예금이 아닌, 자금을 고정 세습 재산의 일부로 만들기에 충분한 장기적인 투자를 의미한다.^358)

개별법에 의해 권장되어 예산안 작성을 명하고 제출 양식을 규정하도록 한 제3항의 연간 예산안은 관리자가 한 명, 즉 교구장일 경우 사실상 교회법에 의해 요구된다. 교구의 수입과 지출에 관한 연간 예산안은 교구장의 지시에 따라 교구 재무평의회가 작성해야 한다.^359) 교회 안에서 모든 예산안은 수입을 증대하고 지출을 맞추며 예기치 못한 상황에 대비할 뿐 아니라, '사회 정의'^360)라는 관점과 교회에서 기금을 마련하려는 주요 목적, 즉 가난한 사람들을 위한 자선 활동을 하기 위한 목적으로 작성되어야 한다.^361)

애덕의 증여(제1285조)

【제1285조】
관리자들은 통상적 관리의 범위 내에서만 고정 세습 재산에 속하지 아니하는 동산 중에서 신심이나 그리스도교 애덕의 목적을 위

---

357) 교회법 제1281조 제1항.
358) 교회법 제1291조 뒤의 해설 참조.
359) 교회법 제493조.
360) 교회법 제1286조 참조.
361) 교회법 제1254조 제2항 참조. Roche, 326-328.

하여 증여를 할 수 있다.

이 조문은 라틴어의 어감이 우리말 번역본에서 상실되는 예이다. "관리자들은 … 할 수 있다."라고 번역된 라틴어 "fas est administratoribus"는 단순한 허가보다 어감이 훨씬 강하다. 'fas'는 종교에 기반을 둔 권리나 책임을 의미하는데 'fas est'는 "합법적이다, 정당하다, 가피하다"라고 번역할 수 있지만, 인간의 명령과 권리에 의한 정당성과 구별되는 신적 명령에 의한 합법성이라는 의미가 포함되는 표현이다. 이와 달리 인간의 명령과 권리에 의한 정당성 또는 합법성은 라틴어로 'ius est(정당하다)'라고 표현한다.

교회법 제1285조는 교회가 재산을 취득하려는 주요 목적 중 하나가 가난한 이들을 위한 자선 행위로 재산을 나누어 주려는 것임을 잊지 않는다.[362] 이 조문은 사실상 관리자에게 이러한 목적을 신심이나 애덕 행위로 이행해야 할 의무를 지운다.[363]

이 조문은 관리자에 의해 이행되는 애덕의 증여를 고정 세습 재산의 일부가 아닌, 통상적 관리의 범위 내에 있는 동산 안에서 가능한 것으로 제한한다. 동산은 유형이나 무형(유가 증권 등)의 모든 종류의 현세적

---

362) 교회법 제1254조 제2항 참조.
363) 병행 조문인 1917년도 법전 교회법 제1535조는 양도를 규정하는 조문 사이에 나오는데, 어조가 부정적이었다. 개입할 만한 정당한 사유가 있지 않으면 지역 관습에 따라 소액의 양이 아닌 증여는 금지되었고, 후임자는 증여가 부당하다고 재주장할 수 있다고 규정했다. 동방교회 법전의 병행 조문은 부당한 증여를 재주장할 수 있도록 규정하지는 않지만 역시 어조가 부정적이다(동방 가톨릭 교회법 제1029조).

재산(시간적 재화, bona temporalia)으로서, 부동산이 아닌 것들로 이해할 수 있다. 후자에는 건물과 토지, 그리고 토지에 부속된 정착물(나무, 관목, 울타리, 동상, 격납고 등)이 속한다. 고정 세습 재산에 대한 개념은 본 해설서 교회법 제1291조에 설명되어 있다. 통상적 관리의 범위는 정관에 정해야 하고, 만일 정관에 이에 대한 규정이 없으면, 교구장이 재무평의회의 의견을 듣고 자기 소속의 법인들에 대하여 이러한 행위를 정해야 한다.[364]

교회법 제1285조에는 본 규정이 사법인에게 적용된다는 언급이 없다. 따라서 교회법 제1257조 제2항에 따라 사법인의 재산은 고유한 정관에 의해 규제된다. 본 조문의 취지는 유사 조문인 교회법 제640조에 따라 수도회에도 적용된다. "수도회들은 각 지역의 사정을 참작하여 이를테면 애덕과 청빈의 공동체적 증거를 보여 주도록 노력하여야 한다. 그리고 힘 자라는 대로 그들의 재산 중 일부를 교회의 필요와 가난한 이들의 생활비를 돕기 위하여 기증하여야 한다."

사회 정의(제1286조)

【제1286조】
재산의 관리자들은 다음과 같이 하여야 한다.

---

364) 교회법 제1281조 제2항.

1. 근로 계약 때 노동과 사회생활에 관한 국가 법률도 교회에 의하여 전수된 원칙에 따라 철저히 준수하여야 한다.
2. 협약에 의하여 근로하는 이들에게 그들 자신과 가족의 필요에 적절히 대비할 수 있도록 정당하고 상응한 임금을 지급하여야 한다.

본 조문은 공의회 이전과 회기 중에 그리고 공의회 이후 문헌에서 발전한 것으로서 교회 생활에 있어서 교도권의 사회적 가르침을 실행하기 위해 교회법전에 있는 몇 가지 조문 중 하나이다.[365] 교회법 제1286조 제1호는 사실상 교회 관리자가 노동과 사회생활에 관한 일반 시민법의 규정뿐 아니라, 교회의 가르침을 철저히 준수할 것을 요구한다. 다만 이 조문의 의미가 라틴어 원전의 어색한 어순과 우리말 번역에 의해 다소

---

365) 교회법 제222조 제2항, 제287조 제1항, 제528조 제1항, 제747조 제2항, 제768조 제2항 참조. 주요 교회 문헌으로 다음이 있다: Leo XIII, ency *Rerum Novarum*, ASS 23 (1890-1891) 641; Pius X, *mp Fin Dalla Prima, Ass* 36(1903-1904) 339; Pius XI, ency *Quadragesimo Anno*, AAS 23(1931) 177, ency *Divini Redemptoris*, AAS 29(1937) 65; Pius XII, ency *Sertum Laetitiae*, AAS 31(1939) 635, 1941 *Pentecost Message*, AAS 33(1941) 195, 1942 *Christmas Message*, AAS 35(1943) 9, alloc *To Italian Workers*, AAS 35(1943) 171, alloc *Questa Grande Vostra Adunata*, AAS 37(1945) 284; John XXIII, ency *Mater et Magistra*, AAS 53(1961) 401, ency *Pacem in Terris*, AAS 55(1963) 257; Vatican II, *Gaudium et spes*, nn.63-72, AAS 58(1966) 1084-1094; Paul VI, ency *Populorum Progressio*, AAS 59(1967) 257; aplett *Octogesima Adveniens*, AAS 63(1971) 401; John Paul II, ency *Redemptor Hominis*, AAS 71(1979) 257, ency *Laborem Exercens*, AAS 73(1981) 577, ency *Sollicitudo Rei Socialis*, AAS 80(1988) 513, ency *Centesimus Annus*, AAS 83(1991) 793; Synod of Bishops, *De Iustitia in Mundo*, AAS 63(1971) 923; NCCB, *Economic Justice for All: Pastoral Letter on Catholic Social Teaching and the U.S. Economy*(Washington, D.C.: USCC, 1986). 한국천주교 주교회의,「사회 교리에 관한 교회 문헌 - 교회와 사회」,한국천주교중앙협의회, 2004.

모호해진다는 점이 유감스럽다.

  우리말 번역본에는 국법(일반 시민법)을 먼저 언급하고 그 다음 교회 원칙에 대해 언급한 라틴어 원전의 어순이 정확하게 반영되어 있다. 하지만 교회법전 제5권의 서두 교회법 제1254조 제1항에서 공권력으로부터의 독립을 선언한 교회에게는 이상한 배열이 아닐 수 없다. 이러한 어순은 사회 정의에 대한 요구를 표명하는 데 교회의 가르침보다 국법(일반 시민법)의 규정에서 찾아야 한다는 그릇된 인상을 심어 줄 수 있다. 더욱 안타까운 점은 우리나라를 포함해 대다수 많은 나라의 사람들이 교회의 가르침이 요구하는 인간의 존엄성 정도보다 훨씬 못한 사회적·경제적 조건에서 살며 일한다는 사실이다. 그들은 표면상 더 나은 사회 정의를 위해 마련된 일반 시민법 규정이 있는데도 그렇게 살 수밖에 없다. 사회 정의를 완전히 실현하지 못하는 일반 시민법을 철저히 준수하는 것은, 교회법이 추구하는 제도적 표준이 되기 힘들다. 그런 이유에서 교회법 제1286조 제1호에서 국법(일반 시민법)의 준수는 교회가 가르치는 사회 정의에 관한 원칙의 실현에 통합된 것이다.[366]

---

[366] 1917년도 법전의 병행 조문에서는 일반 시민법에 대한 언급을 하지 않았지만, 근로자들의 복지에 관해 그 당시 교회가 가진 초기의 관심사가 무엇이었는지 상술하는 데 있어서는, 현재의 교회법보다 훨씬 더 자세하다(1917년도 교회법 제1524조). 공표된 교회법 제1286조 제1호의 법제사에는 일반 시민법 준수의 권고를 삽입한 이유에 대한 언급이 없다. 다시 말해서 1917년 이후 교회가 사회 정의에 대한 교회법상 표준을 제시하기보다는 일반 사회의 법률이 훨씬 발달하였기에 교회법이 그러한 법률을 언급하도록 하게 했다는 설명이 있어 왔다. CLSA, *"Canonical Standards in Labor-Management Relations: A Report", J* 47(1987) 553, n. 20. 그러나 국가 입법에서는 사회 정의의 범위가 지속적으로 불완전하여, 교회 고용주들로 하여금 일반 시민법의 철저한 준수를 보충하면서 동시에 조금 더 정확한 요구를 하는 교회의 가르침을 철저히 준수하였다.

그럼에도 불구하고 교회법 제1286조 제1호의 값진 공헌은 교회 관리자들에게 교회에는 적절한 행위를 위한 두 가지 인증된 지침의 원천, 즉 법과 교도권이 있다는 점을 상기시킨 일이다. 이 두 가지 중 어느 하나도 소홀히 여겨서는 안 된다. 즉, 관리자들은 일반 시민법뿐 아니라 교회의 가르침도 따라야 하고, 법에 구현된 명령뿐만 아니라 교회의 가르침에 명시된 명령도 준수해야 한다.[367]

그러나 유감스럽게도 이 메시지는 일반 시민법의 철저한 준수를 강조하는 것으로 오해할 수 있는 어순뿐만 아니라, 라틴어 'iuxta'를 "동등하게 혹은 다음으로"라는 일차적 의미보다 부차적인 의미인 "~에 따라"라고 번역함으로써 그 의미가 더욱 모호해지고 있다. 결과적으로 교회 관리자들에게 "교회에 의하여 전수된 원칙 다음으로"라고 하는 대신 "교회에 의하여 전수된 원칙에 따라" 일반 시민법을 준수하도록 한다는 번역이 되었다. "교회에 의하여 전수된 원칙에 따라" 일반 시민법의 철저한 준수에 대해 언급하는 것은 일반 시민법이 정하는 의무에 가끔씩만 제한을 두는 역할로 교회의 가르침을 축소시킬 수 있다.[368] 이렇게 해서 교회의 가르침에는 일반 시민법의 내용을 초월하는 실질적인 요구 조건이 더 있고, 그렇기 때문에 교회 고용주들은 이를 긍정적인 의무로

---

367) 교회의 가르침이라는 맥락에서 법전이 사회 정의를 어떻게 다루었는가에 대한 간략하고도 유용한 연구는 다음 자료에서 찾아볼 수 있다. T.Grant, *Social Justice in the 1983 Code of Canon Law: An Examination of Selected Canons*" J 49(1989) 112-145; D.Hermann, *"The Code of Canon Law Provisions on Labor Relations*" J 44(1984) 153-193.
368) 이 말마디는 다음 자료에서도 그렇게 해석되었다: Grant, 134; Myers, in *CLSA Com*, 877.

여기고 따라야 한다는 점을 인정하기보다, 교회의 가르침에 보통의 제한적 역할만을 두며 하느님 법에 상반되는 일반 시민법은 준수할 필요가 없다고 잘못 판단할 수 있다.[369]

교회법 개정 과정에서 교회법 제1286조 제2호에서 한 언급을 단순히 necessitates('필요'라고 완곡히 번역됨)를 충족시키는 것 이상으로, 정당하고 상응한 임금으로까지 확장하려는 시도가 있었다. 이를 주장하는 이들은 근로하는 이들 자신과 그 가족들이 기본적인 생활의 필요를 충족시킬 뿐만 아니라, 사회·문화적 혜택까지도 누릴 수 있도록 충분한 임금을 지급하도록 권장했다. 또한 조문에 근로자들의 생활 향상을 위한 다른 측면들을 추가하도록 건의되었다.[370] 그러나 '필요' 이상의 확장이 있을 경우 국가 간 상이한 교회의 경제적 여건이 이를 실질적으로 감당할 수 없을 것이라는 현실적인 이유로 이 주장은 기각되었다.[371] 그러나 이 접근법은 교회 가르침의 일부임을 상기해야 한다.[372] 따라서 비록 법에 명시되어 있지 않더라도, 교회 관리자는 이를 실제적으로 무시해서는 안 된다.

---

369) 동방교회 법전에서는 iuxta를 secundum로 대체하였는데, 이 단어의 주요한 의미는 "~후에, 뒤에, 다음으로"라는 뜻이다. 따라서 관리자들이 교회에 의하여 전수된 원칙 다음에 혹은 부차적으로 일반 시민법을 준수하도록 요구함으로써, 교회의 가르침이 가지는 적절한 우선권과 효율적으로 일치한다(동방 가톨릭 교회법 제1030조 제1호).
370) *Comm* 12(1980) 420.
371) 교회법전 개정 위원회 287. "필요"를 충족시키기에 충분한 임금 이상을 보장하려는 노력은 교회법 제1286조의 초안에서 실패하였지만, 보험과 사회보장과 의료보험에 대한 명확한 언급이 교회법 제231조 제2항에서 이루어졌다. 교회법 제1274조에 대한 앞의 해설도 참조.
372)「사목헌장」67항 참조.

일부 국가에서 교회 고용인들이 자신들의 권익을 보호하기 위해 집단적인 단체를 조직하거나 노동조합 구성에 대한 인권을 행사하려 함으로써 긴장감이 조성되기도 한다. 이러한 권리를 지지하는 교회의 가르침은 공의회 문헌 「사목 헌장」에 아주 잘 나타나 있다.

"노동자들은 진실로 대표하여 경제 생활의 올바른 질서를 확립하는 데에 이바지할 수 있는 노동조합을 자유로이 조직할 권리와, 아무런 보복의 위험 없이 조합 활동에 참여할 권리는 기본 인권에 속하는 것으로 인정되어야 한다."[373]

관련 일반 시민법이 여러 정치적 현실을 감안해서, 노사 관계에 대한 사법권을 교회 관련 사업에까지 확장하지 않는다는 이유로 이러한 권리 행사에 대해 반대하는 것은 정당화될 수 없다. 교회 관리자들은 교회의 가르침에서 동기를 부여받아 일반 시민법의 한계를 넘어서야 한다.[374]

따라서 교회 관리자는 교회의 가르침을 염두에 두면서, 교회 기관에 근무하는 이들의 권익 향상을 위해 노력해야 한다. 하지만 본 조문은 각 교구가 처한 경제적 여건이 뒷받침될 때만 가능한 이야기일 수도 있다.

---

373) 「사목헌장」 68항. John XXIII, *Mater et Magistra*, AAS 53(1961) 425-426; John Paul II, *Laborem Exercens*, n.20, AAS 73(1981) 629-632; NCCB, *Economic Justice for All*, n.353 또한 참고.
374) Hermann, 190-193; CLSA, "*Canonical Standards*" 557-563.

결산(제1287조)

【제1287조】
 ① 교구장의 통치권에서 합법적으로 면속되지 아니하는 교회 재산의 관리자들은 성직자들이든지 평신도들이든지 직무상 해마다 교구 직권자에게 결산서를 제출하여야 하고, 교구 직권자는 이를 감사하도록 재무평의회에 맡긴다. 이에 반대되는 관습은 배척된다.
 ② 관리자들은 신자들이 교회에 봉헌한 재산에 대하여 개별법으로 정한 규범에 따라 신자들에게 보고하여야 한다.

 이 조문의 초점은 관리자가 교구 직권자나 일반 신자들에게 결산 보고를 하는 것에 있다. 이 조문은 교회 재산을 명확하게 언급하며 교구장의 통치권에서 면속되지 아니하는 교회 재산의 관리자로 성직자나 평신도 모두를 언급한다. 평신도 관리자와 교구장의 통치권에 속하는 재산에 대한 언급을 병치해 놓음으로써 통치권의 행사에 있어 평신도가 협력해야 한다는 의미를 내포하는 것이다.[375] 교황청 설립 수도회는 사도직 사업에 있어서는 교구장에게 종속되는 반면[376], 수도회가 소유한 재산에 있어서는 교구장의 통치권이 닿지 않는다. 따라서 교황청 설립 수도회는 재산 관리에 관해 지역 직권자에게는 결산서를 제출할 필요가

---

375) 교회법 제129조 참조, 교회법 제1273조에 대한 해설 참조.
376) 교회법 제678조 제1항.

없다.[377] 반면 교구 설립 수도회는 "교구 설립 수도원의 재무 보고에 대한 심사권도 있다."라는 교회법 제637조에 따라 교구 직권자에게 결산서를 제출해야 한다. 이 결산서는 단지 수도원의 재무 상태에 대한 분석을 위한 회계 보고만을 의미하지 않는다. 여기에는 수도회의 재무 상태에 대한 알 권리와 회계 장부에 대한 감사권까지도 포함되어 있다.[378] 하지만 이러한 재무 상태에 대한 감사는 단순히 조사 기능뿐만이 아니라, 수도회가 재정적으로 어려움을 겪고 있을 때 교구장 주교의 각별한 재정적 도움과 지원이 가능하다는 사실도 그 안에 함께 담고 있다는 점을 간과해서는 안 될 것이다. 그러므로 교구 설립 수도회는 교구 직권자에게 성실히 결산서를 보고해야 한다.[379]

연간 보고서를 수령해야 하는 일은 자기 소속의 공법인에 속하는 재산을 관리하는 교구 직권자가 해야 할 소임 중 하나이다.[380] 보고서를 재무평의회에 보내면 추천할 만한 사항이나 문제가 되는 사항들에 대해 인식하고, 이에 대해 교구 직권자의 생각 및 판단을 환기시킬 수 있는 전문성을 갖춘 이들이 재무 관리에 대한 세부 사항을 검토할 수 있는 이

---

377) 1972년도 수도회성에서 발표한 회신 Responsum에 따르면 교황청 설립 수도회와 그 관구 및 개별 수도원들은 1917년도 법전 제1525조의 병행 조문에서 다소 덜 정확하게 규정되었지만, 결산서를 보고할 의무가 없다(CLD 9(1983) 911]. 교회법 제1287조에서 "교구장의 통치권에서 면속되지 아니하는" 재산에 대해 언급한 것은 수도회성의 회신 내용을 개정된 법전에 통합시키려는 명백한 의도이다.
378) Domingo Javier Andrés, op.cit., 226-227.
379) 교회법 제1263조 해설 참조.
380) 교회법 제1276조 해설 참조.

점이 있다. 따라서 교구 직권자는 자신이 직접 이러한 검토 작업을 하느라 다른 임무에 충실할 시간을 허비하지 않아도 된다. 다시 말해서 이는 교회법 제1277조의 입법 취지에 따라 교구장이 재정 문제를 관리하느라 과도한 시간을 소비함으로써 교회의 교도 직무와 성화 직무, 비재정적 분야에서 맡은 통치 직무에 소홀해지지 않도록 하기 위한 목적이 있다. 어긋나는 관습에 대한 배척은 교회법상 그러한 관습을 비합리적으로 만들어 법률의 효력을 가질 수 없게 한다.[381]

교회법 제1287조 제2항에서는 신자들이 '공법인'[382]에 봉헌한 재산에 대하여 개별법의 규범에 따라 신자들에게 보고해야 한다고 밝힌다. 개별법이 정하는 것은 보고 양식뿐만 아니라 보고 그 자체이기도 하다.[383] 따라서 제2항은 제1항과 같은 연례 보고서에 대해 언급하는 것이 아니다.

교회법 개정 과정에서 이 보고서의 범위를 신자들이 봉헌한 재산뿐만 아니라 투자 이익, 토지 매각, 그 밖의 다른 소득원 등 공법인의 모든 재무적 소유물에 대한 보고까지 포함하도록 하려는 노력이 있었으나 성공하지는 못했다. 이렇게 폭넓은 보고서는 상황에 따라 찬탄할 만하나, 신자들이 교회의 재산권에 대해 충분히 교육되지 못한 경우 현명하지 않다고 판단되었다.[384] 교회 재산권에 대해 충분히 인식하지 못한 신

---

381) 교회법 제24조 제2항 참조.
382) 교회법 제1258조에 따라 '교회' 라는 단어에 부여된 전문적 의미.
383) 교회법전 개정위원회 287.
384) *Comm* 12(1980) 421.

자들에게 너무 자세히 보고하다, 본의 아니게 오해가 발생할 위험을 감지한 것이다. 가령, 교회가 안정적이지만 더 높은 이자율을 찾아 투자한다거나, 성직자의 생활비가 사회 수준에 비해 지나치게 높게 책정되었다면 부정적인 반향이 있을 수도 있다. 우리나라에서는 몇 년 전 서울대교구에서 연간 예산을 보고한 바 있는데, 이것이 언론의 긍정적인 관심을 받기도 했다.

국가 법정에의 소송(제1288조)

【제1288조】
관리자들은 공법인의 이름으로 국가 법정에 소송을 제기하지도 쟁송하지도 말아야 한다. 다만 소속 직권자의 서면 허가를 얻었으면 그러하지 아니하다.

교회 관련 단체가 연루되는 국가 법정 소송은 관련 단체뿐만 아니라, 교회 관련 소송 당사자가 속하는 개별 교회 혹은 축성생활회, 때로는 전국적 혹은 국제적인 차원에서 교회 자체에 문제를 만들며 어떤 의미로서는 기회가 되기도 한다. 교회 관련 단체가 연루된 소송은 대부분 세상에 두루 퍼지게 마련이다. 하나의 소송 사건에 대한 쟁점의 판결은 아직 법정에서 진행 중인 다른 소송 사건에 대한 선례가 되기도 한다. 미국처럼 관습법을 두고 있는 나라에서는, 법원 판결의 판례들이 현 소송 당사자의 이해관계를 넘어 장기적인 법률적 효력을 가진다. 이러한 점들을 고려하면 국가 법정에서 소송을 제기하거나 쟁송을 하기 전에 소속 (교구나 수도회) 직권자의 허가를 얻는 것이 현명하다. 사법인이 더 큰 자율권을 가진다는 점에서, 본 조문은 공법인 관리자에게만 적용되는 것이 분명하다. 그러나 더 큰 자율권을 가지는 사법인 관리자들이 국가 법정 소송과 관련해서 행동 방침을 결정하기에 앞서 소속 직권자의 자문을 구한다면, 올바른 교회 정신이 있음을 입증하는 일이 될 것이다.

교회법 제1288조의 초안은 소송이 제기되는 곳의 소속 직권자로부터 공법인이 허가를 얻도록 요구하였다.[385] 이러한 규정은 특히 소송을 제기함으로 인해 지역에 두루 알려질 수 있다는 관점에서 볼 때 현명해 보인다. 그러나 공표된 법제사에는 뚜렷한 이유 없이 최종본에 이 규정이 누락되었다.[386]

국가 법정 소송은 교회에 문제뿐만 아니라 기회를 제공하기도 한다. 권리의 옹호와 차별과 다양한 형태의 불의를 종식시키는 가능성 외에도, 소송은 미국과 같이 관습법 국가에서는 교회가 국가 입법에 적극적으로 참여할 수 있는 기회를 제공한다. 성문법과 달리 관습법은 본질적으로 사법부 권한이어서, 입법부가 아닌 사법부가 최종적으로 법을 제정한다. 미국에서는 입법부의 법 제정에 대한 최종 해석과 적용뿐 아니

---

385) *Comm* 5(1973) 99; 12(1980) 421.
386) *Comm* 12(1980) 421. 1917년도 법전의 병행 조문에서는 교구 직권자, 급한 경우에는 지구장vicarii foranei으로부터 허가를 얻도록 했다(1917년도 교회법 제1526조).

라 유효성과 합헌성에 관한 종국 판결까지 사법부에 종속된다.

교회와 국가 간의 관계 수립과 가치 지향적인 법률 발전에 능동적으로 참여하는 전통에 충실하기 위해, 교회법 제1288조에 따라 허가를 주는 직권자들은 국가 법정 소송에 연루되는 것이 단기적으로 불이익만 있는 것이 아니라 장기적인 차원에서 보았을 때 이익도 있음을 고려해야 한다. 그러나 우리나라의 법적, 여론의 성향을 고려한다면 단기적인 불이익과 추문의 파급이 너무 커, 본 조문의 적용이 어려울 수도 있다.

아울러 교구마다 공평한 해결을 찾아 제시해 주는 평의회나 그러한 직무를 주교회의가 정할 수 있다. 그러나 주교회의가 이를 정하지 않았다면, 개별 교구장 주교가 이러한 평의회나 직무, 즉 행정법원을 설치할 수 있다.[387] 이 위원회는 예심의 수단으로뿐만 아니라 실질적 분쟁에 대해서도 임무를 수행해야 한다.[388] 여기에는 미국, 영국, 아일랜드, 뉴질랜드, 밀라노 대교구의 행정 법원 등을 예로 들 수 있다. 그러나 당사자들이 아무 규범도 선택하지 않고 주교회의에서도 고유 규정을 제정하지 않았다면, 교회법 제1714조에 따라 화해와 타협 및 중재 조정(재판을 피하는 방법)에 관한 일반 시민법을 준용해야 한다.[389]

'행정 소원 중재위원회'에 대한 한국천주교주교회의의 교회법 보완 규범은 다음과 같다. "한국천주교주교회의는 현재로서는 교령 제정자

---

387) 교회법 제1733조 제2항 참조.
388) 교회법 제1733조 제3항.
389) P. V. Pinto, *Diritto amminstrativo canonico*, 2006, 548; Pont. *Comm.* 1971년 11월 1일.

와 교령으로 피해를 입었다고 여기는 자 사이에 발생한 쟁의의 공평한 해결을 찾아 제시하여 주는 위원회의 고정적 설치를 규정하지 않는다. 각 교구장이 이를 규정할 필요가 있다면 총대리와 사무처장, 사제평의회에서 선출한 2명, 해당 지구장, 법원 판사 2명, 총 7명으로 구성할 수 있다."[390]

우리나라에서는 서울대교구가 2007년 말부터 행정 법원을 설치하여 운영하고 있다.

재산 관리 의무(제1289조)

【제1289조】
관리자들은 비록 교회 직무의 명의로는 관리에 대한 의무가 없더라도 맡겨진 임무를 제멋대로 유기할 수 없다. 만일 제멋대로 유기함으로써 교회에 손해를 끼쳤으면 보상을 하여야 한다.

많은 공법인(교구나 본당 사목구)의 재산 관리자는 법률로 지정하고, 그 밖의 공법인 재산 관리자는 정관, 합법적 관습, 혹은 직권자가 임명한다.[391] 하지만 관리자의 임무가 그렇게 임명되지 않은 사람들, 즉 자발적

---

390) 교회법 제1733조 2항. 주교회의 2001년 춘계 정기총회 작성, 2001년 5월 22일 사도좌에 승인 요청, 교황청 인류복음화성 2002년 6월 25일 승인.
391) 교회법 제1279조 참조.

으로 혹은 직무자의 요청에 응하여 그러한 임무를 맡은 사람에 의해서 수행되는 경우도 있다. 교회 단체에 값진 봉사를 하는 '비공식적인' 관리자는 부동산 관리, 건물 유지, 계정 관리, 투자 자산 구성 관리, 근로자들의 업무 감독, 그 밖의 다른 많은 활동을 종종 수행한다. 오랜 경험을 바탕으로 해서, 교회는 교회법 제1289조에서 비공식적인 관리자를 포함한 모든 관리자에게 일단 관리 책임을 맡았으면, 관할권자에게 후임자를 선정할 충분한 기회를 제공하지 않은 채 책무를 갑자기 유기해서는 안 될 의무가 있다는 점을 규정하고 있다. 본 조문은 이에 대한 책임이 관리자, 특히 비공식적인 관리자에게도 있다고 보는데, 타당한 신뢰를 받고 있던 관리자가 제멋대로 직무를 유기하면 공법인에 중대한 손해를 끼칠 수 있기 때문이다. 이러한 경우에 보상에 대한 책임은 교회법 제128조의 일반 규범을 특별히 적용한다. 교회법 제1258조에 따라 본 조문에서 '교회'라는 용어의 사용은 그 적용을 공법인에게로만 제한하는 교회법적 효력을 가진다. 그러나 본 조문의 토대가 되는 도덕적 원칙은 사법인에게도 적용된다.

제4부

계약 및 특히양도
[제1290조-제1298조]

(De contractibus ac praesertim de alienatione)

계약은 교회의 재무 생활에 크고 중요한 역할을 한다. 제4부는 포괄적인 계약에 관한 일반 시민법의 교회법 준용을 제한하는 것으로서 시작한다.[392] 일반 시민법을 교회법으로 준용하는 데 있어서 제한을 두는 것은 양도라고 알려진 재산권의 이전을 포함하는 계약에 관해 주로 발생한다.[393] 이러한 제한은 또한 공법인의 전체적인 재정 조건에 손해를 끼칠 수 있는 거래[394]와 임대에 관해서도 발생한다.[395] 이 장에는 교회법상 무효한 양도가 일반 시민법상 유효한 경우와[396] 교회 재산을 관리자 본인이나 그들의 가족 구성원에게 매각 또는 임대하는 경우에 대한 지침이 제시되어 있다.[397]

---

392) 교회법 제1290조.
393) 교회법 제1291조-제1294조.
394) 교회법 제1295조.
395) 교회법 제1297조.
396) 교회법 제1296조.
397) 교회법 제1298조.

4-1부 계약[398]
1장 국가 법률의 수용

교회는 시간의 흐름 속에 살고 있고 현대 세계의 정치, 사회, 경제와 지속적인 관계를 맺어 왔다. 이러한 역학 관계에는 지속적인 상호 침투성이 존재하기 마련이다. 국가와 사회는 교회에 기술 및 문화적 기반을 제공하는 반면, 교회는 그들에게 복음의 메시지와 이에 따른 보편적 가치를 제시한다. 이러한 상호 침투성은 법조 분야에서 특히 강하게 발생하였다. 잘 알다시피 교회는 로마법이 시행되었고 지배하였던 문화 속에서 발전해 왔다. 그런 로마법이 교회의 조직과 구조에 유효한 지주를 제공했다면, 복음의 메시지 또한 로마법에 위대한 영향을 주었다. 이러한 영향은 세습 재산의 부문에서 특히 많이 나타난다.

"교회는 로마법으로 산다."(Ecclesia vivit iure romano)는 명제에 대한 적용을 개인 세습 재산법의 분야에서 찾을 수 있다. 이러한 원칙은 1917년

---

398) '계약'에 대해서는 아래의 문헌을 참고하여 작성하였음을 밝힌다. P. Ciprotti, *Canonizzazione delle leggi civili in Digesto delle discipline pubblicistiche*, vol.2, Torino, 1987, 453-458. A cura di C. Corral Salvador, V. de Paolis, G. Ghilanda, "*Canonizzazione delle leggi civili (Canonizatio legum civilium)*", in "*Nuovo Dizionario di Diritto Canonico*", op.cit., 120-121. Coram Turnaturi, *De Rotali iurisprudentia in causis iurium pro Studio Rotali II cursus coram Turnaturi*, (Roma 2004), 21-23. 김형배, 「친족·상속」, 신조사, 1996.

도 법전에서 수용되었다. 물론 현대 대다수 국가는 교회법을 법의 원천으로 인정하지 않는다. 만일 교회가 어떤 희생을 치르더라도 이를 강조한다면 국가와 교회 사이의 논쟁은 더욱 깊어질 것이다. 또한 법이 각 나라마다 매우 다양하다는 현실적인 이유도 외면할 수 없다. 따라서 재산법에 관한 모든 분야를 교회의 보편법으로 규제하려는 시도 자체가 불가능한 것은 아니지만, 재산에 관한 완벽한 규정이 오히려 교회 생활을 더욱 어렵게 만들며, 나아가 교회 생활에 엄청난 부담을 주는 방대한 법률을 요구할 것이다. 이러한 이유에서 교회는 전통을 간직하면서 신중하게 판단하여 현명한 길을 선택하였다. 즉, 교회는 교회 재산에 관하여 원칙과 본질적인 문제를 다루는 매우 제한된 규정을 만들었다. 사실 교회법전 제5권은 법전을 통틀어서 가장 짧다. 이는 교회가 재산에 관해서는 원칙만을 제시하고, 그 나머지 세부적인 규정에 대해서는 일반 시민법을 준용하기 때문이다. 일반 시민법의 교회법 준용 제도를 통하여 교회는 한편으로 고유 생활에 관한 절대적 권한의 원칙을 보호하고, 다른 한편으로 각 개별 교회가 처한 지역 상황에 적응한다. 따라서 공식적으로 수용된 법률은 교회 법률이 되며, 이렇게 승인된 일반 시민법은 교회 권한의 규정에 따라 교회 내부에서 그리스도교 신자들을 구속한다. 반면, 물질적인 내용과 대상에 관해서는 개별 교회가 속해 있는 그 나라의 법률을 따른다.[399]

---

399) 교회법 제22조, 제197조, 제1290조 참조.

2장 법 적용의 원칙

"그 지역의 국법이 계약과 변제에 관하여 정한 규정은 총칙이거나 세칙이거나, 교회의 통치권에 소속하는 것에 관하여서도 교회법으로 동일한 효과를 가지는 것으로 준수되어야 한다. 다만 하느님의 법에 반대되거나 교회법으로 달리 규정하면 그러하지 아니하며 또 제1547조의 규정은 보존된다."[400]

사실 구 교회법 제1529조와 현 교회법 제1290조, 그리고 교회법전은 총칙 계약(대상, 요식, 조항·조건)이나 세칙 계약(유명 계약은 매매, 임대, 신탁 등을 말하며 무명 계약은 계약 자유의 원칙에 따라 전형 계약에 속하지 않는 계약을 말한다. 비전형 계약이라고도 한다), 변제에 관하여 각 나라의 일반 시민법을 고유 규범으로 수용하는데, 교회의 공법인과 교회 관할권자는 계약에 관해서는 일반 시민법이 교회법과 동일한 효과(법률적 의무, 법률 행위, 증서의 유·무효 등)를 가지는 것으로 규정한다. 이를 '일반 시민법의 교회법 준용canonizzazione'[401], 즉 교회법이 준용하는 일반 시민

---

400) 교회법 제1290조.

법이라 한다.

앞에서 언급한 바와 같이 1917년 이전에 계약과 관련하여 교회는 중세 동안 거의 전 세계적으로 수용되었던 로마법을 따랐다. 그러나 점차 현대 국가들이 탄생하면서 로마법은 일반 시민법으로 대체되었다.

학설과 판례(법리)는 이른바 '원칙' 이라는 것을 정의하고 발표하였는데, 이후 발생하는 경우들에 대비해 모범으로 간주할 수 있는 그 법리적 가치를 오늘날 교회법 제22조에 규정하였다. 이는 교회 재산의 종합적 관리에 있어 그 지역의 법과 관행을 따르도록 한다. 각 나라의 법률들은 모든 문제를 해결하는 데 있어 더 쉽고, 현재 상황의 문제를 판단하는 데도 더 수월하다. 이러한 견해에는 동시에 그 지역의 경제 제도와 사법 윤리의 원칙도 고려해야 한다는 뜻도 포함되어 있다.

"계약하는 사람의 자격(An capacitas contrahendi personarum)은 일반 시민법에 따라 규제하는가?"라는 질문에 대한 교회법 해석평의회의 답서는 "인용Affirmative"이었다.

사실 교회법은 하느님의 법에 어긋나지 않고 교회법이 명백히 달리 규정하지 않으면, 무제한적으로 일반 시민법들을 수용한다. 가령, 교회법 제1299조 제1항과 같은 경우 국가 법률과 상충된다 하더라도 "자연법과 교회법으로 자기 재산을 자유로이 처리할 수 있는 자는 신심 목적

---

401) 'canonizzato' 는 "승인하였다"라는 뜻이며, 여기에서 'canonizzazione' 란 말이 유래한다. 이 말마디는 교회법 분야에서는 일반 시민법의 교회법 준용이라는 의미와 시복 시성에 관계될 때 사용하는 용어이다. 그러나 영어권 국가에서는 시복 시성만을 의미하고, 일반 시민법의 교회법 준용이라는 개념에는 'legislation' 이라는 용어를 사용한다.

으로 생전 행위生前行爲나 사인 행위死人行爲로 재산을 유증할 수 있다."고 규정한다. 이러한 법적 판단의 기준은 교회법 제22조이다. 즉 "교회의 법이 준용하는 국가 법률들은, 하느님의 법에 어긋나지 아니하는 한 도만큼 교회법에서도 동일한 효과를 가지는 것으로 지켜져야 한다. 다만 교회법으로 달리 규정되어 있으면 그러하지 아니하다."

교회법 제22조에 따라 교회법에서 제외되는 국가 법률들의 사항은 다음과 같다.
1. 자연법과 실정법에 반대되는 국가 법률.
2. 교회법 규범과 명확히 반대되는 국가 법률들. 여기에는 다음의 교회법 조문들이 해당한다.
   교회법 제1299조 제1항 : 국가 법률이 규정한 요식 행위의 준수 없이 "사인 행위" 규정으로 행한 교회의 수익. 그러나 이는 우리나라의 민법과도 상충된다.

민법은 "표의자의 진의를 명확히 하고 분쟁과 혼란을 피하기 위하여, 유언은 민법의 정한 바에 의하지 아니하면 효력이 생기지 않는다.[402]"고 규정하면서, 유언에 일정한 방식을 요구하고, 이 방식을 따르지 않는 유언을 무효로 하고 있다. 또한 유언 방식에 관하여 민법은 다섯 가지 방

---

402) 민법 제1060조.

식에 의한 유언만을 인정하는 법정요식주의를 채택하고 있다.[403]

또한 우리나라 민법에는 '유류분遺留分' 제도가 있어 피상속인이 자유로이 처분할 수 있는 재산과 그렇지 않은 재산이 미리 구분되어 있거나 자유롭게 처분할 수 있는 비율이 정해져 있지 않고, 생전의 피상속인의 재산 처분이 상속 개시 시에 유류분을 침해할 것이 분명한 경우에도 유류분을 가지는 지정 상속인이 상속 개시 전에 저지할 수 없으며, 상속이 개시되더라도 유류분을 침해한 피상속인의 처분은 당연히 무효가 되지 아니한다. 따라서 상속인은 일정한 한도에서 피상속인이 한 유증, 증여를 반환시키는 권리를 가진다.[404]

이러한 법정유류분제도法定遺留分制度는 피상속인의 유언 처분 남용에서 상속인을 보호하기 위하여 1977년에 우리 현행 민법에서 채용되었는데, 로마법에서는 이미 기원전 40년에 lex Falcidia라는 유류분법이 제정되었다. 따라서 법정유류분제도에 관해서는 한국법韓國法과 로마법 간에 2천 년 이상의 격차가 있음을 알 수 있다.

이 문제는 교구 사제들과 수도자들의 유언, 교구나 수도회가 신자나 비신자들로부터 사후 상속을 받게 될 때 발생할 소지가 있다. 따라서 교구나 수도회는 일반 시민법의 요식에 따른 유언 문서를 작성하고 공증을 받아 둘 필요가 있다.[405]

---

403) 민법 제1065조.
404) 上揭書, 404면.
405) 이에 대해서는 교회법 제1299조 해설을 참조하라.

교회법 제19조 : 법률의 결여lacuna legis는 일반 원리와 판례법으로 보충된다. 여기서 말하는 판례법이란 로타 로마나의 판결을 통해 공표된 법 이론 또는 판례를 의미한다.

교회법 제122조 : 공법인의 인격을 가진 결합체의 분할, 합병에 대해서는 특별 규정(헌납자의 의사, 재산의 목적 등)을 준수한다.

교회법 제1580조 : 개별법을 지키면서 공정하고 공평한 감정인들을 위한 보수를 지불한다.

교회법 제1547조의 규정에 따라 재판관의 지휘 아래 어떠한 종류의 소송 사건에서도 증인들에 의한 증거를 인정한다. 그러나 국가 입법에서 그러한 증거는 여러 가지 제한과 함께 계약에 관해서만 인정된다.[406]

---

406) Cfr. Cod. civ. it. artt. 2721-2276. 교회법 제1290조 해설을 참조하라.

3장 교회법이 수용하는 국가 법률들

일반 시민법의 교회법 준용이란 개념에 기초하여 교회법이 수용하는 법률들은 다음과 같다.

1. 이탈리아의 경우 총칙 계약의 개념에 있어 "재산의 법률적 관계를 구성, 청산, 구분하는 둘 또는 그 이상의 당사자 간의 합의"라고 정의하는 이탈리아의 민법 개념을 따른다.

2. 세칙 계약의 개념에 있어 가령 매매, 임대, 신탁, 위임, 준소비대차, 보증, 화해 등은 그 나라의 국가 법률을 교회법에 수용한다.

이 점은 각 교구나 수도회에서 그 나라의 국가 법률을 이미 잘 숙지하여 운영하리라고 생각된다. 문제는 교구와 수도회 또는 법인과 법인과의 재산상 문제로 분쟁이 발생할 때 '어떻게 교회법적으로 해결하는가?' 이다. 로타 로마나에서는 합법적 상소로 올라온 재산상의 문제로 인한 민사 소송에 대해 교회법적 법리의 고찰과 함께 그 나라의 민법, 특히 대법원의 판례를 주요하게 참작하여 판결을 내린다. 주요 민사 소송의 대상으로는 소유권, 점유 취득usus, 용익권usufructus, 유언testamen, 증여donatio, 상속successio, 유산hereditas, 장기 임대차 계약emphyteusis, 특전(beneficium, 이익), 채권creditum, 신심 기금pie fondazioni, 사용 대차 comodato 등과 관련한 자연인과 법인의 소송 사건들이 해당된다.

교회법적 법리의 고찰을 위해서 유사 사례들에 대한 로타 로마나 재판관들의 판례와 권위 있는 학자들의 학설을 참조하여 판결을 내린다. 단편적으로 어떤 상황을 전제하여 답변을 줄 수 있는 것이 아니기에, 항상 개별 사건에 대한 면밀한 조사를 선행하여 한다. 이런 이유가 로타 로마나의 법리를 연구해야 하는 이유 중 하나이다.

끝으로 당사자들이 아무 규범도 선택하지 않고 해당 사항에 관하여 주교회의가 고유 규정을 제정하지 않았다면, 교회법 제1714조에 따라 화해와 타협 및 중재 재정(재판을 피하는 방법)에 관한 국가 법률을 적용한다.

3. 미성년자의 후견인 임명과 권한[407]; 주관적 권리의 취득·상실 또는 의무로부터 해방되는 수단으로서 시효[408]; 종신이나 기한부로 교회의 봉사에 헌신된 평신도들의 보수[409]; 규정된 법적 요식으로 기재되지 아니한 경우 대리인을 통하여 혼인 예식을 위한 위임 양식[410]; 교회 재산 관리자에 의하여 계약된 고용 계약[411]; 점유(확정)의 소권[412]; 본인들이 선택한 장소에서 증인으로 청취되어야 하는 몇몇 사람들의 혜택을 들 수 있다.[413]

---

407) 교회법 제98조 제2항.
408) 교회법 제197조.
409) 교회법 제231조 제1항.
410) 교회법 제1105조.
411) 교회법 제1286조 제1항.
412) 교회법 제1500조.
413) 교회법 제1558조 제2항.

4-2부 양도 [Alienazione(Alienatio)]
1장 양도는 재산 관리와 구별된다

양도는 고유한 의미에서 재산 관리의 개념과 구별되어야 한다. 통상 일반 시민법에서는 매매를 통한 양도라고 이해하지만, 교회는 교회가 가지는 특수한 성격과 가치 때문에 양도를 통한 매매가 가능하다. 이에 따라 법전은 특별 관리 행위와는 달리 '양도'를 통한 매매를 규제하고, 이에 대한 고유 용어를 사용한다. 법전의 배열 또한 이러한 구별을 강조한다. 즉 "계약 및 특히 양도"(De contractibus ac praesertim de alienatione)[414]라는 제목을 통해 양도를 언급한다. 교회법 제1254조 제1항에서 '양도하다'라는 동사가 첨가되었다고 반론을 제기하였던 사람들에게, 교회법전 개정위원회는 "관리하는 것은 양도를 포함하지 않았다."고 회답하였다.

사실 양도에 관련된 입법(법률들)은 특별 관리 행위에 관련한 많은 요구들에 대한 응답이다. 양도로써 재산은 교회의 것임을 중지하고 세속으로 돌아가며 더 이상 교회에 봉사하지 않는다. 이러한 맥락에서 양도

---

414) 교회법 제1290조-제1298조.

에 관한 일련의 법률은 교회 재산의 양도를 금지하기 위해 생겨났다. 교회 재산의 특성은 거룩한 성격을 가지며 양도할 수 없는 것이었다. 하지만 시간이 흘러가면서 경우에 따라 교회 재산이 양도될 필요성이 인정되었다. 하지만 상급 관할권자의 통제 하에 정해진 조건에서만 그러하였다. 여러 면에서 새롭게 개정된 새 교회법전에 실린 교회 재산의 양도에 관한 모든 입법은 이런 형태로 생겨났다. 이는 "계약 및 특히 양도"라는 제목으로 나타난다.[415] 양도는 실상 일종의 계약 형태이지만, 계약을 위해 교회법 제1290조는 일반 시민법을 교회법으로 준용하는 반면, 양도를 위해서 교회는 고유 법규범을 제정한다.

---

415) 교회법 제1290조-제1298조.

2장 양도 행위의 유효성을 위해 요구되는 엄정함

교회법전은 계약에 관하여는 일반 시민법에 위임한 후[416], 교회 재산의 양도에 관한 고유 규범을 제시한다. 그 규범은 1917년도 교회법전을 언급하지만, 적지 않은 부분에서 새롭게 제정되었다.

교회법 제1291조는 "합법적 지정으로 공법인의 고정 세습 재산을 구성하고, 그 가치가 법으로 규정된 총액을 초과하는 재산을 유효하게 양도하려면 법 규범에 따른 관할권자의 허가가 요구된다."는 기준점을 제시한다.

특별 규범과 양도 행위의 유효성을 위해 특별히 허가가 필요한 것으로 규정된 양도 행위를 하기 위해서는, 양도할 재산의 특정 요건이 요구된다. ① 법인의 고정 재산(부동산)에 속해야 하고, ② 일정한 총액을 초과해야 한다. 따라서 고정 세습 재산의 개념과 양도의 개념을 정확히 해야 한다. 아울러 금액이 정해져야 한다. 끝으로 양도 행위의 유효성을 위한 절차, 특히 상급 관할권자의 허가를 요구한다.

---

416) 교회법 제1290조.

3장 고정 세습 재산(부동산)의 개념

'고정 세습 재산'이란 용어는 교회법전에 있어 새로운 용어이다. 이 용어는 양도 행위의 유효성을 위하여 관할권자의 허가를 요구하는 재산의 양도를 정확히 규정하기 위하여 교회법 제1291조에서 사용된다. 그 다음, 관리자들이 신심이나 그리스도교 애덕의 목적으로 교회 재산을 증여할 때 가지는 권한을 제한하기 위하여 교회법 제1285조에서 재인용되고 있다. 그러나 이 조문에는 교회법 제1291조에 들어 있지 않은 설명이 포함된다. 곧, 고정 세습 재산에 동산도 포함될 수 있다는 설명이다. "관리자들은 통상적 관리의 범위 내에서만 고정 세습 재산에 속하지 아니하는 동산 중에서 신심이나 그리스도교 애덕의 목적을 위하여 증여를 할 수 있다."

'고정 세습 재산(부동산)'이란 새로운 표현은 구 교회법전에 들어 있는 다른 규범formula을 대신한다. 1917년도 교회법 제1530조 제1항은 본질적으로 양도할 수 없는 재산과 특별한 절차로만, 특히 관할권자의 허가가 있어야지만 양도할 수 있는 재산의 대상을 정확히 하기 위하여, 전통적으로 다소 어려운 문장을 사용하였다. "보존될 수 있고, 보존할 수 있는 교회의 부동산 또는 동산."(res ecclesiasticae immobiles aut mobiles, quae servando servari possunt) 이는 재산의 성격, 기능, 용도에 따라 보존될 수 있거나 보존되어야 하는 재산을 뜻한다고 말할 수 있다. 이에 따르면 재산은 양도될 수 없을 뿐 아니라 양도되어서도 안 된다. 그러한 재산은 일반적으로 부동산에 속한다. 하지만 늘 그런 것은 아니다. 실제로 본래의 목적에 상응하여, 예를 들면 그것들을 취득할 때 양도되어야 하는 부동산이 존재할 수 있다. 신학교를 세우기 위하여 증여한 것이나, 인플레(통화 폭등)의 위험을 피하기 위하여 일시적으로 취득된 재산 등이 여기에 해당한다.

반면, 동산은 일반적으로 "보존될 수 있고, 보존할 수 있는"(servando servari possunt) 재산이고 법인의 생활과 발전에 필요한 것이다. 그러나 현대 경제는 법인의 장래와 존속을 보증하면서, 고정적이고 영구적으로 투자될 수 있는 동산을 인식하게 되었다. 오늘날 경제적 상황은 과거와는 상당히 다르다. 특히 부동산과 동산의 구별은 과거처럼 로마법의 기준에 따라 쉽게 정할 수 없다. 분명 부동산은 과거만큼의 중대성을 더 이상 가지고 있지 않다. 이렇게 양도할 수 없는 재산을 정의하는 규범은 법인의 존속과 목적을 보증하기 위해서, 현대 언어로 이해하기 쉬운 정확한 표현을 찾을 필요가 있었다. 이에 교회법전은 옛 규범을 고정 세습 재산(patrimonium stabile)으로 대신한다. 양도할 수 없는 재산을 다루는 규범은 법인의 일상생활을 위해서가 아니라, 법인의 목적을 달성하기 위하여 법인 자체에 필요한 활동을 허가하는 지원, 재정 기금을 보증할 목적을 가지고 있음을 분명히 한다.

  규범은 법인이 법인 자체의 존속과 목적 달성을 보증하는 고정 세습 재산을 갖고 있고, 또 가져야 한다고 가정한다. 그 재산권과 함께 법인은 달성해야 할 교회의 목적을 공유한다.[417] 고정 세습 재산은 명시적인 의무 사항이 아니지만, 그 의무는 다른 교회법 규범에서 묵시적으로 제시된다. 교회법 제114조 제3항은 "관할권자는 목적을 달성하기에 충분하리라고 예견되는 수단을 구비하고 있는 법인이 아니면" 법인격을 부여하지 말아야 한다고 규정한다. 교회법 제319조는 공법인은 자본금처럼 일상생활의 지출비로 그들의 기능을 소모하지 않을 재산을 가져야 한다고 제시한다. 그러나 언제나 교회의 고유 목적에 도달하기 위해 모든 법인은 재산을 소유할 권리가 있음을 인정한다.[418]

  교회법 제1291조는 그런 고정 세습 재산의 존재를 전제로 하여, 이를 자세히 설명한다. 고정 세습 재산은 합법적인 지정(assegnazione, 할당)에 의해 정해진 재산으로 이루어진다. 그러나 법인의 모든 재산이 고정 세습 재산에 속하는 것은 아니다. 그 이유는 자유 처분에서 그러한 재산이 공제되고, 그 재산을 고정 세습 재산에 지정하여 양도할 수 없는 재산이 되도록 하는 실질적 행위가 요구되기 때문이다. 그러한 실질적 행위는 합법적인 지정, 곧 (보편이나 개별, 고유나 정관)법 규범에 따라 행한 행위를 말한다. 법은 그러한 지정을 하는 관할권자와 유효성 및 합법성을 위

---

417) 교회법 제1254조.
418) 교회법 제1254조-제1256조.

한 절차를 명시해야 한다. 고정 세습 재산 지정 행위는 법인의 자유 규정에서 재산을 공제하는, 특별 관리 행위라고 말할 수 있다.[419]

고정 세습 재산에 재산을 부여하는 것이 합법적인 지정 행위라면, 아래와 같은 사항을 강조해야 한다. ① 각 법인마다 고정 세습 재산을 가지며, 어떤 재산은 그 성격상 고정 재산이다. 왜냐하면 재산 없이 법인은 온전히 고유한 목적을 달성하기 위한 수단을 가질 수 없기 때문이다. ② 재산의 중대성은 법인의 성격과 목적 그리고 필요성에 따라 비교되어야 한다. ③ 특별 재산은 성격상 임의로 처분될 수 없고, 법인의 해산 처벌을 받는다. 따라서 특별 재산은 성격상 고정 세습 재산의 일부분에 속하며, 합법적인 지정은 묵시적으로 다른 행위에서 생긴다. ④ 양도에 관한 교회법 규정을 피할 목적으로 그러한 지정을 하지 않는 것은 위법이다. 사실 교회법 규정은 재산을 보호하고 교회 재산을 보증하기 위한 목적에서 설정된다.

고정 세습 재산에 속하는 재산은 그 자체로 양도할 수 없다. 하지만 그 가치가 교회 관할권자가 정한 기준을 초과할 때는 특별 양도를 위해 관할권자의 허가를 받으면 사후적으로 유효해진다.[420]

앞에서 살펴본 내용을 토대로 고정 세습 재산의 정의에 다다를 수 있다. 로베라Rovera는 고정 세습 재산이란 "법인ente이 직·간접으로 고유 목적에 도달하는 데 합당하고, 법인의 영구 기금을 만드는 데 형성되는

---

419) 교회법 제1281조 제1항-제2항 참조.
420) 교회법 제1291조-제1292조, 교회법 제638조 제3항.

… 재산"이라고 정의한다. 로페스 알라르콘López Alarcón은 교회법 제1285조를 설명하면서 다음과 같이 정의한다. "고정 세습 재산은 법인이 자치적으로 존속할 수 있고, 고유한 목적과 업무를 수행하기 위하여 최소한의 안전한 경제적 토대를 이루는 재산의 총체로 이해되어야 한다." 한편, 그는 동 개념에 대해 다음과 같은 내용을 부연 설명한다. "단순히 재산의 성격과 양뿐 아니라 법인의 사명을 수행하는 데 필요한 경제적 요구, 즉 경제적 상황, 임무 수행에 있어 법인의 안정과 확장과 같은 기능을 하기 때문에, 세습 재산에 대한 불변의 개념을 정하는 절대적 규정은 없다."

4장 양도의 개념

　교회법상 양도의 개념은 좁은 의미와 넓은 의미로 이루어진다. 교회법상 법인에서 다른 명의로 직접적인 소유권dominio이 이전되는 것이 좁은 의미에서의 양도다. 반면, 사물의 직접적인 소유권을 이전하지 않고, 직접적인 소유권이 축소되지 않으면서 사물에 관한 물권diritto reale이 허가될 때, 넓은 의미에서의 양도가 된다.

　교회법전이 양도에 대해 언급할 때도, 이를 넓은 의미와 좁은 의미로 이해한다. 교회법 제1291조는 좁은 의미에서 양도를 말하고, 교회법 제1295조는 넓은 의미에서 양도를 언급한다. "법인의 정관에도 부합하여야 하는 제1291조-제1294조의 규범에 따른 요건은 양도에서뿐 아니라 법인의 세습 재산 조건을 악화시킬 수 있는 모든 거래에서도 지켜져야 한다."(quo condicio patrimonialis personae iuridicae peior fieri possit) "법인의 세습 재산 조건이 악화될 수 있는 양도나 처리"에 대해 언급하는 교회법 제638조 제3항은 이와 유사하게 표현되고 있다. 법인의 정관에 기초하여 민법상으로도 효력을 가지기 위하여, 교회법전은 고유법이나 정관statutario이 교회법 규범과 일치되도록 요구한다.

법인의 세습 재산 조건을 악화시킬 수 있는 행위를 정하는 기준은, 고정 세습 재산에 대한 담보권 설정을 허가함으로써 고정 세습 자산에 속한 재산에 대해 직접적인 소유권의 행사 범위가 축소되는가에 달려 있다. 특별히 차입(부채)의 축소를 살펴볼 필요가 있다. 차입 거래는 관할 권자가 저당권 설정을 허가하거나 고정 세습 재산에 담보권을 설정하여 계약을 맺는지 여부에 따라 허용 범위가 달라질 수 있다. 곧, 특정 상황에서 대출 계약이 저금리tassi agevolati로 체결되었을 때, 그러한 거래는 재산 상황을 악화시키기보다 오히려 재무 상태를 개선시킬 수 있기 때문이다. 물론 구체적인 상황을 검토해야 하고, 교회법 제639조 제5항의 규정을 염두에 두어야 할 것이다.

5장 허가를 필요로 하는 금액의 결정

교회법전은 양도를 규제하는 적지 않은 규범들을, 교회법 제1291조-제1296조에서 특별히 규정한다. 유효한 양도를 위한 허가의 필요성과 허가가 요구되는 양도의 금액 이외에도 금액의 결정을 강조한다.

1. 일반적으로

교회법 제1292조는 양도하려는 재산 가치의 최저액과 최고액을 주교회의가 정하도록 하고, 교구장 주교에게 속하지 않는 법인에 대해서는 해당 법인의 관할권자가 고유 정관으로 결정토록 한다. 또한 성좌의 허가가 필요한 금액 이외에 특별한 요식solennità이 요구되지 않는 금액을 결정하는 것도 주교회의의 소관이다. 금액에는 최저액, 중간액, 최고액이 있다. 금액이 최저액의 범위에 있을 때는 달리 허가가 필요하지 않다. 중간액의 범위에 있을 때는 허가를 수여하는 관할권자가 정관에 의해 결정하고, 교구장에 종속된 법인에서는 그 교구장이 결정하게 된다. 중간액 이상일 때는 중간액을 위하여 정해진 요식 외에 사도좌의 허가도 요구된다. 사도좌의 허가는 보배로운 재산, 성물, 성화상, 중요한 유해를 양도할 때도 요구된다.[421]

2. 수도회에서

금액의 결정은 고유법에 맡겨져 있다.[422] 그러나 성좌에 요구할 필요가 있는 금액 외에도 성좌에 의해서, 곧 교회법 제638조 제3항에서 분명하게 규정된 대로 수도회성에 의해서 금액이 정해진다. 회의 내부 관할권자의 허가가 요구되는 중간액을 정하는 것은 회 자체 내부 관할권자의 소임이다. 사실상 주교회의는 그 자체로 수도회의 내부 생활에 대한 권한을 가지지 않는다. 또한 교회법 제1292조 제1항은 교회법 제638조 3항의 규정을 보존한다. 즉, 수도회를 위한 규범을 인정하지 않는다. 끝으로 교회법 제638조 제3항은 사도좌의 요청이 필요한 최고액 외에도 그 최고액을 정하는 것 역시 사도좌의 소임이라고 분명하게 말한다. 수도회의 합법적인 자치를 존중하는 것 외에도,[423] 여러 규범은 청빈 서원이나 전 세계에 퍼져 있는 수도회들에게 내부적으로 요구되는 최소한의 동질성 omogeneità을 위해서 필요하며 회 자체의 요구에도 상응한다. 그러나 성좌가 그러한 금액을 정하지 않으면, 수도회성이 제정한 바대

---

421) 교회법 제1190조 제2항-제3항 참조.
422) 교회법 제638조 제3항.
423) 교회법 제586조.

로, 수도회는 각 나라의 주교회의가 정해 준 금액을 지켜야 한다.

양도되는 재산의 가치가 앞에서 언급한 수도회성이 정한 금액을 초과하는 경우, 상급 장상은 일반적으로 총장을 통하여, 합법적인 양도를 위해 필요한 다른 요건들을 청원서에 기재하면서 수도회성의 합당한 허가를 청해야 한다. 교회법 제1292조 제1항의 규범에 따라 관련된 주교회의가 정한 총액은 수도자들에게는 유효하지 않다.[424] 그러나 현실적으로 이탈리아 주교회의는 수도자를 위하여 수도회성에 의해 인가된 9억 리라[425]의 금액을 정하였다.[426] 이에 따라 수도회 측에서는 수도회성에 허가를 요청해야 하고, 이후 수도회 재산 매각 대금의 3%를 사례금 조로 수도회성에 봉헌해야 한다. 개별 교회인 교구에만 해당하지만 유사 조문인 교회법 제1271조의 입법 정신에 비추어 보면, 사도좌가 하는 일에 재정적인 지원을 한다는 것은 바람직한 일이다. 그러나 수도회 입장에서는 이중 규제를 받는다는 느낌을 지울 수 없을 것이다. 그리고 최고액이 오늘날의 경제적 상황에 비추어 너무 낮게 책정된 부분도 수도회 재무 담당자들에게는 어려운 요소로 간주될 수 있다.

---

424) 교회법 제638조 제3항.
425) 9억 리라는 현재 유럽의 통화 가치로는 450,000유로에 해당한다. 환율이 불확실한 상황에서 원화로 환산하는 데는 무리가 있지만, 450,000유로는 원화로 환산하면 대략 6억 정도이다(2012년 12월 기준 환율로 1유로는 대략 1,400원).
426) A cura di C. Corral Salvador, V. de Paolis, G. Ghilanda, *"Amministrazione dei beni degli Istituti religiosi (Administratio bonorum institutorum religiosorum)"*, in *"Nuovo Dizionario di Diritto Canonico"*, op. cit., 17.

6장 양도를 위한 다른 규정들

양도의 유효성을 위하여 요구되는 요건들 외에도, 무효법이 아니라면 교회법은 준수되어야 하는 다른 규정들을 지켜야 한다. 특히 정당한 이유, 감정, 필요한 예방 조치에 관한 교회법 제1293조, 통상적인 감정가보다 싸게 양도하지 말고 받은 돈을 양도의 목적에 따라 확실하게 투자하도록 강제하는 교회법 제1294조, 그리고 교회 재산을 그 재산의 관리자들이나 친족에게 매각하거나 임대하는 것을 금지하는 교회법 제1298조의 규정을 지켜야 한다.

교회법 제1297조는 교회 재산의 임대에 관한 규범을 공포하는 것을 주교회의에 맡기고 있다.

끝으로 교회법상으로는 양도가 무효이나 일반 시민법의 규범에 따를 경우 유효하다고 판단될 때, 무엇을 해야 할지 규정하는 교회법 제1296조가 언급되어야 한다. 이런 경우, 교회 재산을 옹호하기 위하여 누구를 상대로 어떤 소권(azione, actio), 즉 어떤 인적 소권이나 물적 소권을 행사할 것인지의 여부를 결정할 소임은 관할권자에게 있다.

7장 허가 없는 교회 재산의 양도, 허가 없이 교회 재산을 양도하는 범죄

Alienazione di beni ecclesiastici senza licenza,
Delitto di(Alienatio bonorum ecclesiasticorum sine licentia)

교회법은 단지 교회 재산, 즉 교회법 제1257조의 규범에 따라 교회의 공법인에 속하는 재산의 양도만을 다룬다. 따라서 교회법은 교회 내의 사법인의 재산에 대해서는 언급하지 않는다. 양도의 개념을 살펴보자면 교회법 제1291조를 언급할 필요가 있다. 그러나 교회법 제1295조는 "법인의 세습 재산 조건을 악화시킬 수 있는" 다른 모든 법적 거래에서도 필요한 요식에 관한 양도를 포함하고 있다. 교회법 제1291조와 제1292조의 규범에 따라 교회 재산을 양도하기 위해서는 관할권자의 허가가 요구된다. 수도승(자)들을 위한 관할권자는 교회법 제 638조 제3

---

427) A cura di C. Corral Salvador, V. de Paolis, G. Ghilanda, *"Alienazione (Alienatio)"*, in *"Nuovo Dizionario di Diritto Canonico", op.cit.*, 8-13. 참고 문헌: A. Aznar Gil, *La administración de los bienes temporales de la Iglesia*, Salamanca 1984; Cabreros De Anta, *La enajenación de bienes eclesi·sticos in El patrimonio eclesi·stico*, Salamanca 1950, 156-163; Cei, *Istruzione in materia amministrativa*, 1° aprile 1992, Edizioni Paoline, Milano 1992; V. De Paolis, *Schema canonum Libri V. De iure patrimoniali Ecclesiae in Periodica* (1979) 673-713; Id., *I beni temporali e la loro amministrazione in I religiosi e il nuovo Codice di diritto canonico*, Rogate, Roma 1983, 134-159; Id., *De bonis ecclesiae temporalibus in novo Codice iuris canonici in Periodica* (1984) 113-151; Id., *Temporal goods of the Church in The Jurist* (1983) 343-360; Id., *De bonis Ecclesiae temporalibus. Adnotationes in Codicem: Liber V*, Romae 1986; B. A. Giacon, *L'amministrazione dei beni ecclesiastici e religiosi*, Padova 1960;

항-제4항에 언급되어 있다. 하지만 자세한 규범은 고유법으로 규정된다. 보편법이나 개별법이 요구하는 허가 없이, 교회 재산을 양도하는 경우 범죄가 된다. 규정된 형벌 제재는 미확정적 형벌이지만 의무적 형벌이다.

V. De Paolis[427]

López Alarcón in *Código de derecho canónico*, Eunsa, Pamplona 1983, commento al cn. 1285; V. Rovera, *I beni temporali della Chiesa in La normativa del nuovo Codice*, Queriniana, Brescia 1983, 261-283; Id., Il libro V: *i beni temporali della Chiesa in La Scuola Cattolica* (1984) 337-355. 한동일, "가톨릭교회의 재산법", "III. 양도", 「서강법학」 제9권 제2호, 서강대학교, 2007, 261-269면의 내용을 재인용한 글임을 밝힌다.

 교회법 해설

계약(제1290조)

【제1290조】
그 지역의 국법이 계약과 변제에 관하여 정한 규정은 총칙이거나 세칙이거나, 교회의 통치권에 소속하는 것에 관하여서도 교회법으로 동일한 효과를 가지는 것으로 준수되어야 한다. 다만 하느님의 법에 반대되거나 교회법으로 달리 규정하면 그러하지 아니하며 또 제1547조의 규정은 보존된다.

재산 관리는 종종 다양한 종류의 계약 조건에 대한 이행을 포함한다. 일상적인 임금 지불, 조달품 구매, 혹은 부동산 관리에 대한 계약처럼 일부 계약은 통상적 재산 관리 영역 안에 포함된다. 반면, 일상적이지 않고 더 큰 액수의 자금을 포함하는 계약은 종종 특별 재산 관리 행위로 지정된다.[428] 그 밖의 다른 계약은 양도나 관련 거래 영역에 포함된다.[429]

계약 자격, 임무의 상호성, 필요 요식과 계약 거래의 다른 측면에 관

---
428) 교회법 제1277조, 제1281조.
429) 교회법 제1291조, 제1295조.

한 고유 규범을 제정하는 대신, 교회는 그 지역에서 적용할 수 있는 일반 시민법(국가 법률)을 준용하기로 한다. 다만, 그러한 규정들이 하느님의 법에 어긋나거나 교회법이 달리 규정하면 그러하지 아니하다. 즉, 교회 관련 법인이나 수도회가 연루된 계약에서는 하느님의 법에 명시적으로 어긋나는 규정을 수용하지 않는 것이다. 그러나 우리나라와 같이 명시적으로 의료 및 교육 분야에 있어 계약에 관한 정부의 많은 규제 조항을 통합하도록 요구하는 지역에서는 사실상 그러한 규정이 포함될 수도 있다. 일부 규제 조항들은 헌법상 보호되지만, 교회의 가르침에 따라 의료 행위나 봉사 분야에서 윤리적으로 반대되는 시민권이나, 사회 정의 및 다른 도덕적 요구 사항을 위반하는 공공 정책을 시행하도록 만들어진 규정들도 있다.[430] 명시적으로나 묵시적으로 하느님의 법에 어긋나는 계약 조항들은 당연히 교회법으로 준용되지 않으며, 교회 법원에서 효력을 가지지 않는다.

사회(일반) 계약법 준용에 대한 다른 예외 사항들은 교회법의 명시적 규정에서 비롯되는데, 여기에는 특별 재산 관리 행위[431], 양도[432], 법인의 세습 자산 조건을 악화시킬 수 있는 모든 거래[433], 임대[434] 등이 포함된다. 통상 교회법은 일반 시민법 규정에 필요조건(자문, 동의, 허가)을 덧붙이

---

430) W. Bassett, "A Note on the Law of Contracts and the Canonical Integrity of Public Benefit Religious Organizations", CLSAP 59 (1997) 63-67.
431) 교회법 제1277조, 제1281조 참조.
432) 교회법 제1291조-제1294조.
433) 교회법 제1295조.
434) 교회법 제1297조.

기 때문에 일반 시민법과 크게 어긋나지 않는다. 교회법이 준용하는 일반 시민법에 예외를 둔다는 것은 원칙적으로 이러한 의미이다.

그러나 적어도 한 가지 점에서 교회법 규정은 대부분 일반 시민법에 모순된다. 그것은 바로 교회법 제1290조에서 언급한 교회법 제1547조의 규정, 즉 교회법원에서 증인의 증언에 의한 증거는 재판관의 지휘 아래 언제나 증거로 인정될 수 있다는 것이다. 우리나라를 포함해 대부분의 일반 시민법들은 일부 거래(가령, 부동산의 구매와 매각)의 실체와 조건(차용 기간)에 대한 증거 문서를 요구한다. 즉, 당사자주의적 변론주의 하에서는 증거로서 증명함을 요하는 것은 당사자 간에 다툼이 되는 사실에 한하나[435], 실체적 진실주의가 적용되는 형사 소송에 있어서는 자백한 사실일지라도 그 사실은 증거에 의하지 아니하면 인정할 수 없게 된다.[436] 1917년도 법전에서도, 증거 문서를 요구하는 일반 시민법을 교회법으로 준용할 때 같은 절차가 필요한지의 여부에 대한 문제가 발생하여 논란이 되었다. 하지만 1983년도 법전 교회법 제1290조는 모든 소송 사건에서 증인에 의한 증거를 허용하는 교회법 제1547조를 명백히 규정함으로써 이 논란을 해결하였다.[437]

교회법 제1290조에 나타난 사회 계약법에 대한 준용은 교회법 전문학자들에게 본인들이 속한 일반 시민법 체계의 기본 원리, 특히 계약

---

435) 민소 261
436) 형소 310. 이택규, "증거", 「신법률학 사전」, 배재식, 손주찬, 이재상 감수, 법률출판사 1996, 1316쪽.
437) Comm 12 (1980) 427-428.

법에 대한 접근법을 숙지하여 교구, 본당, 교회 관련 기관을 대표하는 일반 시민법 변호사들과 조금 더 효율적으로 협력할 의무를 지우는 듯하다. 역으로 이러한 법인들의 일반 시민법 변호사들이 다음의 조문들에 규정된, 계약에 대한 일반 시민법을 교회법으로 준용하는 데 있어서 교회법적 예외 사항들을 숙지하고 있다면, 그 법인들에게도 도움이 될 것이다.

교회 재산의 양도(제1291조)

【제1291조】
합법적 지정으로 공법인의 고정 세습 재산을 구성하고 그 가치가 법으로 규정된 총액을 초과하는 재산을 유효하게 양도하려면 법 규범에 따른 관할권자의 허가가 요구된다.

라틴어 동사 'alienare'는 "남의 손에 넘기다"라는 의미를 갖는다. 재산의 양도란 재산권의 이전이다. 재산권은 '세습 부동산권처럼'[438] 완전할 수도 있으며, '종신 부동산권이나 부동산 잔여 재산권처럼'[439] 부분적일 수도 있다. 양도는 완전 혹은 부분 재산권의 이전으로서 매매, 증

---

[438] 세습 부동산권이란 절대 세습 부동산권(Fee Simple Absolute)과 조건부(또는 반환 가능) 세습 부동산권(Fee Simple Defeasible)의 양자를 포함한 개념이다.
[439] 종신 부동산권이란 자기의 생존(생애) 동안 또는 타인의 생존 동안만 소유하는 부동산권이다.

여, 교환 등에 의해 실행된다.[440]

법률 행위로서 양도는 재산 관리와 근본적으로 다르다. 통상적·특별 재산 관리 행위는 재산의 유지, 적절한 사용, 증대 혹은 생산성을 높이는 것을 목적으로 하나, 양도 행위는 재산권의 종료를 그 목적으로 한다. 1917년도 법전에 대해 많은 해설가들이 양도를 특별 재산 관리 행위로 분류했는데, 그 이유는 이 법전의 특별한 표현 때문이었다.[441] 1983년도 법전은 재산권의 네 가지 기본 요소로 취득·권리·유지·양도를 언급한 데 비해[442], 1917년도 법전은 취득·유지·관리 세 가지만을 언급하였다.[443] 따라서 달리 분류되지 않은 양도는 특별 재산 관리로 간주되었다. 하지만 1983년도 법전에서는 양도가 신중하고도 적절하게 달리 분류되었는데, 이런 점에서 더 정확하다고 할 수 있다.[444] 그리고 양도는 특별 재산 관리 행위를 규정하는 규범과 다른 규범에 의해 규정되고 있다.

양도는 재산권의 이전이므로 재산권의 이전이 없으면 양도도 없다. 재산을 저당 잡히는 것은 양도 행위가 아니다. 저당은 재산에 관한 타인

---

440) 양도는 또한 중재 절차에 대한 결정이나 조정 절차의 해결에 의해서도 발생할 수 있다(교회법 제1715조 참조).
441) Vromant, 162, 210; Bouscaren-Ellis-Korth, 835 참조. 그러나 1917년도 법전 해설가들 중에서도 양도와 관리가 서로 다른 법률 행위라는 의견이 있었다. Cappello, 2:573 참조.
442) 교회법 제1254조 제1항, 제1255조 참조.
443) 1917년도 교회법 제1495조 참조.
444) 교회법 제1254조 제1항, 제1277조 참조. De Paolis, *De Bonis Ecclesiae*, 98; idem, *I Beni Temporali*, 149-150; 179, n. 1; 183-184; López Alarcón, in Pamplona ComEng, 792. *Comm* 12 (1980) 396 참조.

의 권리를 발생시키며, 저당을 담보로 한 대부금 지불을 불이행했을 경우에 재산권을 상실할 수 있는 가능성을 가진다. 그러나 즉각적인 재산권의 이전이 없기 때문에 양도는 아니다. 저당 잡힌 토지를 매입할 때 저당하는 것도 마찬가지다. 타인의 토지를 통과하거나 사용할 수 있는 통행권 혹은 지역권을 설정하거나 설정받는 것도 재산권의 이전을 포함하지 않기 때문에 양도 행위가 아니다.[445] 그것은 재산권의 온전한 사용에 일부 축소가 일어나는 것뿐이다. 임대나 타인의 재산을 매입할 수 있는 선택권의 부여, 일정 금액을 담보 없이 차용 혹은 대부하는 것, 증여의 거절 또한 마찬가지다.

이러한 거래의 어떤 것도 행위자에 의해 재산권의 이전을 수반하지 않는다. 그러나 이러한 거래의 상당수가 특별 재산 관리 행위가 되어 그러한 행위를 규정하는 규범에 종속된다.[446] 그리고 특정 상황에서는 상당수 공법인의 세습 재산 조건을 위협할 수 있는 거래에 해당될 수도 있기 때문에, 행위 자체는 비록 양도 행위가 아니더라도 교회법 제1295조에 따라 양도를 규정하는 규범에 종속된다. 교회법 제1295조에서 규정하는 법인의 세습 자산 조건을 악화시킬 수 있는 거래는 양도에 관한 규범을 따라야 하므로, 일부 저술가들은 그러한 거래를 "넓은 의미에서의" 양도라 칭하며 재산권의 이전을 "엄격한 의미에서의" 양도라 칭한

---

445) 지역권이 광물, 목재, 그 밖의 천연 자원을 토지에서 이전할 수 있는 권리도 포함한다면, 그러한 자원의 양도도 수반한다. '지역권easement' 이란 사람이 타인의 토지를 특정 목적을 위해 사용하기 위하여 가진 권리 특권 또는 권익을 말한다(출입권 등).
446) 교회법 제638조 제1항, 제1277조, 제1281조 참조.

다. 이러한 구분의 근거는 1917년도 법전에 있었으나[447], 1983년도 법전에서는 없다. 결과적으로 "넓은 의미에서의" 양도에 대해 지속적으로 언급하게 되면 혼란과 교회법상의 오류를 낳을 수 있고[448] '양도' 라는 용어의 사용을 재산권의 이전에만 국한시키면 명확성과 교회법상 정확성을 기할 수 있다.

교회에서 하나의 공법인으로부터 다른 공법인으로 재산권이 이전되어도 재산이 '교회의 재산' 으로 남기 때문에 양도가 아니라고 주장하는 저술가들에 의해서도 혼란이 생겼다. 비록 다른 실체이기는 하나, 그것은 여전히 공법인의 재산이기 때문에 세계에 있는 교회 재산의 양은 줄지 않았다고 그들은 말한다. 그러나 양도를 제한하는 교회법의 목적은 교회 사업에 봉헌된 재산의 축적을 '교회 재산'[449]의 의미인 양 주장하는 것이 아니라, 오히려 교회 안의 어떠한 개별 공법인에 의해서도 무분별하게 재산이 상실되는 것을 막음으로써 각 공법인의 경제적 발전과 안정성을 보호하기 위함이다.

1917년도 법전 하에 소수의 해설가들은 한 관구의 수도회에서 다른

---

447) 현행 법전의 교회법 제1295조보다 앞선, 1917년도 법전의 교회법 제1533조에서는, 양도 행위를 규정하는 규범을 엄격한 의미(proprie dicta)에서의 양도뿐만 아니라 법인의 조건을 악화시킬 수 있는 어떠한 거래에서도 준수해야 한다고 규정했다. 후자의 거래는 해설가들 사이에 양도 혹은 넓은 의미(improprie dicta)에서의 양도라고 알려져 있었다. 수식어 proprie dicta는 1983년도 법전에서 삭제되었기 때문에 엄격한 의미에서의 양도와 넓은 의미에서의 양도 사이의 혼란스러운 구분을 해야 할 근거가 법전 원문에서 없어졌다.
448) 교회법 제1295조 해설 참조.
449) 교회법 제1258조 참조.

관구의 같은 수도회로 재산이 이전되는 것은 양도로 간주해서는 안 된다고 주장했다. 같은 수도 가족의 회원들은 서로 도와야 하기 때문에 그러한 이전이 양도 제한을 규정하는 법률에 종속되지 않는다는 것이 그 근거였다.[450] 이러한 견해는 대다수 교회법 학자들의 견해뿐만 아니라, 로마 교황청의 판례와도 상반되는 것이었다.[451] 그럼에도 불구하고 이 견해는 오늘날에도 여전히 가끔 등장하는데, 때때로 본당에서 교구로의 이전, 특히 일반 시민법상 교회 재산권이 단독 법인에게만 주어진 지역에서의 그러한 이전을 포함하기까지 한다.[452] 이러한 견해는 모든 양도 행위에 정당한 명분이 있어야 한다는 점과, 그러한 이전이 양도 제한에 전혀 속하지 않는다는 점을 혼동하여, 마치 부당한 재산권의 이전만이 양도를 규정하는 법률에 종속된다고 여기는 듯하다.[453] 위 견해는 양도의 의미와 양도를 규정하는 교회법의 목적을 잘못 이해한 것이다.[454]

양도 문제를 언급하는 데 있어서, 양도를 바라보는 교회의 진정한 자세를 염두에 두는 것이 중요하다. 양도로 간주되는 거래가 금지된 악인 양 피하기까지 하는 일부 교회 관리자들의 믿음과 반대로, 법전에서는

---

450) E. Regatillo, *Institutiones Iuris Canonici*, 6th ed. (Santander: Sal Terrae, 1961) 2:230.
451) 이것은 Regatillo 자신이 인정한 바이다. 또한 Cappello, 2:583; Vermeersch-Creusen, 2:594-595; S. Sipos, *Enchiridion Iuris Canonici*, 7th ed. (Rome: Herder, 1960) 697 참조.
452) F. Morrisey, "The Conveyance of Ecclesiastical Goods", CLSAP 38 (1976) 129; idem, "The Alienation of Temporal Goods in Contemporary Practice", StudCan 29 (1995) 307. 단독 법인에 대한 간략한 설명은 교회법 제1256조 해설 참조.
453) 교회법 제1293조 제1항 제1호.
454) 교회법 제1293조 제1항 해설 참조.

양도를 항상 바람직하지 않은 것으로 여기지는 않는다. 때때로 양도는 바람직한 것으로 권장되기까지 한다. 교회가 물질적 재산을 취득하는 주요 목적 중 하나가 가난한 이들을 위해 사용하거나 그들에게 나누어 주는 것이다.[455] 따라서 애덕을 목적으로 하는 양도는 권장된다.[456] 하지만 그럼에도 불구하고 이렇듯 권장되는 양도에도 제한을 두는 경우가 있다. 교회법 제1291조가 지시하는 대로, 양도해야 할 재산이 합법적으로 지정된 공법인의 고정 세습 재산의 일부이며, 법으로 규정된 총액을 초과하는 재산의 일부일 때는 제한된다.

고정 세습 재산은 성격상 혹은 명백한 지정에 의해 장래의 재정적 안정성을 제공하기 위한 목적으로 소유주가 오랜 기간 혹은 불특정한 기간 동안 소유하도록 되어 있는 동산이나 부동산, 유형이나 무형인 모든 재산을 말한다. 이것은 운영비를 충당하기 위해서 사용하거나, 합리적으로 짧은 기간(1년 내, 길어야 2년) 내에 처분하도록 되어 있는 유휴 자산이나 유동 자산과 상반된다.

고정 세습 재산에는 네 가지 종류가 있다.

① 동산(토지, 건물)

② 대체 불가능한 동산(자동차, 가구, 책처럼 사용하여 소모되지 않는 유형 동산)

③ 장기간(2년 이상)의 유가 증권(주식, 채권, 재무부 중기 채권) 투자

---

455) 교회법 제1254조 제2항.
456) 교회법 제640조, 제1285조 참조.

④ 한정 기금, 즉 현금이나 단기 유가 증권으로 되어 있을지라도 특정 목적을 위해 구분해 놓은 자금.

예를 들어 연기금이나 특정 건물, 교육 기금 등이 여기에 속한다. 대개 이 네 종류의 재산은 미래에 대한 안정성을 제공하여, 법인이 그 창립 목적을 위해 지속적으로 일할 수 있도록 보증하기 위한 목적을 갖고 있다.[457] '고정 세습 재산' 이 의미하는 바는 부동이며 견고하고 고정된 것이다. 반면, 현금과 현금 등가물(당좌 예금과 보통 예금, 단기 양도성 정기 예금, 단기 전용 유가 증권 등)은 유동 자산으로 간주된다. 이것들은 상대적으로 단기간 내에(예를 들어, 운영비를 충당하기 위해) 사용함으로써 소모되도록 되어 있기 때문에 고정 세습 재산이 아니다.

교회법 제1291조에 따라 양도는 양도하고자 하는 교회 재산이 합법적으로 지정된 고정 세습 재산의 일부일 경우 제한된다. '합법적 지정' 은 명시적일 수도, 내재적일 수도 있다. 재산이 통상적으로 오랜 기간 혹은 불특정한 기간 동안 보유할 목적으로 취득한 성질의 것이면 내재적인 지정이라고 할 수 있다. 이러한 경우 양도 행위는 내재적으로 그 재산을 고정 세습 재산의 일부로 지정한다.[458] 내재적인 고정 세습 재산으로 지정된 재산의 전형적인 예로는 여러 구획의 토지, 건물, 책, 고급 가구 등이 있다. 교회에서 공법인이 무기한 보유할 목적 없이 취득하는

---

457) Rovera, 277; Schouppe, 131; Aznar Gil, 408; J. Mantecón, in Com Ex IV/1, 154; Périsset, 199-200; De Paolis, *I Beni Temporali* 185-188.
458) Schouppe, 132; De Paolis, *I Benis Temporali*, 187.

재산은 거의 없다. 그러나 때에 따라서는 이러한 재산도, 예를 들어 한 구획의 토지는 미래에 사용하거나 오랜 시간을 두고 개발하기 위해서가 아니라, 신속하게 재매각하기 위해서 취득할 수도 있다. 이러한 경우 재산을 명백하게 고정 세습 재산의 일부가 아닌 것으로 지정할 수 있다. 이러한 명시적 지정이 없으면, 그 토지의 구획은 재산의 본질에 의해 고정 세습 재산에 내재적으로 할당된다.

성격상 주로 무기한 보유하지 않는 재산(현금, 주식이나 채권 일부)을 취득하면, 취득한 공법인 관리자에 의한 명시적 지정으로 고정 세습 재산의 일부가 된다. 이는 그러한 재산이 연기금이나 다른 한정 기금, 유가증권에 할당되는 경우와 같다.[459] 이러한 명시적 지정이 없으면, 그러한 재산은 고정 세습 재산의 일부가 되지 않기 때문에 양도 제한을 규정하는 규범에 종속되지 않는다. 견실한 관리를 위해 고정 세습 재산에 속하는 재산은 교회법 제1283조 제2호와 제3호에서 요구하는 최신 목록에 자세히 밝히도록 되어 있다.[460]

그렇다면 양도는 양도해야 할 재산이, 명시적이거나 내재적인 합법적 지정으로 고정 세습 재산이며, 그 가치가 규정된 총액을 초과하는 공법인의 재산일 경우에 제한된다고 할 수 있다. 양도 제한에 대한 이러한 필요조건을 기술하는 것에 덧붙여, 교회법 제1291조는 첫 번째 제한, 즉

---

459) 고정 세습 재산으로의 명백한 지정은 설립자나 기증자의 의사에 따를 수 있으며, 법인 정관 조항에 의해 지시될 수도 있다. Schouppe, 132; Mantecón, in Com Ex IV/1, 154; De Paolis, *I Beni Temporali*, 187.
460) Périsset, 199, 200.

관할권자의 허가에 대해 무효화하는 조건을 설명한다. 양도는 법전에서 통상적으로 합법성만을 위해 요구되는 허가, 즉 유효성을 위해 허가가 요구된다고 명시하는 두 가지 경우 중 하나이다.[461] 유효성을 위해 허가가 필요한 가치의 총액과 마찬가지로, 관할권자에 대한 언급도 더 상세한 설명이 필요하다. 이 두 가지 사항은 다음 조문에서 더 상세하게 설명되어 있다.

양도의 허가권자(제1292조)

【제1292조】
① 양도하려는 재산의 가치가 주교회의에서 각기 자기 지방을 위하여 규정한 최저액과 최고액 사이의 것일 때, 교구장에게 소속하지 아니하는 법인인 경우의 관할권자는 고유한 정관으로 결정된다. 그러하지 아니한 경우의 관할권자는 재무평의회와 참사회 및 이해 당사자들의 동의를 얻은 교구장 주교이다. 교구장 주교 자신도 교구의 재산을 양도하려면 그들의 동의가 필요하다. 다른 교회법 제638조 제3항의 규정은 보존된다.
② 최고액을 초과하는 가치의 사물이거나 서원으로써 교회에 기부

---

461) 양도(와 양도를 규정하는 규범에 종속되는 다른 거래)의 유효성을 위해 허가를 요구하는 교회법으로는 제1291조 외에 교회법 제638조 제3항, 제1190조 제2항, 제1292조 제2항 등이 있다. 유효성을 위해 허가를 요구하는 다른 예는 비자치 신심 기금의 승인과 관련된다(교회법 제1304조 제1항).

된 사물이거나 예술적 또는 역사적 이유로 보배로운 사물인 경우에는 유효하게 양도하려면 성좌의 허가도 요구된다.

③ 양도하려는 사물이 분할될 수 있는 것이면 양도를 위한 허가를 청할 때에 이전에 양도한 부분도 표시하여야 한다. 그러하지 아니하면 그 허가는 무효다.

④ 재산의 양도에 자문이나 동의로 관여하여야 하는 이들은 먼저 재산을 양도하려는 법인의 재정 상태와 이전에 양도한 것에 대하여 정확히 보고받기 전에는 자문이나 동의를 표시하지 말아야 한다.

교회법 제1292조의 일차적 관심사는 앞의 조문에서 "법으로 규정된 총액"이라고 언급한 부분을 상세히 설명하는 것이다. 교회법은 최저액과 최고액이라는 이중 총액을 각 주교회의가 보조성의 원칙에 따라 규정하고 사도좌가 검토한 후 합법적으로 공표하도록 요구한다.[462] 모든 수도회에 대해 최고액은 교황청이 정해야 한다.[463] 그러나 명시적으로 달리 규정되어 있지 아니하면 수도회는 교회법전 제5권의 규범에 종속되므로[464], 수도회에 반대되는 규범이 없다면, 최저액은 주교회의가 자기 지방을 위하여 정하도록 한다.[465] 그러나 주교회의가 정한 최저액 이하의 양도를 금지하는 모든 경우와 마찬가지로, 이 경우에도 재무평의

---

462) 교회법 제455조 제2항.
463) 교회법 제638조 제3항.
464) 교회법 제635조 제1항.

회, 참사회, 이해 당사자들의 자문이 종종 생략된다. 최저액을 밑도는 양도에 대해서는 자문이 필요하지 않기 때문에 최저액을 초과하는 양도를 제한하는 교회법 제1292조 제1항에 대해서만 자문이 요구된다. 일부 교구장들은 자문을 구해야 하는 의무가 없는 것을 바람직하게 여기지만, 주교회의가 과도하게 높은 최저액을 정하면 전문가의 자문, 책임 공유, 이해 당사자들의 권리를 요구하는 교회법의 근본 취지가 흔들릴 수도 있다.

여러 나라를 위해 공표된 총액은 각 나라에서 공표된 교회법 보완 규정에서 찾아볼 수 있다.[466] 한국 천주교 주교회의는 교회의 고정 세습 재산을 양도할 경우에 교구장이 재무평의회와 참사회와 이해 당사자들의 동의를 얻어 양도할 수 있는 재산의 가치를 최저 5억 원에서 최고 50억 원으로 규정한다. 그러나 어떠한 양도의 경우라도 일반 시민법이 용인하

---

[465] 데 파올리스는 교회법 제683조 제3항이 최저액을 각 수도회의 고유법에 의해 결정하도록 한다고 주장한다(I Beni Temporali, 190). 그의 주장은 흥미롭기는 하나, 교회법 제638조 제1항과 달리 고유법에 대한 언급이 없는 교회법 제638조 제3항과 조화시키기는 힘들다. 게다가 고유법으로 최저액을 정하도록 하면, 같은 지역의 수도회들이 서로 다를 뿐만 아니라, 지역의 다른 공법인과도 다른 최저액을 가지게 된다. 그 밖의 공법인에 대해 주교회의가 정한 것과 같은 최저액을 수도회에 대해서도 정하는 판례를 가진 교황청으로서는 이러한 결과가 탐탁지 않을 듯하다. 또한 주교회의가 각 지방을 위하여 정한 최저액을 수도회에 적용하기보다, 고유법에 의해 최저액을 정하도록 하면, 세계의 다른 지방간의 상당한 경제적 격차에도 불구하고 국제적인 수도회들이 하나의 보편적인 최저액에 종속될 수 있다.

[466] "Canon 1292. Particular Legislation: The Determination of Minimum and Maximum Amounts for Alienation", CLD 11, 308-314; "Complementary Norms to the Code Promulated by English-Language Conferences of Bishops", in Pamplona ComEng, 1312, 1332, 1341, 1353, 1363, 1390, 1407, 1415; J. Martín de Agar, Legislazione delle Conferenze Episcopali Complementare al C.I.C., passim.

는 한도를 벗어나지 않는 범위 내에서만 적법하게 이루어질 수 있다.[467]

비교법학의 차원에서 미국 교회의 교회법 보완 규정에 대해 살펴보자. 미국에서는 교황청이 심사 후 공표한 현 최고액이 300만 달러이다.[468] 교황청이 심사한 후 공표한 최저액은 실제적으로는 없지만, 관례상 미국 주교회의는 최저액을 50만 달러로 보고 있다.[469] 최저액을 정하는 데 있어서 주교회의는 그들이 정하는 최저액이 교구장에 의한 교구 재산의 양도뿐만 아니라 본당, 수도회 및 주교회의 관할 내에 있는 다른 모든 공법인에 의한 양도에도 적용된다는 점을 염두에 두어야 한다. 최저액 하에서는, 본당과 같은 공법인에 의한 고정 세습 재산의 양도를 제한하는 교회 규범이 적용되지 않는다. 50만 달러만큼의 최저액을 승인할 때 미국 주교회의가 이 점을 명심했는지 의심해 볼 여지가 있다.[470]

어떤 상황에서는 같은 공법인이 소유한 몇몇 재산이 양도될 때, 최저

---

467) 교회법 제1292조 한국 교회의 교회법 보완 규정 ? 주교회의 2001년 춘계 정기 총회 작성, 2001년 5월 22일 사도좌에 승인 요청, 교황청 인류복음화성 2002년 6월 25일 승인.
468) NCCB, *Decree of Promulgation*, May 24, 1993. 이 교령은 미국 주교회의가 1991년 4월 공표한 보완 규범에 이어 발행되었다. 교회법 제1292조에 대한 미국 주교회의 초기 의결의 간략한 기록은 출간된 *NCCB-CompNm* 22-24에서 찾아볼 수 있다. 조금 더 완전한 기록은 Roman Replies (1982) 30-34와 Roman Replies (1986) 41-42에서 찾아볼 수 있다.
469) *NCCB-CompNm* 23. 1985년 미국 주교회의는 성좌에 500만 달러의 최고액과 50만 달러의 최저액을 재검토recognitio해 달라고 요청했다. 성좌는 100만 달러를 주장하며 최고액 500만 달러를 승인하지 않았다. 회신에서 성좌는 최고액 500만 달러와 관계하여 요구한 최저액 50만 달러에 대한 언급을 하지 않고 최저액은 교회법 제1292조 제1항에 의거하여 정할 수 있다고만 간단히 기술하였다. *NCCB-CompNm* 22-23; RR (1986) 42; *Pamplona ComEng*, 1419, n. 18 참조. 미국 주교회의의 투표 후 합의된 최저액을 성좌에 재검토해 달라고 요청할 필요가 있을 것이다. 1993년 300만 달러의 최고액을 새로이 요구하여 승인받을 때에도, 미국 주교회의는 최저액에 대하여 더 이상의 조치를 취하지 않았다.

액 또는 최고액에 맞출 목적으로 각각의 개별 가격이 유합된다. 이러한 유합을 평가하는 데는 세 가지 기준이 있다. 양도의 의향, 시간, 목적이 그것이다.

첫 번째 재산을 양도할 때의 의향이, 비록 시기는 다르더라도 여러 재산(가령, 독립된 구획의 토지나 그림)을 양도하는 데 있다면, 첫 번째 양도 시기에 양도해야 할 모든 재산의 총 가치를 이용하여 최저액 또는 최고액이 충족될 것인가를 결정해야 한다.[471] 초기의 의향과는 별도로 단시간(한 달)에 두 개 이상의 재산이 양도되면, 독립된 양도들은 윤리적인 것으로 간주한다. 남은 개별적 양도의 가치가 각각 최저액을 밑돌더라도 독립된 양도들의 총 가치가 최저액이나 최고액 수준에 다다르면, 즉시 남은 양도들의 교회법적 유효성을 위해 필요한 허가를 얻어야 한다.[472] 같은 목적(예를 들어 신축 자금을 대는 것)을 가지고 다양한 재산 항목들이 양도되면, 양도 사이에 얼마만큼의 시간이 경과했는가에 상관없이, 또 여러 재산을 양도해야 하는 초기의 의향이 부재하더라도, 그 항목들의 가치는 유합된다. 그러므로 건축 자금을 조달하기 위해 몇 가지

---

470) 개별법에 의해 미국의 많은 교구에서 본당 사목구 주임은 교구장의 허가 없이 가치가 최저액 50만 달러 이상을 초과하는 금액의 교구 재산을 양도할 수 없다. 그러나 이러한 개별법에는 법에 어긋나는 양도를 명시적으로 무효화하는 표현이 없다. 이러한 표현이 없으면, 금지된 양도가 불법이라 할지라도 교회법상으로는 유효하다(교회법 제10조 참조). 일부 교구에서는 최저액 50만 달러 이상을 초과하는 금액의 양도를 특별 재산 관리 행위로 지정하여, 그러한 양도가 직권자의 허가가 없으면, 무효가 된다(교회법 제1281조 제1항).
471) *CLD* 2, 447-448; Vromant, 260; Bouscaren-Ellis-Korth, 844.
472) *CLD* 1, 731; López Alarcón, in Pamplona ComEng, 803.

소유물을 양도한 후, 부가 비용이 발생하여 양도를 더 해야 할 필요성이 생긴다면, 전체 지출이 같은 목적에 의해 유합되며, 개별적으로 최저액에 못 미치더라도 부가적인 양도를 위해 필요한 허가를 얻어야 한다.[473]

교회법 제1292조의 이차적 관심사는 앞의 조문에서 "법 규범에 따른 관할권자의 허가"라고 언급한 부분을 상세히 설명하는 데 있다. 그러기 위해, 수도회에서 양도를 허가하는 관할 장상을 지정한 교회법 제638조 제3항의 조항을 우선 인정해야 한다. 그러면 교회법 제1292조 제1항은 교구장에 속하는 공법인(본당이나 특정 교구 재단)과 속하지 않는 공법인(지방 신학교나 대학 등 범교구 차원의 법인들)을 구별하게 된다. 후자에 대해 교회법 제1292조 제1항은 최저액을 초과하는 양도를 허가할 관할권자를 정관에 의해 임명한다. 교구장에 속하는 공법인에 대해 교회법 제1292조 제1항은 최저액을 초과하는 양도를 허가할 관할권자로서 교구의 재무평의회, 참사회 및 '이해 당사자들'(설립자, 기증자, 수익자 및 제안한 양도에 의해 권리에 영향을 받는 그 밖의 사람들)의 동의를 얻은 교구장으로 정한다. 최저액을 초과하는 교구의 고정 세습 재산을 교구장이 유효하게 양도하려면, 삼중의 동의가 필요하다.

교구장에 속하든 속하지 않든 어떠한 공법인이 (교회법 제1292조 제1항에 따라 주교회의가 정하거나, 교회법 제638조 제3항에 따라 성좌가 정한) 최고액을 초과하는 양도를 하려면, **최저액을 초과하는 양도를 위해 이미 요구**

---

473) Bouscaren-Ellis-Korth, 844-845.

되는 허가와 더불어 성좌의 허가가 요구된다. 성좌와 연관될 때, 관할성성은 축성생활회와 사도 생활단에 대해서는 수도회성이고[474], 그 밖에 대해서는 성직자성이다. "성직자성은 교회 재산의 정리와 특히 이 재산의 건전한 관리를 위하여 성좌 소관의 모든 것을 돌보며, 필요한 인가와 승인을 해 준다. 아울러 이 성은 성직자들의 생계와 사회적 보호에 힘쓴다."[475] 관련 성성에서는 요구되는 모든 자문이 이루어졌는지, 자세한 정보에 근거한 모든 필요한 동의를 얻었는지, 그 밖의 모든 절차상의 필요 조건들이 유효성과 합법성을 위해 충족되었는지의 여부를 알기 위해 특별한 주의를 기울인다. 제안된 양도의 근거에 대한 성성들의 주요 관심사는 주로 정당한 사유, 보상의 적절성, 재산을 양도하는 회의 지속적인 가톨릭적 정체성, 양도하는 공법인의 재정적 안정성에 끼칠 수 있는 잠재적인 영향을 들 수 있다.

예술적 또는 역사적 이유로 보배롭다고 여겨지거나 공법인(특정한 의미는 교회법 제1258조의 '교회'라는 단어와 일치한다)에게 서원으로써 기부된 사물을 교회법적으로 유효하게 양도하려면, 금전적 가치에 관계없이 성좌의 허가가 요구된다. 교회법 전통상 서원에 따라 기부된 사물은 종교 행위로서 서원이 가지는 거룩함을 공유하는 것이며, 이러한 이유로 성좌의 권한에 직접 속하는 것으로 오랫동안 간주되어 왔다. 중요한 유해나 큰 신심으로 공경하는 유해나 화상들을 양도할 수 있는 허가를 성좌

---

474) 요한 바오로 2세, 훈령 「착한목자」, 제98조.
475) 훈령 「착한목자」 제98조.

에 부여하는 데에는, 봉헌물에도 중요성을 부여하는 유추 개념이 바탕에 깔려 있다.[476]

관할권자의 허가가 없으면 무효로 하는 법 이외에도, 제한된 양도 행위의 유효성을 위해 부가적인 요건이 또 하나 있다. 재산이 분할될 수 있는 것일 경우, 즉 재산이 분할하여 양도할 수 있는 성질의 것일 경우 (문고, 회화 소장품, 분할된 토지로 나눌 수 있는 일대의 토지 등) 이 요건이 필요하다. 교회법 제1292조 제3항은 이전에 양도한 분할될 수 있는 재산의 부분을 표시하도록 요구하고 있다. 이러한 표시가 없으면 이후의 부분을 양도할 수 있는 허가가 무효화된다. 제3항의 무효 규정은 교회법 제63조 제1항에서 볼 수 있는 일반 규범을 상세화한 것이다. 입법자의 관심사는 적절한 교회 관할권자의 숙지와 승인 없이 귀중한 재산이 조금씩 소실되는 것을 방지하는 데 있다.

교회법 제1292조 제4항에서는 자문이나 동의를 해야 하는 이들이 관련된 법인의 전체적인 재정 상태와 법인의 고정 세습 재산을 이전에 양도한 것에 대하여 보고받기 전에는, 자문이나 동의를 표시하지 말아야 한다는 일반적인 지침을 규정한다. 법은 요식을 위해서(pro forma)가 아니라, 실질적으로 보고를 받고 숙고를 거친 후에 이루어지는 자문이나 동의를 추구하기 때문에 재무평의회, 참사회, 이해 당사자들, 교구장 및 성좌에 정확하고 철저한 보고를 하도록 요구한다. 제4항의 지침에서 제

---

476) 교회법 제1190조 참조.

안된 양도를 할 경우 명백하게 자문만을 언급하더라도, 보고 받은 후 하는 자문과 동의는 모든 자문의 경우에 유추하여 적용할 수 있는 건실한 관리의 원칙이다.[477)]

양도의 요건(제1293조)

【제1293조】
① 규정된 최저액을 초과하는 가치의 재산을 양도하려면 아래의 사항도 요구된다.
 1. 정당한 이유, 예컨대 긴급한 필요성이나 분명한 유익 또는 신심이나 애덕 또는 기타 중대한 사목적 이유.
 2. 감정인들이 서면으로 작성한 양도될 사물의 평가서.
② 교회의 손해를 피하기 위하여 합법적 권위자가 규정한 그 밖의 예방 조치도 지켜야 한다.

양도의 방법(제1294조)

【제1294조】
① 사물은 통상적으로 감정가보다 싸게 양도되지 말아야 한다.

---

477) 교회법 제127조 제3항 참조. T. Green, "*Shepherding the Patrimony of the Poor: Diocesan and Parish Structures of Financial Administration*", *J* 56 (1997) 712.

② 양도로 받은 돈은 교회의 유익을 위하여 신중히 투자되거나 혹은 양도한 목적에 따라 신중하게 지출되어야 한다.

제한된 양도 행위의 유효성을 위한 필요 요건 외에, 교회법은 그러한 행위의 합법성을 위한 필요 요건도 규정한다. 교회법 제1293조와 제1294조는 모두 그러한 다섯 가지의 필요 요건에 대해 말하고 있다. 정당한 이유, 감정인들의 평가서, 통상적인 감정가보다 싸게 양도되지 말 것, 수익의 제한적 사용, 합법적 권위자가 규정한 그 밖의 예방 조치 준수가 그것이다.

이 요건들을 따르지 않더라도 거래는 유효하지만[478], 교회법에 어긋나므로 준수하지 않으면, 결과적으로 끼친 손해에 대해 공법인에게 원상회복해야 하는 것은 물론 가능한 모든 배상을 해야 한다.[479]

이러한 필요 요건 중 첫 번째는 정당한 이유이다. 이것은 기본적으로 공법인의 수익이 양도될 고정 세습 재산의 부분적 상실보다 크다는 의미이다. 통상적으로 수익은 재무 조건에서 평가되어야 한다. 교회법 제1293조 제1항 제1호에는 정당한 이유로 신심, 애덕, 중대한 사목적 이유가 포함되어 있다. 후자의 예로는 가톨릭 병원 후원회의 부분으로 해당 지역 가톨릭계 의료 기관의 존립을 유지하고자 교회법적으로 자신이

---

478) 교회법 제1293조와 제1294조에서는 명시적으로 혹은 내재적으로 어떠한 규정도 유효성에 영향을 끼친다는 암시를 하지 않으므로, 결과적으로 영향이 없다(교회법 제10조 참조).
479) 교회법 제128조, 제1281조 제3항, 유추 조문인 교회법 제1289조와 제1296조 참조.

소유한 사물을 양도하는 것을 포함해 재속회와 제휴하는 형식을 들 수 있다. 이러한 경우 후원회는 금전적인 수익은 줄어드나 가톨릭적 현존을 효과적으로 유지할 수 있는 보장을 할 수 있을 뿐만 아니라 후원회가 애덕과 청빈을 증거한다는 데서 무형의 정당성을 찾을 수 있다.[480]

한편에서, 현재 종교적·교육적 혹은 애덕의 목적으로 사용되지 않기 때문에 세금을 많이 내야 하는 경우나 재산 유지 비용이 재산 자체에서 발생하는 수익을 초과하는 경우처럼 특정 부분의 재산에 대한 소유권을 양도하는 편이 낫다고 생각될 경우, 양도를 제한하는 법률은 적용되지 않기 때문에 필요한 허가를 받을 필요가 없거나, 양도 제한을 위해 필요한 다른 조건을 충족시키지 않아도 된다는 견해가 표명되어 혼란이 생겨 왔다.[481] 이러한 견해는 정당한 이유가 있으면 양도 제한의 종류에서 재산권의 이전을 제외한다고 가정하는 것 같다. 그러나 교회법 제1293조 제1항 제1호에서는 제한된 양도를 하기 위해서는 정당한 이유가 항상 필요하다는 점을 분명히 해 왔다. 이것은 자문단과 교회 권위자가 양도 제한을 하는 데 있어 추구해야 할 첫 번째 항목이다. 따라서 이는 자문을 생략하거나 허가를 얻어야 할 필요성을 무시하기 위한 정당성이 결코 될 수 없다. 양도는 부당한 재산권의 이전이 아니다. 양도는 항상 정당해야 한다. 그렇지 않으면 필요한 허가가 합법적으로 주어질

---

480) 교회법 제640조 참조.
481) Morrisey, *"The Conveyance of Ecclesiastical Goods"*, 130; idem, *"The Alienation of Temporal Goods in Contemporary Practice"*, 308.

수 없다.

교회법 제1293조 제1항 제2호는 합법적 양도를 위한 두 번째 필요 요건, 즉 감정인들이 서면으로 작성한 양도될 사물의 평가서를 규정한다. 본 호는 '감정인들'이라는 복수 형태를 사용함으로써 평가서를 적어도 두 명의 감정인에게서 받아야 한다는 점을 분명히 한다. 교회법의 의도는 관리자, 자문단, 이해 당사자, 교회 권위자의 판단이 양질의 자료와 자문에 기초해야 한다는 데 있다.[482] 금전적 수익이 없는 경우라도 위에서 언급한 대로 애덕이나 다른 무형의 이유에서 이루어지는 양도의 경우에서처럼, 제안된 양도의 적합성을 판단하는 근거를 형성하기 위해 감정인의 평가서를 얻어야 한다. 부동산이나 재산세personal property taxes 사정을 위한 정부의 재산 평가서(공지 시가)는 종종 구식이거나 현재의 시가市價와 일치하지 않으므로 이를 사용하는 데 신중해야 한다.

감정 평가appraisal를 받아야 하는 요건 때문에 최저 평가액을 밑도는 사물은 통상적으로 양도되어서는 안 된다는 상관적 규정이 발생한다. 그러나 명백히 애덕이나 다른 사목적 이유로 양도의 정당한 이유가 성립될 때마다, 감정 가격appraised value의 획득은 고려 대상이 되지 않는다. 따라서 양도할 재산이 양도 이후에도 비윤리적으로 사용되는 것을 배제하는 교회의 가치관은 감정가 이상의 가격을 제안한 비윤리적 구매자보다, 감정가보다 적은 가격을 제안했다고 하더라도 윤리적 '서약

---

482) 교회법 제1292조 제4항 해설 참조.

commitment'[483]을 하여 교회의 가치관과 일치하는 구매자에게 재산을 매각하도록 명한다. '통상적으로' 라는 단어를 교회법 제1294조 제1항에 삽입한 것은 이러한 점을 고려한 것이다.[484]

합법적으로 제한된 양도 행위를 위한 네 번째 필요 요건은 양도로 발생한 수익의 처분에 관한 것이다. 교회법 제1294조 제2항은 가령, 양도를 허가한 목적인 채무의 상환에 필요한 것 이상으로 양도가 이익을 가져오는 경우처럼, 수익이 양도의 목적에 넘칠 때 받은 돈을 공법인(교회법 제1258조에 따른 '교회' 의 특정 의미)의 고정 세습 재산의 형태로 재투자하도록 규정한다. 교회법은 공법인의 고정 세습 재산을 보호하기 위해 양도를 제한한다. 따라서 교회법 제1294조 제2항은 허가된 양도의 목적을 넘는 모든 수익금을 합법적으로 지정하여 고정 세습 재산으로 다시 반환하도록 하는 것이다.

제한된 양도 행위의 합법성을 위한 마지막 필요 요건은 특정한 시공간적 상황에서 합법적 권위자가 추가적 예방 조치를 제안할 수 있다는 가능성을 인정하고 있다. 교회법 제1293조 제2항은 이러한 모든 예방 조치를 지켜야 한다고 규정한다. 적절한 제안 가격을 얻기 위해 부동산 매각을 어느 정도 광고하도록 하거나[485], 장래의 분할금 지불을 보장하는 담보물을 요구하거나[486], 교회법상으로 무효가 될 경우 상응하는 일

---

483) 장래에 어떤 일을 하겠다는 서약 또는 약속, 확약으로 융자 회사가 장차 해 줄 저당부 융자의 특정 조건을 표시한 서약서를 융자 신청인에게 주는 것과 같은 일이다.
484) Comm 5 (1973) 100; 12 (1980) 426.
485) Aznar Gil, 411.

반 시민법상의 무효도 보장받기 위해 국가 서류에 무효 조항을 추가하도록 하는 것[487] 등은 그 밖의 예방 조치의 한 예가 된다. 이 조문에서 말하는 '합법적 권위자legitima auctoritate' 라는 용어는 교회법전을 통틀어 네 번 사용되는데[488], 그 의미는 교회법 제1293조 제2항 제3호에 비추어 설립자, 증여자, 관련 직권자로 여겨야 한다. 여기서 관련 직권자라 함은 교구 직권자와 수도회의 장상을 의미한다.

제한된 다른 거래(제1295조)

【제1295조】
법인의 정관도 부합하여야 하는 제1291조-제1294조의 규범에 따른 요건은 양도에서뿐 아니라 법인의 세습 재산 조건을 악화시킬 수 있는 모든 거래에서도 지켜져야 한다.

이 조문의 일차적 의도는 하위 규정에 표현된 공법인 정관과 교회법 제1291조-제1294조 규정의 일치를 요구하는 것이다. 이는 정관이 교회법 제1291조-제1294조의 규정을 포함하거나 그것들을 증명서에 통합해야 한다는 의미이다. 정관에 언급되어 있는지의 유무를 떠나 공법인은

---

486) Mantecón, in ComEx IV/1, 162.
487) Ibid., 163.
488) 교회법 제229조 제3항, 제761조, 제1284조 제2항 제3호, 제1293조.

교회법 제1291조-제1294조에 종속되므로, 다소 이상한 요건으로 보이긴 하나, 이 요건의 명시적 목적은 양도를 무효화할 수 있는 요건들 중 하나라도 충족되지 않으면, 시도하려는 양도는 교회법뿐만 아니라 일반 시민법으로도 무효가 된다는 점을 명확히 한 것이다.[489] 칭찬할 만한 이 의도는 교회법상 무효인 재산권의 이전이 일반 시민법상 유효하여, 재산이 불법적으로 양도된 공법인에게 중대한 문제를 발생시킬 경우를 만들지 않는다는 것이다.[490] 이러한 훌륭한 의도에도 불구하고, 이 바람직한 목적의 달성은 교회의 공법인 정관이 일반 시민법상 인가된다는 것을 전제하는데, 이는 미국을 포함한 많은 나라에서 입증되지 않는 전제이다. 이러한 나라에서는 교회법 제1291조-제1294조를 국가 문서(미국에서는 주로 법인 준칙이나 특정 요식의 신탁 협약서)와 관련된 증명서에 통합해야 한다. 증명서에 의한 이러한 통합을 통하여 법인이나 수도회(기관)를 상대하는 모든 인격체에게 일반 시민법상으로 구속력 있는 거래를 하기 위해서는, 일반 시민법뿐만 아니라 교회법상의 필요 요건(요식)도 충족해야 함을 통고하는 것이다. 공법인 정관을 승인할 책임이 있는 교회 관할권자는 정관이 교회법 제1291조-제1294조와 일치하고[491], 이러한 일치의 목적을 달성해야 할 필요가 있는 경우, 적절한 국가 문서와도 일치하도록 해야 할 의무를 갖는다.

---

489) *Comm* 12 (1980) 426.
490) 교회법 제1296조. Périsset, 215-216; De Paolis, De Bonis Ecclesiae, 107; idem, I Beni Temporali, 197.
491) 교회법 제117조 참조. Périsset, 216.

교회법 제1295조가 공법인뿐만 아니라 사법인에게도 적용된다는 견해가 있었지만[492], 지지할 수는 없는 듯하다. 교회법 제1257조 제2항은 달리 명백하게 규정되지 않는 한, 사법인이 제5권의 교회법에 종속되지 않는다는 점을 분명히 한다. 교회법 제1295조에는 사법인을 그 범위 안에 포함시키려는 의도가 명시적으로나 묵시적으로 전혀 표명되어 있지 않다. 게다가 교회법 제1291조-제1294조에서 찾아볼 수 있는 양도를 규정하는 규범은 공법인의 고정 세습 재산에만 적용된다는 점을 교회법 제1291조는 명백히 하고 있다. 그리고 교회법 제1295조의 주요 목적은 교회법 제1291조-제1294조를 양도가 아닌 거래에 적용하는 것이다. 이렇게 함으로써 교회법 제1295조와 마찬가지로 공법인에게만 제한된다는 점이 분명해진다. 교회법 제1291조와 일단을 이루는 이 조문은 공법인에게만 적용된다는 데 의심의 여지가 없지만, 교회법 제1295조에 없었던 수식어 '공(共, publica)'이 교회법 제1292조-제1294조에서도 역시 빠져 있다는 사실 또한 주목할 만하다. 명백하게 교회법 제1291조-제1294조를 언급하는 교회법 제1295조는 분명히 같은 일단의 부분인 듯하다. 이와 다르게 주장하는 것은 제5권에서 중추적 역할을 하는 공법인 재산과 사법인 재산 사이의 구분을 위한 토대를 실제적으로 훼손하는 것이다.[493]

교회법 제1295조의 두 번째 중요 의도는 양도 행위와 구별되는 것으

---

492) Aznar Gil, 427-429.
493) Mantecón, in Com Ex IV/1 167.

로서, 교회 생활에 있어 상당히 중요한 다른 종류의 금전 거래에 제한을 두는 데 있다. 교회법 제1295조는 공법인의 전체적인 경제적 안정을 위협하는 다양한 계약과 다른 금전 거래를 염두에 두고 있다. 교회법적 시각에서 경제적 안정은 고정 세습 재산, 즉 오랜 기간이나 불특정한 기간 동안 소유주가 가지도록 되어 있어 공법인의 재정적 장래가 달려 있는 재산에 근거한다.[494] 이것이 바로 교회법 제1295조에서 언급한 '세습 재산 조건'의 의미이다.

차용금의 상환을 보장하기 위해서 부동산의 한 구획을 저당 잡히거나 '개인 재산personal property'[495]의 귀중품을 담보로 하는 것은 교회법 제1295조에서 언급하는 거래의 예로 들 수 있다. 지역권, 허가증, 담보권, 구매권의 부여, 연금 지급 계약, 무담보 차용, 보증인 혹은 인수인으로서의 행위, 재산권을 보유하면서 사물에 대한 사용, 수익권을 이전하는 것, 담보는 없을지라도 채무를 발생시키는 것 등 또한 공법인의 경제적 안정을 위협하는 다양한 계약의 예가 된다. 그러나 이러한 열거는 공법인의 전체적인 세습 재산 조건에 끼치는 잠재적인 영향에 따라, 각각의 예가 교회법 제1295조에서 언급하는 거래가 될 수도 있고 그렇지 않을 수도 있다. 교회법 제1295조에 대한 적용은 관련된 위협의 정도와 공법인의 경제적 조건에 따라 상대적이라는 것을 기억해야 한다. 본당

---

494) 교회법 제1291조 해설 참조.
495) 동산이나 부동산이 아닌 일체의 재산을 말한다. 여기에는 자동차, 임차권, 가구, 유가 증권, 영업권 등이 있다.

의 장래 재정적 안정성을 위협할 정도로 저소득층 본당의 고정 세습 재산에 부담을 주는 채무도 부유한 지역 본당의 장래 안정성에는 거의 위협이 되지 않을 것이다. 저소득층 지역의 경우 이러한 내용의 거래를 하는 것은 교회법 제1295조의 거래가 될 것이다. 반면, 부유한 지역의 본당의 경우에는 그렇지 않을 것이다. 경제적 안정이 위태롭게 되는지의 여부는 전체적인 세습 재산의 총 가치(총액, total value)라는 시각에서 판단해야 한다.[496] 이것이 교회법 제1295조의 명백한 취지이다.

교회법 제1295조의 상대성에 대한 또 다른 예로, 현대 금융 거래에 있어서 저당을 예로 들 수 있다. 일반적인 인식과 달리 저당 계약이 항상 경제적 안정성을 위협하는 것은 아니다. 저당권 계약은 종종 조직의 재무 조건을 강화시키기도 한다. 건축이나 다른 비용을 유효한 잉여금으로 지불하는 대신, 공사 중인 건물이나 부동산의 한 구획을 차용에 대한 담보로 저당 잡힘으로써, 장기적인 성장률이 총 이자 납입금을 훨씬 초과하고 때로는 저당 잡힌 재산의 가치마저도 초과할 수 있고, 유효한 잉여금을 유가 증권에 투자할 수 있다. 때문에 이러한 방식으로 "타인의 돈을 사용하는 것"이 종종 더 유익하다고 생각했던 금융 자본의 사고가 자리매김하고 있다.

그래서 1917년도 법전 해설서를 쓸 당시 '저당권 설정mortgaging'[497] 및

---

496) López Alarcón, in Pamplona ComEng, 805.
497) 양도 저당 또는 저당권 증서란 첫째, 부채 상환을 담보하기 위해 부동산을 저당 잡히는 것이다. 차용인(담보 설정자)은 그 부동산을 보유하고 사용한다. 둘째, 융자금의 환불에 대한 담보물로서 부동산을 저당 잡히는 문서이다.

다른 자금 조달 방법은 미래의 재정을 위태롭게 하는 위험성 있는 투기라는 부정적인 시각이 강했으나, 오늘날은 건실하고 생산적인 재정 관리 방법 중 하나로 본다. 물론 특정한 상황에서는 금전적 가치가 있는 부동산의 한 구획을 저당 잡히는 것이 교구, 본당, 수도회 및 다른 공법인의 일반적인 경제 조건을 위태롭게 할 수도 있기 때문에 교회법 제1295조가 규정하는 거래의 종류에 속한다는 점은 사실이나, 현대 금융 거래에 있어서는 경우에 따라 이러한 거래를 택할 수도 있다는 게 사실이다.

1983년도 법전의 많은 해설가들이 1917년도 법전에서는 위험하다고 간주한 법전 이전의 거래 목록인 백지 위임장carte blanche을 채택하고, 현대 재무의 진화론적 성격과 '세습 재산 조건'을 보호하기 위해서 추구하는 법 규범의 '고유적 상대성inherent relativity'[498]을 무시한 채, 이러한 거래들이 항상 모든 공법인의 장래 경제를 위협한다고 가정하는 것은 이해할 수 없는 일이다. 20세기 초 금융 산업에 있어 위태롭다고 여긴 거래가 오늘날의 경우에 있어서도 위험할 것이라고 가정하는 것은 재무적으로 고지식한 만큼 교회법상으로도 세련되지 않은 일이다.

다수의 현대 해설가들이 개별적인 양도 저당, '동산 담보pledging'[499], 임대나 차용 거래 행위가 세습 재산 조건을 항상 위태롭게 하기 때문에, 교회법 제1295조에 따라 양도 행위를 규정하는 규범에 언제나 종속된

---

498) 상대성이란 앞에서도 언급한 바와 같이, 경제적 격차에 따라 가난한 법인에게는 특별 관리 행위가 부유한 법인에게는 통상적 관리 행위가 되는 것을 의미한다. 즉, 소득 격차에 따라 상대성이 유발된다.
499) 채무자가 채무의 담보 조로 자신의 동산을 채권자에게 예치하는 것이다.

다고 보는 유권적 근거로 「목자의 임무Pastorale munus」를 인용하는 것 또한 놀랍다.[500] 1963년 바오로 6세가 국가 혹은 지역 주교회의에 의해서 결정되고 성좌에 의해 승인되어야 할 액수까지 허가하는 권한을 '정주 주교'[501]에게 줄 당시, 양도와 더불어 이러한 거래를 열거한 사실이 있다.[502] 그렇다고 해서 바오로 6세가 이러한 개별 거래가 각각의 모든 경우에 전체적인 재정 조건을 위태롭게 하기 때문에, 1917년도 법전의 교회법 제1533조에 따라 양도를 규정하는 규범에 종속된다고 간주한 것은 아니었다.[503] 1983년도 법전과 달리 1917년도 법전에는 교회법 제1533조 외에 저당[504], 서약[505], 임대[506], 차용 계약[507] 등의 개별 행위에 대한 독립된 제한 규정들이 포함되어 있었다. 각각의 규정들은 재산 가치에 따라 허가를 얻어야 하는데, 이는 양도 행위 시 허가를 주는 같은 교회 권한자에 의한 것이어야 한다. 「목자의 임무」는 양쪽 모두 사전 허가를 얻어야 한다는 이유에서 양도 행위와 위의 행위들을 동일하다고 보았다.

---

500) López Alarcón, in *Pamplona ComEng*, 804-805; Mantecón, in *Com Ex* IV/1, 166; De Paolis, *De Bonis Ecclesiae*, 107; F. Salerno, in *Urbaniana Com*, 737.
501) '정주 주교'란 1917년도 교회법전에서 열 번 정도 언급된 용어로, 1917년도 교회법 제240조 제1항에서 "정주 주교는 자기의 교구에서 통치한다."라고 규정한다. 따라서 현 교회법전의 개념으로 말하면 '교구장 주교'를 의미한다.
502) 자의교서 I: "정주 주교에 정당하게 속하는 권한…. 32. 합법적인 이유로 양도, 서약, 저당, 임대 혹은 영구적으로 교회 재산을 임대하고 교회 법인이 국가 혹은 지역 주교회의가 정하고 성좌가 승인하는 액수의 차용을 계약하도록 하는 허가를 주는 것."
503) 현 법전의 교회법 제1295조의 구 조문.
504) 1917년도 교회법 제1538조.
505) 1917년도 교회법 제1530조.
506) 1917년도 교회법 제1541조, 제1542조.
507) 1917년도 교회법 제1538조.

이는 저당, 서약, 임대, 차용 계약 등의 행위가 항상 1917년도 법전의 교회법 제1533조의 일반 규정에 종속되기 때문이 아니라, 각각의 경우에 같거나 유사 허가를 요구하는 다른 조문의 특별 규제에 종속되기 때문이다. 1983년도 법전에서 저당, 서약, 차용에 관한 개별 규정의 삭제와 임대에 관한 전반적인 규율의 변화는, 그러한 거래가 전적으로 다른 법률적 지위를 가지도록 했다. 전통적으로 경제 조건을 항상 위태롭게 한다고 분류되었던 많은 거래처럼, 이 거래들은 일상적이지 않고 재정적으로 중요성을 띠기 때문에 특별 재산 관리 행위에 대한 규제 규범에 종속되므로[508], 1983년도 법전에서는 특별 재산 관리 행위로 분류될 수 있다. 그러나 이러한 행위가 현실적으로 공법인의 일반적인 세습 재산 조건을 악화시키지 않는 한, 교회법 제1295조의 거래 차원까지는 이르지 않는다.

 1983년도 법전의 틀 안에서 보면, 교회법 제1295조의 거래들은 좀 더 중요한 특별 재산 관리 행위로서, 교회법 제1277조에서 언급하고 특별히 규정한 조금 더 중요한 통상적 재산 관리 행위와 유사하다. 교회법 제1277조를 추상적으로가 아니라, 각 교구의 재정 조건에 비추어 정해야 하듯이, 거래 또한 관련 공법인의 전체적인 재무 조건에 끼칠 영향을 고려하지 않는다면, 좀 더 중요한 특별 재산 관리 행위 중 하나, 즉 교회법 제1295조에 해당하는 거래로 정해서는 안 된다. 순전히 이론적으로 손해를 끼칠 가능성이 있다는 것만으로는 이유가 충분하지 않다. 제안

---

508) 교회법 제1277조, 제1281조.

된 거래에 대한 구체적인 검토를 바탕으로 공법인의 경제적 안정을 악화시킬 현실적 위험이 존재해야 한다.[509] 교회법 제1295조가 모든 비일상적인 재무 거래를 그것이 속한 경제적 배경을 고려하지 않고, 교회법 제1291조-제1294조의 필요 요건에 종속하는 것으로 제한한다고 가정하는 것은, 모든 특별 재산 관리 행위 또한 사실상 ipso facto 교회법 제1295조의 거래라는 의미가 된다. 이것은 특별 재산 관리 행위를 규정하는 규범을 불필요하게 만들며, 이러한 행위와 교회법 제1295조의 거래, 양도 사이의 구분을 모호하게 만드는 해석이다.

따라서 교회법 제1295조의 거래가 양도를 규정하는 같은 규범에 종속되지만, 이 조문의 표현은 교회법 제1295조의 거래는 양도 행위가 아니라는 점을 명백히 한다. 이는 또한 일부 경우에 있어서 교회법 제1295조가 어떤 양식의 책무나 조건이 붙은 봉헌금의 승낙에 적용될 수 있는 가능성을 인정하는 교회법 제1267조 제2항에서 명백해진다. 이러한 경우 교회법 제1295조는 양도 행위와 전혀 다른 문제인 재산 취득 행위에 적용된다. "넓은 의미의 양도"에서 많은 저술자들이 그러했듯이, 교회법 제1295조의 거래에 대한 언급에서도 명료함과 교회법적 정확성이 성취되지 못했다.[510]

양도는 재산권의 이전이다.[511] 양도 행위는 공법인이 소유한 고정 세

---

509) Schouppe, 136.
510) 필자의 견해와 더불어 몇몇 저술가들의 간략한 견해는 다음 자료에서 찾을 수 있다. De Paolis, *I Beni Temporali*, 212-221.

습 재산을 매각이나 증여를 통해 감소시키거나, 혹은 합법적인 지정으로 고정 세습 재산의 일부가 될 사물을 한 사물과 교환한 경우에는 공법인이 소유한 고정 세습 재산의 정체를 바꾼다. 반면, 교회법 제1295조의 거래는 공법인이 소유한 고정 세습 재산의 양과 정체를 유지한다. 그럼에도 불구하고 재산의 장래 재무 안정성에 대한 위험을 수반한다. 양도를 제한하는 법의 초점이 주로 매각이나 증여 혹은 교환할 것으로 제안된 특정 사물에 있는 반면, 교회법 제1295조의 거래를 제한하는 법의 초점은 거래의 주제가 되는 특정 사물에 주로 있는 것이 아니라 공법인의 '조건', 즉 전체적으로 거래가 공법인의 장래 재무 안정성을 위태롭게 할 잠재성에 있다. 재무 안정성의 보호는 고정 세습 재산의 목적이다. 양도 행위는 소유권의 이전을 포함하기 때문에 인식하기 쉽다. 교회법 제1295조의 거래는 선뜻 확인하기가 그만큼 쉽지 않은데, 이는 거래가 아주 다양한 행동 중 하나가 될 수 있으며, 각각의 경우에 그 종류가 관련 공법인의 전체적인 세습 재산 조건을 위험하게 하는 정도에 따라 다르기 때문이다. 각 공법인의 세습 재산 조건에 비추어 신중하게 작성하고 정기적으로 갱신되는 정관이 만들어진다면 교회법 제1295조에 해당하는 거래인지 판단하는 책임을 완수해야 하는 관리자에게 도움을 줄 수 있다. 이러한 정관은 제안된 재정 거래가 공법인의 전체적인 재정 안정과 장래의 안녕을 언제 위태롭게 할 것인지 판단할 구체적인 기준을

---

511) 교회법 제1291조 참조.

제공한다. 이러한 기준은 보편법이나 개별법조차도 제공할 수 없다. 복잡한 현대의 재무는 이러한 기준을 제외한다. 과거의 법률적 정확성이나 확실성을 문제 삼지 않는 교회법 제1295조에 대한 고유의 상대성은 현 재무계에서 교회 관리자가 교회 재산을 관리하는 데 필요한 융통성과 다양성을 제공한다.

1983년도 법전에서 교회 재산 관리는 다섯 가지 종류 중 하나에 해당한다. 통상적 재산 관리 행위, 더 중요한 통상적 재산 관리[512], 특별 재산 관리 행위[513], 양도 행위[514], 그리고 공법인의 전체적인 경제 조건을 위태롭게 할 수 있기 때문에 더 중요한 특별 재산 관리 행위에 해당한다. 각각의 범주에는 뚜렷한 특징이 있으며 독자적인 교회법 규범에 의해 규정된다. 교회 재산 관리를 맡은 사람은 다양한 범주와 각각의 뚜렷한 특징, 그것들을 규정하는 규범들을 잘 알고 있어야 한다. 관리 의무를 충실히 수행하기 위해 이러한 숙지는 필수 요건이다.

불법적 양도(제1296조)

【제1296조】
교회 재산이 교회법상의 합당한 요식 행위 없이 양도되었으나 그

---

512) 교회법 제1277조.
513) 교회법 제1277조, 제1281조.
514) 교회법 제1291조-제1294조.

양도가 국법상으로는 유효한 경우, 관할권자는 모든 상황을 깊이 숙고한 다음 교회의 권리를 옹호하기 위하여 누가 누구를 상대로 어떤 소권, 즉 인적 소권이나 물적 소권을 행사할 것인지의 여부를 결정할 소임이 있다.

이 조문은 교회 관할권자로부터 필요한 허가를 얻지 않았거나 자문하도록 권한을 받은 이들의 동의를 얻지 않았기 때문에, 혹은 이전에 양도한 분할될 수 있는 재산의 부분을 표시하지 않아, 일반 시민법상으로 유효한 재산권의 이전이 교회법상 무효가 되는 경우에 대해 언급하고 있다. 이것들은 제한된 양도 행위를 무효화하는 요건들이며, '교회법상의 합당한 요식 행위solemnitates'가 의미하는 바이기도 하다.[515] 교회법 제1296조는 양도에 대해서만 언급하고 교회법 제1295조의 거래들은 포함하지 않는데, 이는 교회법 스스로가 제1295조는 양도가 아니라는 점을 분명히 하는 것이다.[516] 그러나 교회법 제1296조에서 언급하는 교정 소권corrective action 가능성은 교회법 제1295조의 많은 거래에도 유사하게 적용될 수 있다.

일반 시민법상 유효하나 교회법상 무효한 경우 교회법 제1296조는

---

515) 앞의 조문에서는 교회법 제1291조-제1294조의 '요건requisita'에 대해 조금 더 포괄적으로 언급함으로써, 무효시키는 요식 행위뿐만 아니라 합법성을 위한 시효도 포함한다. 이 점에 있어서 현 교회법전 교회법 제1295조의 전신 조문인 구 교회법전 교회법 제1533조와, 현 교회법전 교회법 제1296조의 전신 조문인 구 교회법전 교회법 제1534조에서 solemnitates라는 용어를 다소 부정확하게 사용했다.
516) 교회법 제1295조 해설 참조.

일반 시민법상 재산이 양도된 '공법인'[517]의 교회법상 권리를 옹호하기 위하여 소권을 행사해야 하는지, 만약 그렇다면 '물적 소권'[518]인지 인적 소권인지, 누가 누구를 상대로 행사해야 하는지 결정하도록 요구한다. 이 조문은 모든 상황을 깊이 숙고하여 교정 소권을 명하는 것을 삼간다. 일반 시민법에 따라 소유권이 유효하게 이전된 재산을 회복하려는 시도는 양수인이 교회법의 권한을 인정하는 경우에만 가능할 듯하다. 그리고 다른 많은 경우와 마찬가지로 이 경우마저도 그러한 시도를 함으로써 교회에 대해 악감정을 가지게 할 수 있다. 게다가 때때로 교회법상 무효한 양도는 사실상 경제적으로 유익할 수 있기 때문에, 다시 취소하기 위한 어떠한 조치도 취할 필요가 없다. 특정 상황에서는 어떠한 소권도 행사하지 않고 시효의 경과에 따라 교회법적인 상황이 회복되도록 하는 편이 더 신중할 수도 있다.[519]

교회법 제1296조에서 언급한 관할권자가 양도를 위해 필요한 허가를 주는 권한자라는 견해가 있어 왔다.[520] 하지만 교정 소권에 관한 결정 과정에 여러 권한자, 자문단, 이해 당사자들이 포함될 수 있기 때문에, 교

---

517) 교회법 제1258조에 따른 '교회'의 특정 의미.
518) 물적 소권은 예를 들어, 무효하게 양도된 재산의 소유권을 회복하기 위한 소권으로 사물res, 특정 재산을 그 목적으로 한다. 인적 소권은 예를 들어, 공법인의 사물을 불법으로 양도한 관리자에게 손해배상을 청구하는 소권으로 손해 배상 청구를 하는 대상인을 목적으로 한다.
519) 교회법 제1268조-제1270조 해설 참조. 교회법상 무효한 양도는 주로 교회 관할권자에 의해서 회복될 수 없다. 왜냐하면 소급적 유효화Sanatio는 교회법상 무효가 되는 이유 중에서 자문 기관이나 개인적 동의의 부재를 채워 줄 수 없기 때문이다.
520) Myers, in *CLSA Com*, 882.

회법상 무효한 양도를 한 책임이 있는 사람의 교회법상 장상이 교정 소권에 대한 결정을 하는 편이 더 적절해 보인다. 무효하게 양도된 재산을 회복하거나, 일반 시민법상의 재산권을 불법으로 이전한 사람에게서 손해배상을 받기 위한 행정 기관이나 사법적 절차를 밟을지의 여부는, 초기 제한된 양도 행위를 허가하는 데 참여한 복잡한 권한 구조를 포함시키기보다,[521] 모든 관련 상황을 평가하는 위치에 있는 지역 관할권자의 판단에 맡기는 것이 가장 좋을 듯하다. 좀 더 최근에 공표된 동방 교회 법전의 병행 조문에서도 이러한 해석을 확실히 하고 있다.

"교회 재산이 교회법 규정에 어긋나게 양도되었으나 일반 시민법상 유효한 모든 경우, 상황을 깊이 숙고한 다음, 그러한 양도를 수행한 사람의 상급 관할권자가 교회의 권리를 옹호하기 위해 소권 행사 여부와 소권의 종류, 누가 누구를 상대로 소권을 행사해야 할지를 결정한다."[522]

임대(제1297조)

【제1297조】
주교회의는 지역 사정을 참작하여 교회 재산의 임대에 대하여 특별히 교회 관할자로부터 받아야 할 허가에 대하여 규범을 정할 소

---

521) 교구의 재무평의회, 참사회 및 '이해 당사자들' (설립자, 기증자, 수익자 및 제안한 양도에 의해 권리에 영향을 받는 그 밖의 사람들을 의미한다).
522) 동방 가톨릭 교회법 제1040조.

임이 있다.

교회법전 제5권의 어느 부분에서도 교회 재산 임대에 관한 부분보다 보조성의 원칙이 더 완전히 적용된 곳은 없을 것이다. 교회법 제1297조는 사실상 전체 사안을 주교회의가 제정한 규범에 적용한다. 물론 임대는 계약이기 때문에, 일반 시민법의 특별 규정이 하느님의 법이나 교회법에 반대되지 않으면 계약에 관한 일반 시민법에 의해 규정된다.[523] 교회 재산을 그들의 관리자나 가족 구성원에게 임대하지 못하도록 하는 교회법 제1298조를 제외하면, 교회법 제1297조 외에 임대에 대해 특별히 적용할 수 있는 법이 법전에는 없다. 교회법 제1297조는 국법(일반 시민법)을 교회법으로 준용하는 예외를 직접 제정하지 않고, 일반 시민법에 포함된 규정을 보완하기 위해 주교회의가 규범을 제정하도록 요구할 뿐이다.

임대는 재산권의 이전이 없기 때문에 양도가 아니다.[524] 공법인의 전체적인 재무 조건을 위태롭게 할 수 있기 때문에 일부 장기 임대는 교회법 제1297조가 없으면, 교회법 제1295조의 거래가 될 수 있다.[525] 그러나 교회법 제1297조의 취지는, 지역 상황에 비추어 주교회의가 정한 규제

---

523) 교회법 제1290조 해설 참조.
524) 교회법 제1291조 해설 참조.
525) 예를 들어 장기간 고정 세습 재산의 상당 부분을 사용하지 않거나, 장기 임차인에 의해 고정 세습 재산이 누진적으로 소실되게 하거나, 분별없는 장기 임대 조건에 묶여 인플레이션으로 부동산 가치가 떨어지는 경제적 손실을 입게 하는 것을 들 수 있다.

규범에서 찾을 수 있는 개별 규범에 임대를 종속시킴으로써 교회법 제1295조의 범위에서 임대를 다루는 것이다. 임대에 관한 전체 사안을 주교회의에 위임하는 것은, 교회 관할권자로부터 받아야 할 허가에 관한 주교회의의 규범에 대한 조문의 명시적 언급에서 분명해진다. 종류가 다르거나 금전 가치가 다른 임대를 위한 허가를 줄 수 있는 관할권자를 임명하는 것은 각 주교회의의 몫이다. 유효성이나 단순히 합법성을 위해 허가가 필요한지 결정하는 것 또한 주교회의의 몫이다.[526]

임대는 1917년도 법전에서도 따로 다루어 장황하고 복잡한 교회법에 의해 규정되었다.[527] 이것은 이른바 '넓은 의미에서의 양도'의 범주로 임대를 이전시키는 효과가 있다고 해설가들이 일반적인 결론을 내렸다.[528] 임대를 따로 다루는 전통을 이어받아 1983년도 법전은 지역 사정, 경제, 일반 시민법의 영향을 상당히 많이 받는 임대에 대한 보편 입법을 제정하도록 권장할 수 없다고 인정함으로써 사안을 단순화시켰다.[529] 양 법전에서 임대를 따로 다루었는데 명확한 별도의 취급 때문에, 양도를 규정하는 규범을 적용하기 위해 임대가 세습 재산을 위태롭게 하는 거

---

526) 허가는 통상적으로 합법성을 위해서만 필요하다. 그러나 두 경우, 즉 제한된 양도 행위(와 양도를 규정하는 규범에 종속되는 다른 거래), 비자치 신심 기금의 승낙의 경우 법전은 유효성을 위해 허가를 요구한다.
527) 1917년도 교회법 제1541조. 이 조문에는 최고 입찰자에게 임대, 임대한 재산의 보호, 재산 관리, 임대료 지불, 모든 조건의 이행에 대한 보증, 그리고 재산의 가치와 임대료, 임대 기간에 따라 필요한 다양한 수준의 허가 등에 관한 상세한 규정이 포함되어 있다.
528) 교회법 제1291조, 제1295조 해설 참조. Cappello, 2:582; Vermeersch-Creusen, 2:594.
529) *Comm* 5 (1973) 101; 9 (1977) 272; De Paolis, *I Beni Temporali*, 195; Aznar Gil, 433; Mantecón, in ComEx IV/1, 170-171.

래 중에 포함되어서는 안 된다는 1917년도 법전의 주도적 해설가들의 의견에도 불구하고, 1983년도 법전의 몇몇 해설가들은 납득이 가지 않게 자신들이 교회법 제1295조의 거래라고 이해한 것 가운데 임대를 포함시킨다. 그럼으로써 적어도 일부 임대를, 양도를 규정하는 교회법 제1291조-제1294조 규범에 종속시키고 있다.

한국 천주교 주교회의는 교회법 제1297조에 대한 교회 재산의 임대에 대하여 교회 관할권자에게 허가를 받기 위한 규정을 아래와 같이 정하고 있다.

① 임대에 대한 서면 허가를 매번 교구장에게 받아야 한다.
② 교구장이 임대를 허가하려면 재무평의회와 참사회의 의견을 들어야 한다.
③ 임대 계약 문서가 작성되어야 하고 민법상 유효한 계약 조건을 지켜야 한다.[530]

주교회의는 공법인에 속하는 재산 임대에 대한 규범을 주교회의 지역에 걸쳐 제정해야 하는 임무가 있지만, 아마도 현실적인 여건을 감안하여 교구장에 의한 교구 재산의 임대에 대한 규범만을 공표한 것 같다. 관리자와 그의 가족들에게 임대를 금지하는 교회법 제1298조와, 교회법원에서 반대되는 일반 시민법상의 요건에 관계없이 증인만으로 어떠한

---

530) 교회법 제1297조 한국 교회의 교회법 보완 규정.

양도에 대한 증거를 하도록 허가하는 교회법 제1547조를 제외하면[531], 현재 우리나라에서 대부분의 교회 공법인을 위한 교회 재산의 임대와 관련된 문제는 일반 시민법으로만 규정된다. 이것은 수도회, 관구, 수도원에 의한 임대도 마찬가지다. 이들은 모두 교회법전 제5권의 규정으로 규제되나, 다만 명시적으로 달리 규정되어 있다면 그러하지 아니한다.[532] 수도회에 의한 임대에 대해서는 개별 규정이 없다. 우리나라 주교회의가 제정한 교회법 규범이 없으면, 임대 관련 규정들은 물론 수도회의 고유법이나 그 밖의 법인 정관에 포함될 수 있다.[533] 하지만 교회법 제1297조를 실제적으로 실행한 예가 계속 없었기 때문에 이러한 법률이 중요하지 않다는 오해가 생겨날 수 있는데, 이러한 인식을 바로잡지 않고 오래 두면 극복하기 어려울 수 있다.[534]

친인척(제1298조)

【제1298조】
교회 재산은 관할권자의 특별한 서면 허가 없이는 그 재산의 관리자들 본인들이나 그들의 혈족이나 인척의 4촌까지의 친족에게 매

---

531) 교회법 제1290조 해설 참조.
532) 교회법 제635조 제1항 참조.
533) 동방교회 교회법전에는 교회 재산의 임대를 다루는 규정이 포함되어 있지 않다.
534) F. Morrisey, *"Leasing of Goods"*, in CLSA *Advisory Opinions 1984-1993*, ed. P. Cogan (Washington, D. C.: CLSA, 1995) 421 참조.

각되거나 임대되지 말아야 한다. 다만 그 사물이 보잘것없는 것이 면 그러하지 아니하다.

이 조문의 의도는 자명하다.[535] 이것은 공법인 관리자들뿐만 아니라, 모든 교회 관리자들의 일반적 의무를 단순히 상세화한 것이다. 봉사하도록 임명된 관리자들의 의무는 항상 법인(단체)의 최대 이익을 위하여 행동하고, 이기적인 동기에 마음을 두지 말며 이해관계로 인해 갈등이 생기려는 조짐이 있으면 피하고, 재무 문제에 있어서 교회는 돈보다 더 많은 것을 잃을 수 있다는 사실을 자각하고 있어야 한다. 관리자들의 타협하지 않는 정직이 없으면, 교회는 신뢰성을 상실할 수 있으며, 신뢰성이 없는 증거는 가치가 없다.

사실 교회 재산은 '교회의 목적'과 일치해야 하며, 이러한 틀 안에서만 교회 재산의 세습에 대하여 말할 수 있다. 수 세기 동안 교회의 목적은 교회 재산 소유권(재산권, dominium)[536]의 주체에 대해 문제를 제기하지 않았고, 모든 것이 재산을 소유했던 주체보다는 오히려 목적에 의해서 결정되었을 정도로 목적만이 중요하게 여겨졌다. 그러나 교회법 안에서 소유권의 주체, 교회 재산의 친인척 임대와 매각 금지에 대한 문제는 다소 늦게 제기되었는데, 이는 교회사에서 보여 주듯 특별한 소수의 횡령자들로부터 교회 재산을 안전하게 보호하기 위하여 제기되었다.

---

535) 혈족과 인척의 정도에 대한 결정은 교회법 제108조, 제109조 참조.
536) dominium에 대한 설명은 교회법 제1256조의 해설을 참조하라.

즉, 교회 재산법은 교회 재산이 교회의 목적에 맞게 운영되도록 하나의 안전망을 구축하기 위해 입안된 것이다.

제5부
신심 의사 총칙 및 신심 기금

[제1299조-제1310조]

Cause pie, fondazione pie
(causae piae, fundationes piae)

제4장 신심 의사 총칙 및 신심 기금은 교회의 임무를 돕기 위해 재산을 증여하는 사람들이 공표한 의사를 충실히 따르려는 교회의 방침을 명백히 밝히고 있다. 증여자들이 가진 자연권을 확언하고 이러한 문제에 있어서 일반 시민법으로부터 독립한다는 교회의 주장을 반영한 후,[537] 본 장의 조문들은 증여자들의 의사를 엄격히 이행하고[538], 직권자들에게 특히, '신탁'[539]과 '기금'[540]을 감독하며[541], 장기간 이행해야 할 임무를 잊지 않도록 하는 것[542], 교회 직권자가 증여자들의 지정된 의사를 변경하기 위해서는 필요한 엄격한 조건을 수행할 것을 요구한다.[543] 본 장의 교회법을 통틀어 서로 긴밀한 관련이 있는 것은 신심 목적, 신심 의사, 신심 신탁 및 두 종류의 신심 기금인데, 이는 제5권의 선행 장들에서 언급되지는 않았으나, 앞선 장들에 고루 영향을 미치며, 교회법 규범들을 완전히 이해하는 데 필수적인 개념이기도 하다.

---

537) 교회법 제1299조.
538) 교회법 제1300조.
539) 교회법 제1302조.
540) 교회법 제1303조-제1305조.
541) 교회법 제1301조.
542) 교회법 제1306조-제1307조.
543) 교회법 제1308조-제1310조.

1장 신심 의사

1. 신심 의사에 대한 정의

신심 의사는 신심 목적으로 생전행위生前行爲나 사인행위死因行爲를 통해서만 자기 재산을 처리하는 것이다. 교회적 성격의 목적 때문에 전통적으로 '신심 목적causae piae'이라고 일컫는다. 여러 의미가 긴밀하게 연결되어 부여된 '신심 목적'이라는 용어는 종교 또는 애덕 사업을 수행토록 하는 초자연적 성격의 이유들이나, 이의 실현을 지향하는 사업 자체, 그러한 활동을 의도하는 기관들을 가리키는 말이다. 즉 '신심 목적'이란 초자연적인 동기로 행한 시도(노력)라는 의미이다.[544] 이러한 노력 가운데 경배 행위, 복음 설교나 그리스도인의 완덕 추구와 같은 시도는 그 자체의 성격으로 알 수 있다.

자연법과 교회법으로 자기 재산을 자유로이 처리할 수 있는 자는 재

---

544) De Paolis, *I Beni Temporali*, 224; idem, *De Bonis Ecclesiae*, 109-110. Vromant, 137; Bouscaren-Ellis-Korth, 821; J. Abbo and J. Hannan, *The Sacred Canons* (St. Louis: B. Herder, 1960) 2:720, n. 45 또한 참조.

산을 유증할 수 있다.[545] 따라서 여기서 말하는 모든 주체는, 가령 수도회에서 발원한 청빈 서원에서 생기는 제한에 구속되는 주체가 아니라[546], 의사결정 능력이 있는 주체를 말한다.[547]

신심 의사의 형식에 대해서는 구분할 필요가 있다. 생전 행위에서(증여) 교회법으로 동일한 효과를 가지는 일반 시민법의 규정들을 준수해야 한다.[548] 그러나 유언자의 사후에만 효과를 가지는 행위에 대한 일반 시민법의 준수는 가능한 단순하게 권고된다.[549]

2. 신심 의사의 이행

교회법 제1267조 제3항은 "특정한 목적을 위하여 신자들이 바친 봉헌금은 오직 그 목적대로만 사용될 수 있다."는 일반적인 원칙을 인정한다. 신심 의사와 관련된 교회법 규정이 무엇보다도 먼저 합법적으로 받아들여진 이 재산이 본인이 정한 그 재산의 관리와 사용 방식에 지극히 충실하도록 이행되게 하라고 제시한 것은 놀랄 만한 일이 아니다.[550]

---

545) 교회법 제1299조 제1항.
546) 교회법 제668조.
547) 법률 행위에 관해서는 교회법 제124조-제126조를 보라.
548) 교회법 제1290조.
549) 교회법 제1299조 제2항.
550) 교회법 제1300조.

3. 직권자의 역할

신심 의사의 이행을 보증할 임무에 대해 교회법은 '모든 신심 의사의 집행자' 로서의 자격을 직권자에게 위임한다.[551] 그러나 누구도 유언자가 다른 집행자를 지명하는 것을 막을 수 없다. 그러한 경우 직권자는 신심 의사의 이행 방식에 대하여 방문하면서까지 감독할 권리와 의무를 수행하고, 그에게 제출해야 하는 관련 결산 보고를 살피면서 간접적으로 자기의 역할을 수행한다.[552] 신심 의사가 충실히 이행되지 않을 위험은 유언자 자신이 '신뢰하는 사람(신탁인)'[553]에게 재산을 관리하고 정해진 목적에 사용하도록 재산을 이전할 때 이루어지는 신용 대체 또는 신용 증서에서 특히 문제가 된다. 결과적으로 교회법 입법자는 신탁인의 행위에 관하여 설득력 있는 감독을 규정하는 것에 큰 관심을 두었다.

---

551) 교회법 제1301조 제1항.
552) 교회법 제1302조 제2항.
553) 법률상 자신이 대리하는 사람을 위해서만 행위할 것이 요구되며, 그 타인의 재산에 관해서 대리권과 신뢰관계를 갖는 자, 예를 들어 대리인agent, 유언 집행자executor, 관리자administrator, 수탁자 trustee, 후견인guardian 및 법인法人의 임원 등은 모두 수탁자에 속한다. 이들은 거래 당사자들이 타인과의 거래에서 순전히 개인적 이익만을 자유로이 추구하는 일상적인 사업 관계에 있는 사람들과 구별된다. 한국의 신탁법(1961년 12월 30일에 제정된 법률 제900호)에 따르면, 신탁은 계약 또는 유언으로 설정되며, 수탁자는 신탁 재산의 이전을 받고 이를 신탁 행위(대부분 신탁 계약)에서 정해진 바에 따라서, 자기의 명의로 그러나 자기의 고유 재산 또는 다른 신탁 재산과 구별하여 관리·처분하고, 그 이익을 일정한 자(수익자)에게 귀속시키든가 공익 사업을 영위한다. 미성년자, 금치산자, 한정치산자, 파산자는 수탁자가 될 수 없으며, 수탁자가 사망하거나 파산, 금치산, 한정치산의 선고를 받은 경우에는 그 임무가 종료한다(제10조-제11조). 수탁자는 정당한 이유가 있는 경우 이외에는, 신탁 행위에 특별한 정함이 없는 한 수익자와 위탁자의 승낙 없이 그 임무를 사임할 수 없다(제13조). 수탁자가 그 임무에 위반하거나 기타 중요한 사유가 있는 경우에는 법원은 위탁자, 그 상속인 또는 수익자의 청구에 의하여 수탁자를 해임할 수 있다(제15조).

사실 이것은 수령한 동산 및 부동산 재산과 이와 관련된 책무들을 구체적으로 명시함과 동시에 임무를 맡은 직권자에게 알려야 한다. 교회법 제1301조에서 이미 규정한 바와 같이[554], 직권자는 "신탁 재산이 안전하게 투자되도록 요구하고 신심 의사의 집행에 관하여 감독할" 의무를 가진다.

교회법은 직권자의 집행이 유언자의 의사에 의해서 장애가 될 수 있음을 용인할 만큼 직권자의 이 역할을 대단히 중요하고, 본질적인 것으로 여긴다. 사실 교회법 제1301조 제3항은 직권자의 권리에 반대되는 신심 의사의 단서 조건이 유언에 첨부되면 첨부되지 않은 것으로 간주되어야 한다고 덧붙이고, 교회법 제1302조 제1항은 기증자가 직권자에게 알리는 것을 명시적 · 전적으로 금하면 신탁인이 이 임무를 맡지 않도록 한다.

일견 이 규정은 엄격하게 보일 수 있지만, 반대로 직권자의 개입은 직접적으로 유언자의 의사에 대한 확실한 집행을 보장하고, 그가 봉헌한 재산이 효과적으로 교회의 사명에 유익하게 사용되도록 보증하는 것이므로 준수되어야 한다.

---

554) 교회법 제1302조 제1항-제2항.

4. 갱신

신심 목적의 감축, 조정, 변경은 원칙상 사도좌에 유보된다.[555] 그 결과 이 부문에서는 직권자의 권한이 매우 제한된다. 구체적으로 직권자는 다음과 같이 행할 수 있다. 곧 정당하고 필요한 이유가 있거나, 유언자가 관련 권한을 직권자에게 명시적으로 주었거나, 또는 관리자들의 탓 없이 수입의 감소나 그 밖의 이유로 부과된 책무의 이행이 불가능하게 되면, 위와 같은 감독 행위를 할 수 있다.[556] 한층 더 엄격한 규정은 미사 거행과 관련된 책무의 감소 및 이동에 관하여 규정된다.[557]

---

555) 교회법 제1310조 제3항.
556) 교회법 제1310조 제1항-제2항.
557) 교회법 제1308조-제1309조.

2장 신심 기금

1. 신심 기금의 정의

신심 기금은 종종 신심 기금 단체에서 구체화된다. 말하자면 신심 기금의 수익으로 정해진 목적의 수행을 보증하도록 지정된 세습 재산의 자산이다.

2. 신심 기금의 두 형태

교회법 규정에 따르면 기금은 분명 두 가지 상이한 형태를 가진다. 사실 교회법 제1303조 제1항은 자치 신심 기금을 교회법 제114조 제2항에 규정된 목적에 지정된 재산의 결합체(재단)로 정의한다. 즉, 신심이나 사도직 또는 영적이거나 현세적인 애덕 사업이다. 이 기금은 교회법 제114조-제118조의 의미에 따라 교회 관할권자에 의해서 설립된 공법인과 사법인이다. 동 규정은 수입으로 미사를 거행하거나, 다른 특정한 교회 기능을 행하거나, 교회법 제114조 제2항에 상기된 목적들을 달성하도록 어떤 공법인에게 기증된 재산을 비자치非自治 신심 기금으로 간주한다.

자치 기금의 설립은 일반적으로 법인과 관련된 규범에 따라 규제되고, 비자치 기금의 설립은 개별법의 소재지에서 공포된 규정뿐 아니라, 교회법전의 여러 규범에 의해 특별히 규제된다.[558] 무엇보다 먼저 통상 세습 재산의 수입이 점진적으로 감소할 때부터, 기금이 영구적 성격을 가질 수 있는 가능성은 명시적으로 배제한다.[559] 장기간에 이루어져야 하는 규정된 기한이 만료되면, 기금의 재산은 위탁되었던 법인에게 당연히 이관된다. 다만 교구장에게 속한 법인이면 그렇지 않다. 그런 경우 사실상 설립자의 의사가 달리 명시되어 있지 않으면, 성직자의 생활비를 위한 교구 기관(Istituto diocesano per il sostentamento per il clero)으로 귀속된다.[560]

공법인은 비자치 기금을 접수하기 전에 직권자의 서면 허가를 얻도록 요구되는데, 이를 이행하지 않으면 무효의 처벌을 받는다. 직권자는 그 법인이 새로 접수하는 책무와 이전에 접수한 책무를 다 이행할 수 있는지 그리고 기금에 대한 세습 재산의 수입이 이 법인에 적합한지를 확인해야 한다.[561]

---

558) 교회법 제1304조 제2항.
559) 교회법 제1303조 제1항 제2호.
560) 교회법 제1303조 제2항.
561) 교회법 제1304조 제1항.

3. 유언자 의사의 이행

기금에 관해 입법자는 유언자 의사의 성실한 이행을 보증하는 것을 가장 염두에 두어야 한다. 사실 서면으로 작성되어야 하는 기금 증서의 등본은 교구청 문서고와 기금이 속하는 법인의 문서고에 보관되어야 한다.[562] 관련된 책무들은 본당 사목구 주임이나 성당 담임들의 장부 외에, 목록표를 작성하여 눈에 잘 띄는 곳에 게시하여야 한다.[563] 직권자는 이해 당사자들과 자기의 재무평의회의 의견을 들은 후, 금전과 동산의 보존과 투자 방식을 정할 소임이 있다.[564]

끝으로 이탈리아의 경우 1985년 5월 20일 계약 근원법derivazione pattizia 제12조에 따라 경배 기금은 "국민의 종교적 필요에 상응하고 목적에 도달하기 위한 수단이 충분할 때" 민법상 인가를 받을 수 있다.

G. Feliciani[565]

---

562) 교회법 제1306조.
563) 교회법 제1307조.
564) 교회법 제1305조.
565) A cura di C. Corral Salvador, V. de Paolis, G. Ghilanda, "*Cause pie, fondazioni pie (Causae piae, fundationes piae)*", in "Nuovo Dizionario di Diritto Canonico", op. cit., 142-145. 참고노서: F.R. Aznar Gil, La administración de los bienes temporales de la Iglesia, Salamanca 1984, 127-161; V. De Paolis, De bonis Ecclesiae temporalibus, Roma 1986, 109-114.

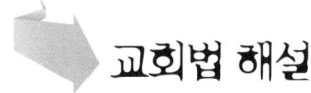 교회법 해설

신심 의사(제1299조)

【제1299조】
① 자연법과 교회법으로 자기 재산을 자유로이 처리할 수 있는 자는 신심 목적으로 생전 행위로나 사인 행위로나 재산을 유증할 수 있다.
② 교회의 선익을 위한 사인 증여死因贈與에는 될 수 있는 대로 국법상의 요식 행위들이 지켜져야 한다. 이 요식 행위들이 지켜지지 아니하였으면 상속인들에게 유언자의 의사를 이행하여야 할 의무가 있음을 알려 주어야 한다.

교회법 제1299조 제1항에서 찾아볼 수 있는 '신심 목적'이라는 용어는 법전에서 드물게 사용되었지만[566], 이 개념은 이 장을 넘어 교회법전 제5권의 모든 부분에 널리 퍼져 있다. '신심 목적'이란 초자연적인 동

---

566) 이 용어가 나오는 부분은 다음과 같다. 교회법 제325조 제2항; 제956조; 제1299조 제1항; 제1300조; 제1302조 제1항과 제3항; 제1310조 제1항. 같은 어원의 용어 '신심 행위'는 교회법 제1245조에 나온다.

기로 행한 시도(노력)라는 의미이다.[567] 이러한 노력 가운데 경배 행위, 복음 설교나 그리스도인의 완덕 추구와 같은 시도는 그 자체의 성격으로 알 수 있다. 다른 노력은 교회 법인의 행위에서 알 수 있는데, 모든 법인의 활동은 신심, 애덕 혹은 사도직을 지향해야 하기 때문이다.[568] 그러나 다른 시도를 알아보기가 그리 쉽지는 않은데, 어떤 활동은 초자연적 동기에서 시행되는 반면, 어떤 경우에는 그렇지 않을 수도 있기 때문이다. 이는 많은 박애주의 활동이 하느님에 대한 사랑이나 이웃에 대한 초자연적인 사랑에 의해 동기를 부여받지만 때로는 그렇지 않을 수도 있는 이치와 같다. 순전히 박애주의적인 동기는 교회법에서 언급하는 신심 목적을 구성하기에 부족하다.[569]

교회법 제1299조는 자연법과 교회법상으로 자기 재산을 자유로이 처리할 수 있는 모든 사람들에게 신심 목적으로 재산을 기증할 수 있는 자유가 있다고 선포한다. 신심 목적은 행위나 노력이므로 신심 목적에 재산을 증여한다고 말하는 것은 적절치 않다. 재산권은 자연인이나 법인이나 인격체에게 있지 행위나 노력에 있는 것이 아니다. 따라서 우리말 교회법전은 'ad causas pias'라는 원어에 따라 "신심 목적으로"라고 정확히 옮겼다.

---

567) De Paolis, I Beni Temporali, 224; idem, De Bonis Ecclesiae, 109-110. Vromant, 137; Bouscaren-Ellis-Korth, 821; J. Abbo and J. Hannan, The Sacred Canons (St. Louis: B. Herder, 1960) 2:720, n. 45 또한 참조.
568) 교회법 제114조 제2항.
569) De Paolis, I Beni Temporali, 225, n. 5; Vromant, 137; Bouscaren-Ellis-Korth, 821.

신심 목적은 법인뿐만 아니라 자연인, 공법인과 사법인도 시도할 수 있다. 그러므로 신심 목적을 위해 증여된 재산은 공법인에게 증여되느냐의 여부에 따라 교회 재산bona ecclesiastica이 될 수도 있고, 그렇지 않을 수도 있다.[570] 그래서 교회의 사명과 불가분의 관계가 있음에도 불구하고, 신심 목적으로 증여된 재산이 공법인에게 증여되었느냐의 여부에 따라 교회 재산을 구성하거나 그렇지 않을 수도 있는 것이다.[571] 따라서 양도를 규정하는 제3장의 교회법 조문과 달리, 본 장의 많은 조문들은 교회 재산에만 국한되지 않고, 개인이나 연대 사법인과 자연인에 속한 재산에도 적용된다.[572]

신심 목적을 위한 재산 증여는 증여자가 살아 있는 동안 재산권의 이전에 대한 효력이 발생하면 생전 행위inter vivos 증여에 속한다. 재산권의 이전에 대한 효력이 죽을 때서야 생기면 사인 행위mortis causa 증여가 된다. 생전 행위로서의 재산 증여는 보통 간단히 '증여'라고 일컫는다. 사인 행위로서의 재산 증여는 마지막 유언과 유서 혹은 죽음을 염두에 둔 증여, 두 종류 중 하나가 될 수 있다. 후자는 생전 행위의 몇 가지 특징과 마지막 유언과 유서가 지니는 일부 특징을 동시에 가진다.

언제나 그렇게 여겨지지는 않지만 생전 행위로서의 증여는 계약으로

---

570) 교회법 제1257조 제1항.
571) 교회법 제1258조 해설 참조.
572) 교회법 제1303조 제1항 제2호에서 정의한 비자치 기금은 오로지 공법인에 속한 재산만을 포함하기 때문에, 비자치 기금만을 언급하는 조문은 범위가 교회 재산에만 국한된다. 이러한 조문들은 다음과 같다. 교회법 제1303조 제2항; 제1304조-제1307조.

서[573] 증여자의 자연법상·교회법상 요구되는 자격, 재산의 (실제적 혹은 추정적) 인도[574], 수증자의 승낙, 일반 시민법상의 요건 충족 등이 계약에 대한 일반 시민법의 준용과 일치하도록 요구한다.[575] 이 요건들은 필수적이어서 어느 하나라도 빠지면 증여 계약의 효력이 발생하지 않는다. 자연법상의 계약 자격은 이성의 사용과 (증여의 본질에 비례하는) 충분한 성숙도, 신체적·물리적 자유이다. 교회법상의 자격은 자기 재산을 처분할 수 있는 자격에 대한 특정 교회법상의 예외뿐만 아니라 일반 시민법의 준용 요건도 포함한다.[576]

위에서 언급한 대로 수증자의 승낙은 생전 행위로서의 증여가 가지는 필수적인 요건이다. 모든 증여가 승낙되는 것은 아니다. 잠재적인 유지와 수리 부담, 특정 수증자가 가지는 임무나 교회적 성격과의 불일치, 일부 증여에 따라붙는 번거로운 조건이나 양식의 책무들은 증여의 승낙을 거절할 때 고려되는 사항들이다.[577] 법인에게 하는 증여를 거절

---

573) De Paolis, *I Beni Temporali*, 196-197; Périsset, 231: Aznar Gil, 202; Schouppe, 85-87. Vromant, 138; Cappello 2:567; Bouscaren-Ellis-Korth, 821 또한 참조.
574) 인도는 이전되는 재산의 본질이, 실제적인 재산의 '인도'가 실행 불가능하여 부동산 증서나 자동차에 대한 문서상의 소유권 같은 인정된 양도의 표징으로 대체할 필요가 있을 때 인정적이라고 말한다. 인도의 본질은 기증자에게 재산권의 상실이 발생함을, 증인에게는 거래의 의미를, 그리고 재산을 수증자에게 이전함으로써 수증자에게 증여가 이루어졌다는 증거 prima facie를 제공하는 문제에서 비롯된다.
575) 교회법 제1290조. De Paolis, *I Beni Temporali*, 196-197; Périsset 231. Vromant 138; Cappello, 2:569 또한 참조. 정의상 생전 행위로서의 증여는 무상이므로 무엇을, 누구를 위하여, 무슨 목적으로(quid pro quo)가 없어 때때로 편무 계약이라고 일컫는다. 그러나 이러한 용어의 사용으로 생전 행위로서의 증여로 이루어지는 재산권의 이전을 기증자와 수증자 모두 존중해야 하는 상호적 의무를 모호하게 해서는 안 된다.
576) 교회법 제668조.

하기 위해서는 정당한 이유가 있어야 하는데[578], 그러한 이유는 많다. 그러나 일단 승낙되면 생전 행위로서의 증여는 효과를 발휘해 재산권이 즉시 이전되며, 일단 이전이 이루어지면 정당한 이유 없이 취소할 수 없다.

마지막 유언과 유서는 여러 가지 면에서 생전 행위와 다르다. 생전 행위로서의 증여와 달리, 마지막 유언과 유서는 재산의 인도를 수반하지 않으며 효력이 발생하기 위해 수익자의 승낙을 필요로 하지도 않는다.[579] 또한 죽을 때까지 재산권을 이전할 수 있는 효력이 없기 때문에, 결과적으로 그때까지는 전체적 혹은 부분적인 취소를 할 수 있다. 이러한 차이점은 교회법과 일반 시민법상 마지막 유언과 유서가 생전 행위로서의 증여와 달리 계약이 아니라는 사실에서 비롯된다.[580] 이러한 이유로 교회법 제1290조에서 찾을 수 있는 계약에 대한 일반 시민법의 준용을 마지막 유언과 유서에 적용시킬 수 없는 것이다. 따라서 교회와 국가 간의 충돌을 최소화하기 위해서 교회법 제1299조 제2항이 마지막 유언과 유서를 유효화하기 위해 일반 시민법이 요구하는 요식 행위들을

---

577) 공법인은 어떤 양식의 책무나 조건이 붙은 봉헌금을 받기 위해서는 그것이 속한 직권자의 허가를 요구한다 (교회법 제1267조 제2항 참조). 그리고 어떤 경우에는 부가적인 동의와 허가 또한 필요로 한다(교회법 제1295조). 양식의 책무와 조건에 대한 설명은 교회법 제1267조 2항 참조.
578) 교회법 제1267조 제2항.
579) 물론 수증자는 유증을 거절할 수 있는데 그럴 경우 유증 물건이 고인의 잔여 재산의 일부가 된다. 그러나 거절하지 않으면 승낙할 필요 없이 유언자가 죽는 대로 교회법상 재산권이 수증자에게 전달된다.
580) J. Hannan, *The Canon Law of Wills*, CanLawStud 86 (Washington, D. C.: Catholic University of America, 1934) 53; Aznar Gil, 203.

지키라고 촉구하기는 하나, 이것을 준수한다고 해서 반드시 유언자의 의사를 이행해야 할 교회법상의 의무가 생기는 것은 아니다.

교회법 제1299조 제2항이 까다로운 것은 일반 시민법의 요식 행위가 유언자의 진실된 의사를 알아내는 데 크게 도움이 되지 않는다는 명백한 가정 때문이다. 하지만 진실 여부를 확인하고자 하는 것이 바로 요식 행위의 목적이다. 마지막 유언과 유서에 서명할 때 지정된 수의 증인이 동시에 참석하고, 각 면에 유언자가 서명, 마지막 면에 증인이 서명하며, 증거하는 서류가 마지막 유언과 유서라는 유언자의 확실한 진술, 정확한 문서 날짜 기입, 이전의 모든 유언과 유언 보족서의 명백한 취소와 같은 유언 관련 요식 행위와 그 밖의 다른 요식 행위들이 무엇을 밝히는지 유언자에게 분명히 하고 유언자의 진실한 의사에 충분한 증거를 제공하도록 하는 것이다. 일반 시민법상 요구되는 공정 증서에 의한 유언의 요식 행위가 일부 또는 전체적으로 부재할 경우, 교회 관할권자는 교회법 제1299조 제2항의 임무를 부과하거나 이행하기 전에 진실한 의사에 대한 적절한 대체 증거를 얻어야 할 의무가 있다.

대체적으로 신심 목적을 위한 재산 증여는 '사인 증여(死因贈與, donatio mortis causa)' [581] 형식으로 이루어질 수 있다. 이것은 위에서 언급한 대로 생전 행위의 일부 특징과 마지막 유언과 유서의 일부 특징들을

---

581) 사인 증여란 증여자가 생전 행위로써 무상으로 재산을 수여히고 증여자가 수증자보다 먼저 사망한 때 효력을 발생할 것을 목적으로 하는 법률 행위를 말한다. D. 39, 6, 1 pr. Cf. 39, 6, 35, 2. 그러나 증여자와 수증자가 동시에 사망한 경우에도 사인 증여는 유효하게 성립되었다. Cf. 39, 6, 26.

함께 가진다. 로마법에 어원을 둔[582] 사인 증여는 죽음이 임박했을 때 개인 재산을 이전하는 효과를 갖는다. 이때 증여자가 죽음의 고비에서 살아남거나 증여를 취소하면 재산은 반환된다. 증여자가 그대로 사망하거나, 증여가 취소되지 않을 경우 재산권은 임종 시 이전된다. 생전 행위로서의 증여처럼 사인 증여는 계약이며 재산의 인도와 수증자의 승낙을 요구한다. 그러나 마지막 유언, 유서와 마찬가지로 사망 시까지 재산권 이전의 효과가 생기지 않는다.[583] 일부 국가의 일반 시민법에서 인정되지 않는[584] 사인 증여는 미국에서 계속 인정되고는 있으나[585], 오늘날 신심 목적으로 재산을 증여하는 수단으로서는 좀처럼 사용되지 않는 듯하다.[586]

교회법 제1299조 제2항의 "교회의 선익을 위한"이라는 표현은 교회법 제1258조에서 '교회'라는 단어에 특정한 의미를 둔 공법인만을 언급하지 않고, 자연인이나 법인 혹은 사법인이 시도하는 좀 더 일반적인 모든 신심 목적을 표명한다.[587] 이는 문맥과 사안의 성격상 명백하며, 1917

---

[582] R. Brown and W. Raushenbush, *The Law of Personal Property*, 3rd ed. (Chicago, Ill.: Callaghan, 1975) 130-132.
[583] Aznar Gil, 203; Cappello, 2:567; Hannan, 42-47; Bouscaren-Ellis-Korth, 822.
[584] Vromant, 145, n. 5; Cappello, 2:567. 일부 국가 일반 시민법에서 인정하지 않기 때문에 1983년도 법전에 대한 일부 해설에서는 죽음을 염두에 둔 증여에 대한 아무런 언급이 없다.
[585] J. Kennel, "Gifts", in *American Jurisprudence*, 2nd ed. (n. p.: West Group, 1999) 38:707-711; Brown and Raushenbush, 130-145.
[586] 죽음을 염두에 둔 증여는 마지막 유언과 유서뿐만 아니라 모든 사인 증여에 적용되는 교회법 제1299조 2항의 규정에 속하는 계약이므로, 계약에 관한 일반 시민법의 준용에 대한 예외가 된다. 이는 교회법 제1290조에서 규정하는 대로, 교회법 제1299조 제2항은 일반 시민법의 요식 행위를 지키도록 요구한다기보다 단순히 촉구하고 있기 때문이다.

년도 교회법 제1513조 제2항에서 언급한 같은 표현을 해석하는 데 있어, 대다수 교회법 학자들의 의견이기도 했다.[588]

동방 교회 법전의 병행 조문에서는 '사인 증여'를 "마지막 유언으로(in ultimis voluntatibus)"라는 말로 대체했는데[589], 이는 1917년도 교회법 제1513조 제2항에서 사용한 용어였다. 그렇다고 해서 교회법의 범위를 마지막 유언과 유서로 제한하는 것으로 이해하는 것은 옳지 않다. 교회법 전통상 "마지막 유언"이라는 표현은 사인 증여를 포함하여, 사람이 죽을 때 자기 재산의 전부나 일부를 처분하는 모든 행위를 포함한다.[590]

신심 의사의 이행(제1300조)

【제1300조】
제1300조 신심 목적으로 생전 행위로나 사인 행위로 자기 재산을 증여하거나 유증하는 신자들의 합법적으로 받아들여진 의사는 그 재산의 관리와 사용 방식에 관하여서도 지극히 충실히 이행되어야 한다. 다만 제1301조 제3항의 규정은 보존된다.

---

587) De Paolis, *De Bonis Ecclesiae*, 112; idem, *I Beni Temporali*, 228-229; Myers, in *CLSA Com*, 884.
588) 예를 들어, Vromant, 145; Regatillo, 2:215; Cappello, 2:569; Vermeersch-Creusen, 2:583, n. 2; Hannan, 286-287.
589) 동방 가톨릭 교회법 제1043조 제2항.
590) De Paolis, *I Beni Temporali*, 224; Aznar Gil, 203; Vermeersch-Creusen, 2:581-582; Regatillo, 2:214-215; Vromant, 138; Hannan, 51, 65.

이 조문에서 사용되는 '의사意思'라는 용어는 우리나라를 포함해 많은 나라의 일반 시민법에서 훨씬 포괄적인 범위를 가진다. 이런 나라들에서 이 용어가 유언 및 유증에 관련해서 사용될 때는 주로 주체가 사망할 때 자신의 재산 처분에 관한 자신의 의사를 밝히는 자필 증서written instrument를 가리키며, '마지막 유언과 유서' 라는 완전한 표현에 대한 약기略記로 사용되기도 한다. 교회법상 '신심 의사' 라는 용어는 신심 목적으로 생전 행위로나 사인 행위로서 유형·무형 재산에 대한 모든 처분을 포함한다. 그러므로 신심 의사는 증여, 사인 증여[591], 마지막 유언과 유서를 포함한다. 신심 의사라는 개념은 결국 교회 재산이 되는[592], 공법인에 대한 재산 증여에 제한되지 않고 어떤 식으로 시도되었든 신심 목적을 위한 모든 처분을 포함한다.

신심 의사의 충실한 이행은 교회법 제1300조의 규정뿐만 아니라 종종 법전을 통틀어 볼 때 교회법의 주요한 원칙이다.[593] 증여자의 의사에 충실한 것은 자신의 재산을 원하는 대로 처분하고자 하는 모든 자연인이 가진 권리에 근거한다. 그러므로 증여나 유언에 의한 유증을 승낙하고 나서, 그 사용이나 처분에 관한 증여자의 명시된 의사를 존중하지 않는 것은 법의 정의에 위반된다. 교회법 제1300조는 신심 의사의 충실한

---

591) 교회법 제1299조 해설 참조.
592) 교회법 제1257조 제1항.
593) 교회법 제121조-제123조, 제326조 제2항, 제531조, 제616조 제1항, 제706조 제3호, 제954조, 제1267조 제3항, 제1284조 제2항 제3호와 제4호, 제1299조 제2항, 제1303조 제2항, 제1304조 제1항, 제1307조 제1항, 제1310조 제2항.

이행에 대한 일반 목적뿐만 아니라, 신심 의사를 구성하는 재산이 일반 목적을 어떻게 적용해야 하고, 그 목적에 따라 어떻게 배분돼야 하는지에 관한 상세한 지침까지도 포함한다는 점을 분명히 하고 있다.[594] 이러한 지시에 따르지 않고자 한다면 생전 행위로서의 증여나 사인 증여의 경우, 증여자를 설득하여 지시를 바꾸든지, 증여나 유증을 거절해야 한다. 아주 드문 경우에만 교회법은 관할권자로 하여금 일단 승낙된 신심 의사의 조건을 바꾸도록 허가한다.[595]

신심을 목적으로 하는 증여나 유증을 때때로 정당하게 거절할 수 있다는 사실을 인정하는데, 교회법 제1300조는 1917년도 법전의 병행 조문과 달리[596], "합법적으로 받아들여진"이라는 수식어를 신자의 의사를 언급할 때 덧붙임으로써 충실한 이행이라는 의무를 갖게 한다. 이와 관련하여 어떠한 증여를 합법적으로 승낙하려면 직권자의 허가가 필요하다는 사실을 잊지 말아야 한다.[597] 허가 없이 이러한 증여를 승낙하면 불

---

594) 로마법, 교령, 트리엔트 공의회 이후의 교회법에서 이 조문의 근원에 대한 약사는 다음의 자료를 참고하라. J. Lahey, *Faithful Fulfillment of the Pious Will: A Fundamental Principle of Church Law as Found in the 1983 Code of Canon Law*, CanLawStud 521(Washington, D.C.: Catholic University of America, 1987) 8-39; W. Dohey, *Church Property: Modes of Acquisition*, CanLawStud 41 (Washington, D.C.: Catholic University of America, 1927) 96-98.
595) 교회법 제1308조-제1310조. 이 점에 관해서 교회법은 일부 일반 시민법에 '가급적 근사의 원칙 (cy pres, lit. as near)' 보다 일반적으로 더 엄격하다. 가급적 근사의 원칙은 프랑스 법으로 미국을 포함한 일부 나라의 일반 시민법에서, 본래 의사를 이행하는 것이 과도하게 부담스럽거나 비현실적인 경우 애덕을 목적으로 하는 재산의 처분으로 좀 더 자유롭게 대체하도록 한다. J. E. Clapp, "cy pres", in *Dictionary of the Law*, 121.
596) 1917년도 교회법 제1514조.
597) 교회법 제1267조 제2항.

법이 되어, 증여나 유증을 반환해야 하고 신심을 이행해야 하는 의무 또한 무효가 된다.

교회법 제1300조의 마지막 절은, 교회법 제1301조 제3항에서 언급하는 명백한 예외로 주의를 환기시킨다. 이것은 합법적으로 승낙된 신심 의사에 대한 상세한 지시를 충실히 이행하겠다는 교회법상의 서약에 대한 예외이다. 그러나 이 예외에 대한 다음 조문의 내용은 제1301조에서 설명하고 있다.

집행자(제1301조)

【제1301조】
① 직권자는 생전 행위이거나 사인 행위이거나 모든 신심 의사의 집행자이다.
② 이 권리에 따라 직권자는 신심 의사가 이행되도록 방문을 하면서까지 감독할 수 있고 또 하여야 한다. 그 밖의 집행자들은 임무를 마친 다음 그에게 결산을 보고하여야 한다.
③ 직권자의 이 권리에 반대되는 단서 조건이 유언에 첨부되면 마치 첨부되지 아니한 것으로 간주되어야 한다.

모든 신심 의사의 집행자로서 제1항에서 언급한 직권자가 미국을 포함한 많은 나라의 일반 시민법에서 일반적으로 사용되는 의미의 직권자가 아니라는 점을 제2항이 분명히 규정하므로, 본 조문의 제1항을 제대로 이해하려면 제2항을 필수적으로 이해해야 한다. 직권자에게는 모든 신심 의사의 조건을 수행해야 할 근본적인 책임이 있지 않다.[598] 근본적인 책임은 제2항에서 언급한 "그 밖의 집행자들"에게 있다. 증여자나 유언자에 의해 신심 의사를 수행하도록 지명받은 사람이 바로 그들이다.

교회법 전통에 따라 '집행자'라는 용어는 교회법을 충실하게 준수하고, 재산에 관해서 교회의 합당한 목적에 맞게 쓰도록 되어 있는 자산을 관리하거나 분배하는 임무를 남용하지 않도록, 행정 관리에 관한 권리와 의무를 가진 사람이라는 의미로 직권자에게 적용된다.[599] 직권자의 역할은 기증자의 의사와 독립되기 때문에 기증자의 의사에서 비롯되는 것이 아니라 교회의 교계 구조에서 비롯된다.[600] 제2항에서 분명히 하는 것처럼 직권자의 역할은 감독의 역할이다.

감독을 행사하는 데 있어 교구나 수도회 직권자는 자신의 재치권 내에서 언제, 어떻게 신심 의사가 이행되고 있는지 알아야 할 권리와 책임이 있다. 제2항에서는 이러한 정보를 얻는 주요 방법으로서 방문과 보고를 언급한다. 교구장은 '교구 재무 담당'[601]이나 대리인을 통해 몸소

---

598) *Comm* 12(1980) 429.
599) 교회법 제392조, 제1276조, 제325조. De Paolis, *I Beni Temporali*, 230; Périsset, 234-235; Cappello, 2:570.
600) Salerno, in *Urbaniana Com*, 740; Périsset, 235; Cappello, 2:570.
601) 교회법 제1278조.

혹은 간접적으로 관련 정보를 얻을 수 있는 권리가 있다. 수도회나 교구가 아닌 그 밖의 직권자는 신심 의사가 수행되고 있는지 재무 담당이나 대리인을 통해 감독할 수 있다. 지명된 집행자가 태만할 경우나 집행자가 지명되지 않았을 경우에만 직권자가 신심 의사 조건을 몸소 혹은 대리인을 통해 이행할 책임이 있다.[602]

제3항에 따라 직권자가 감독할 수 있는 권리에 반대되는 '유언'[603]의 단서 조건은 무시해야 한다. 이 규정은 심지어 관리 방식에 대한 기증자의 의사를 충실히 이행한다는 원칙의 예외로 보일 수도 있다. 그러나 충실히 이행한다는 원칙이 기증자나 유언자의 자유로운 선택과 관리에 속하는 문제에만 적용되는 것으로 해석할 수 있으며, 또한 그 편이 더 바람직하다. 교회 직권자에게 부여된 교계 책임을 바꾸는 것은 그리 쉬운 일이 아니다. 게다가 직권자의 감독 역할은 기증자의 의사를 반드시 충실히 이행하도록 하기 위함이다. 이러한 감독 역할을 부정하는 단서 조건을 실행하는 것은 기증자의 의사를 충실히 이행하려는 본래의 의도와 반대된다. 교회법 제1300조의 마지막 절에서 "다만, 교회법 제1301조 제3항의 규정은 보존된다."고 말한 것은 바로 이러한 이유에서다.

---

602) *Comm.* 12 (1980) 429; Aznar-Gil, 221-222; Regatillo, 2:217.
603) 유언과 유서뿐만 아니라 사인 증여를 포함하는 "마지막 유언으로(in ultimis voluntatibus)"를 언급하는 제3항의 라틴어 원본은 우리말 번역본보다 범위가 더 넓다 (주석 579번과 그에 따른 자료 참조). 제3항은 이 규정을 유서와 유언으로 제한시킨다. 유언과 생전 행위로서의 증여 사이의 구분은, 유언의 경우 직권자가 감독할 수 있는 권리를 부인하는 수용 불가능한 조항을 없애기 위해 신심 의사를 바꿀 수 있는 기회가 (사인 증여일 경우) 거의 없거나 (유언과 유서일 경우) 전무하다는 사실에 명백히 근거하고 있다.

신탁 증여(제1302조)

【제1302조】
① 신심 목적으로 생전 행위나 유언에 의하여 재산을 신탁 받은 자는 그 신탁에 관하여 직권자에게 알리고 또 모든 동산이나 부동산과 아울러 거기에 결부된 책무도 표시하여야 한다. 만일 기증자가 이것을 명시적으로 전적으로 금하면 신탁을 맡지 말아야 한다.
② 직권자는 신탁 재산이 안전하게 투자되도록 요구하고, 또 제1301조의 규범에 따라 신심 의사의 집행을 위하여 감독하여야 한다.
③ 어떤 수도회나 사도 생활단의 회원에게 맡겨진 신탁 재산에 대하여 그것이 그 소재지, 즉 그 교구나 그 주민 또는 신심 목적을 돕도록 지정된 것이면 제1항과 제2항에 언급된 직권자는 교구 직권자이다. 그러하지 아니하면 성좌 설립 성직자 수도회나 성좌 설립 성직자 사도 생활단에서는 상급 장상이고, 그 밖의 수도회들에게서는 그 회원의 소속 직권자이다.

이 조문은 신심 목적과 신심 의사라는 개념에 신탁 증여라는 개념을 덧붙인다. 이 세 가지 개념은 상관관계가 있다. 신탁 증여는 지속적인 재산 관리를 요구하는 신심 의사를 말한다. 재산은 수탁자라고 불리는 인격체(자연인 혹은 공법인)에게 전달되어, 수익 또는 원금, 혹은 두 가지 모두가 하나 이상의 신심 목적을 위해 사용되도록, 일정 기간 동안 관리

된다. 신탁 증여는 지속적인 투자, 자금 관리, 원금이나 수익의 주기적인 분배를 정확히 필요로 하기 때문에 다른 제한된 증여와는 다르다. 지속적인 관리의 필요가 없는 특정 목적에 즉시 적용되는 증여는 신탁이 아니다. 그러므로 신심 의사의 집행자가 모두 수탁자인 것은 아니다.

교회법 제1302조에 나오는 '수탁자의 개념'[604]도, 일반 시민법상 통합된 대학이나 병원의 이사회 혹은 관리 단체를 지정하기 위해 미국에서 빈번히 사용되는 '수탁자 위원회' 같은 표현에 나오는 용어의 의미와 혼동해서는 안 된다. 이러한 이사회의 구성원들이 교회법과 일반 시민법상 기관의 관리 문서에 따라 피신탁적 책임을 갖는다 하더라도 어떠한 의미에서건 기관의 재산을 소유하지는 않는다. 일반 시민법상 재산권은 법인에게 있으며 교회법상 재산권은 위원회 구성원들이 일하는 교회법상의 법인에게 있다. 이러한 위원회의 인적 구성이 바뀌더라도 재산권은 바뀌지 않는다.[605] 반면, 신탁 증여의 수탁자는 신탁의 물체 corpus를 구성하는 재산의 소유권을 받은 것이다.[606] 물론 재산권은 신탁 조건에 의해 부과된 사용과 분배의 요건에 의해 제한된다.

신탁 증여는 생전 행위나 유언에 의해 발생할 수 있다. 즉, 죽을 때까지 재산권이 아닌 취소 가능한 점유를 이전하는, 사인 증여에 의해서는 발생하지 않는다. 따라서 교회법 제1301조 제3항과 달리, 교회법 제

---

604) 각주 544번을 참조하라.
605) 교회법 제113조-제123조. 교회 관련 기관의 교회법상의 지위에 대한 논의 참조.
606) Hannan, 1-2, 69-70, 468. 영미법은 이러한 경우 분할된 재산권의 형태를 인정한다. 수탁자는 법적 소유자라고 부르는 반면, 신탁 수익자는 정당한 혹은 수익 소유자라고 부른다.

1302조의 라틴어 원전에서는 사인 증여를 포함하는 더 폭넓은 용어 "유언으로(in ultimis voluntatibus)"를 사용하지 않고, 대신 "유언에 의하여(ex testamento)" 발생한 신탁을 언급한다.[607]

신탁 증여가 신심 의사이기 때문에 교회법 제1302조 제2항에 따라 신탁 조건의 이행 역시 직권자의 감독을 받아야 한다. 이는 교회법 제1301조 규정과도 일치한다. 이에 따라 수탁자는 직권자에게 그 신탁에 관하여 알리고, 신탁의 물체를 구성하는 모든 동산이나 부동산과 아울러 신탁의 조건에 관하여 알릴 책무가 생긴다.[608] 이는 직권자가 신탁 이행을 감독하는 책무를 다할 수 있도록 하기 위한 것이다. 기증자나 유언자가 이를 명시적으로나 전적으로, 즉 증여의 필수 조건(condicionem sine qua non)을 금지할 정도로 단호하게 금하면[609], 수탁 받은 자는 신탁을 맡지 말아야 한다.[610] 한편 이 규정은 분별력 있고 실용적인 규정이라고 말할 수 있는데, 생전 행위에 의해 설정되는 수탁의 경우 신탁을 맡기 전에 교회에서 수용 불가능한 금지 사항을 없애기 위해 신탁 조건을 수정하도록 기증자를 설득할 수 있기 때문이다. 하지만 이 규정은 유언에 의해 성립되는 수탁의 경우 추천할 만한 것이 못 된다. 앞에서 언급했듯이 유언은 효력을 발생하기 위해서 승낙을 필요로 하지 않는다.[611] 유언에 의

---

607) 용어 사용에 있어서 비슷한 정확성을 기한 예는 1917년도 법전에서 찾을 수 있다(교회법 제1516조 제1항, 제1513조 제2항, 제1515조 제3항 비교).
608) 교회법 제1302조 제1항.
609) Vromant, 152.
610) 교회법 제1302조 제1항.
611) 교회법 제1299조 해설 참조.

해 성립된 수탁의 이행을 거절하는 것은, 결과적으로 재산권이 이미 이전된 후 신심 의사를 거부하는 셈이 된다. 이는 단순히 유언자가 교회의 교계 구조에서 비롯되며 유언자의 자유 의지로부터 독립적인 직권자의 감독 권한을 방해하는 사항(지시)을 포함했기 때문에 비롯되는 거절이다. 본래 이러한 감독 권한의 정확한 목적은 유언자의 기증 의사를 충실히 이행하도록 하는 것이기 때문에, 유언자가 자신의 의사를 보호하도록 고안된 교회법을 무효화하려 했다는 사실만으로 의향(의사)의 이행을 전적으로 거부하는 것은 성실한 태도인지 의문이 든다. 교회법 제1302조 제2항에서 교회법 제1301조를 특정하게 언급하고 있으므로 교회법 제1302조 제1항의 마지막 절을 생전 행위에 따라 설정된 신탁에 국한시켜 적용하는 편이 교회법상 더 타당해 보인다.[612] 그리고 유언에 따라 성립된 신탁의 경우에는 교회법 제1301조 제3항을 적용하여, 교회에서 수용 불가능한 조건이 첨부되지 아니한 것으로 간주하고 직권자의 감독 권한을 유지하는 것이 바람직하다.

 수도회나 사도 생활단의 회원이 신탁 증여를 맡도록 정해지면, 어떤 직권자(수탁자의 고유 직권자 혹은 신탁이 이행되는 지역의 직권자)가 신탁 이행을 감독하는 권리와 의무를 가질지 결정해야 하는 문제가 발생한다. 교회법 제1302조 제3항은 신탁의 물체를 형성하는 재산이 교구나 다른 지역 혹은 그 주민 또는 신심 목적을 돕도록 사용되어야 할 때마다, 지

---

612) 이와 관련하여 교회법 제1302조 제1항의 마지막 절에서 기증자donator만을 언급하고 유언자(교회법 제1299조 제2항에 해당하는 라틴어 원본에 사용된 용어)가 제외된 점은 주목할 만하다.

역 직권자 편에서 문제를 해결하고자 한다. 그리고 예를 들어, 재산이 수도회나 사도 생활단을 돕는 데 사용되어야 하는 경우처럼 다른 경우에는 수탁자의 고유 직권자 편에서 문제를 해결한다. 이러한 구분이 종종 어떠한 의심이나 논쟁을 해결하는 데는 충분하다고 하더라도, 신탁의 목적이 주로 개별 교구 내의 교육이나 의료와 같은 사도직 사업을 돕는 것인지, 아니면 이 사업에 종사하는 수도회나 사도 생활단의 회원을 돕는 것인지 불명확한 상황에서는 문제가 생길 수도 있다. 이러한 경우 관련 직권자들이 협력하여 어떤 직권자가 감독 임무를 이행할 것인지에 대한 결정을 내리는 것이 최선일 것이다.

신심 기금(제1303조)

【제1303조】
① 신심 기금이란 법률상 다음을 뜻한다.
  1. 자치 신심 기금 : 이것은 제114조 제2항에 언급된 목적을 위하여 지정되고 교회 관할권자에 의하여 법인으로 설립된 사물들의 결합체(재단)들이다.
  2. 비자치 신심 기금 : 이것은 개별법으로 정할 장기간 해마다의 수입으로 미사를 거행하거나 다른 특정한 교회 기능을 수행하거나 또는 제114조 제2항에 언급된 목적들을 달성할 책무와 함께 어떤 공법인에게 어떤 방식으로든지 기증된 재산이다.

② 비자치 신심 기금의 재산은 교구장에게 소속된 법인에게 위탁된 경우에는 그 기한이 만료되면 제1274조 제1항에 언급된 기관으로 이관되어야 한다. 다만, 기금 설립자의 의사가 다르게 명시되어 있으면 그러하지 아니하다. 그 외의 경우에 그 재산은 그 법인 자체에 귀속된다.

이 조문은 확연히 다른 두 가지 신심 기금에 대해 규정한다. 자치 기금은 하나나 그 이상의 신심 목적을 위해 따로 마련해 둔 재산 기반 substratum을 가지는 법인이다. 그것은 공법인일 수도 있고 사법인일 수도 있다. 그러므로 '자치 기금'이라는 용어는 재단universitas rerum과 같은 뜻이다. 후자는 공법인의 두 가지 중요 범주, 즉 사람보다 재산 기반을 가지는 것들 중 하나를 지정할 때 쓰인다.[613] 공법인은 인위적인 인격체, 권리와 의무를 가지는 하나의 인위적 법 주체이지 집합체가 아니기 때문에[614], 교회법 제1303조 제1항 제1호에 대한 우리말 번역본에서는 'universitates rerum'을 "사물들의 결합체(재단)"로 옮겼다. 교회법전은 'universitas rerum'이라는 용어를 때때로 공법인이 생기기 전의 재산의 결합체나 축적을 가리키는 데 사용하고 있다.[615] 이런 경우 'universitas rerum'을 "사물들의 결합체"로 번역하는 것이 적절하다.[616] 그러나 이

---

613) 교회법 제115조 제3항.
614) 교회법 제113조, 제115조 참조.
615) 예를 들어, 교회법 제114조 제3항; 제117조.
616) 교회법 제115조, 제117조 참조.

조문에서 라틴어 'res' 라는 용어는 사물이라는 뜻보다는 재산이나 돈을 가리킨다고 보는 것이 더 적합하다. 따라서 "재산의 결합체"가 되기 때문에 재단을 의미할 수 있게 된다. 자치 신심 기금은 결합체가 아니다. 자치 신심 기금은 기반이나 실제적 토대가 재산의 결합체인 개별 법인이다.

 자치 신심 기금을 형성하려면 기금이나 다른 재산 기반의 설립, 정관의 승인, 그리고 관할권자의 교령에 의하여 공법인이나 사법인 자격의 수여가 요구된다.[617] **자치 기금의 관리는 그 정관과 법인을 규정하는 교회법에 의해 규율된다.**[618] 모든 공법인과 마찬가지로 자치 신심 기금은 그 본성상 영구적이지만 상황에 따라서 조기에 종료될 수도 있다.[619] 합병, 분열, 소멸 시의 재산 분배는 교회법 제121조-제123조에 의해 규정된다.

 비자치 기금은 법인이 아니다. 이것은 공법인을 수탁자로 하는 장기간의 신탁 증여인데, 그 조건에 따라 원금이 아닌 연간 수입이 신심 목적으로 쓰여야 한다. 법전은 비자치 기금으로서의 자격을 갖추기 위해 얼마나 오래 이러한 신탁이 존속되도록 계획해야 하는지, 그리고 얼마나 오래 존속될 수 있는지를 개별법으로 결정하도록 한다.[620]

 비자치 기금의 형성과 관리에 대한 규범을 규정하기 전에,[621] **교회법**

---

617) 교회법 제114조, 제116조, 제117조 참조. 법전에서는 법에 의해 법인의 수여를 규정하나(교회법 제114조 제1항), 교회법은 어떠한 사물들의 결합체universitas rerum에 법인을 수여하지 않는다.
618) 교회법 제117조-제123조.
619) 교회법 제120조 참조.

제1303조 제2항에서 기한이 만료되면 그러한 기금의 원금은 어떻게 되는가에 대한 문제를 언급한다. 기금의 조건에 달리 명시되어 있지 않으면, 교구장에 소속된 공법인에게 위탁된 비자치 기금의 원금은 교회법 제1274조 제1항에 언급된 교구 기관에 이관되어 교구에서 봉사하는 성직자를 지원하는 데 쓰여야 한다. 그러나 이러한 기관은 성직자를 지원해야 하는 다른 방도가 없을 경우에 존재한다. 우리나라를 포함한 많은 나라에서 성직자는 다른 재원으로 지원을 받기 때문에 교회법 제1274조 제1항의 기관을 설립할 필요가 없다. 그러므로 여기에서 비자치 기금의 원금 배분을 규정하는 법률의 부재가 드러난다.

더욱 문제가 되는 것은 교구장에게 종속된 공법인의 범주에 교구 설립 수녀회, 교구 설립 평신도 사도 생활단 같은 많은 공법인이 포함된다는 사실이다. 이런 공법인의 회원은 성직자가 아니기 때문에, 이 규정 아래서는 법인이 오랫동안 관리해 온 기금의 원금 배분에 따른 이익을 얻을 수 없다. 이러한 결과는 의심할 바 없이 많은 기부자의 의사와 반대되는 것이다. 따라서 비자치 기금을 설립하는 문서에 기금 기한이 만

---

620) 현 법전은 현 시대의 경제 조건을 인정함에 있어 영구적in perpetuum이 아닌 장기간의 책무에 대해서만 언급한다. 이것은 영구적인 책무를 수행하기에 충분한 수익에 대한 영구적 가능성을 보장하지 않기 때문이다. Comm 12 (1980) 431. 그러나 영구적인 임무를 금지하는 것이 법전 개정자들의 의도는 분명 아니었다. 그들의 의도는 그러한 책무를 자주 이행하여 보편법의 기재가 보장되도록 해야 한다는 가정을 함으로써가 아니라, 권장할 만하다고 여겨지는 관련 규정은 무엇이든 개별법에 의해 제정하도록 함으로써 단지 현대 경제 현실을 인정하는 것이었다. Comm 9 (1977) 273 참조.
621) 교회법 제1304조-제1307조.

료되었을 경우, 원금 분배에 관한 기부자의 의사를 반드시 명확하게 밝혀야 한다.

비자치 기금의 접수(제1304조)

【제1304조】
① 기금이 법인에게 유효하게 접수될 수 있으려면 직권자의 서면 허가가 요구된다. 직권자는 그 법인이 새로 접수하는 책무와 이전에 접수한 책무를 다 이행할 수 있는지를 합법적으로 확인하기 전에는 허가를 주지 말아야 한다. 직권자는 그 소재지나 지방의 풍습에 따라 수입이 부과된 책무에 온전히 상응하도록 최대한 주의하여야 한다.
② 기금의 설정과 접수에 대한 그 밖의 조건들은 개별법으로 규정되어야 한다.

이 조문의 몇몇 구절들이 표현상 수식어 없이 '법인'과 '기금'에 대해서 언급하고 있지만, 본 조문이 법인에 의한 기금 접수에 관계되므로, 내용상 공법인과 비자치 기금에 대해서만 언급하고 있음이 분명하다. 즉, 자치 기금은 본래의 권리로 공법인에 해당하고[622], 비자치 기금은 오로지 공법인에 의해서만 접수되는 것이다.[625]

비자치 기금을 유효하게 접수하기 위해, 교회법 제1304조는 고유 직권자의 서면 허가를 요구하고 있다. 이는 법전에서 유효성을 위해 허가 licentia를 요구하는 몇 개의 교회법 조문 중 하나이다.[624] 교회법 전통상 일반적으로 법전을 통틀어 허가는 유효성이 아닌 합법성만을 위해 요구된다. 유효성이 관계된 경우, 법전은 주로 권한facultas이나 직권potestas을 요구한다.

그러나 교회법 전통상 일반적으로 서면 허가는 유효성이 아닌, 증거를 위해 요구되는 것으로 합법성만을 위한 것이다.[625] 비자치 기금 자체가 구두로 설정될 수 있다는 사실은 허가 또한 구두로 주어질 수 있다는 결론을 확고히 해 준다.[626] 하지만 이 내용이 허가를 가능한 한 빨리 서면으로 작성해야 한다는 중요성을 경감시키는 것은 아니다. 왜냐하면 이의 제기가 있을 경우, 기금 접수에 대한 유효성을 지속시키기 위해 허가가 실제로 주어졌다는 증거가 필요하기 때문이다.

비자치 신심 기금은 신탁 증여의 한 형태이므로[627], 교회법 제1304조가 언급한 직권자는 교회법 제1302조 제3항에 규정된 바에 따라 결정되어야 한다. 허가를 주기 전에, 해당 직권자는 비자치 기금이 존속하도록 되어 있는 기간 동안 공법인이 인원과 재력 면에서 비자치 기금의

---

622) 교회법 제1303조 제1항 제1호.
623) 교회법 제1303조 제1항 제2호.
624) 다른 경우는 양도와 양도를 규정하는 규범에 속하는 그 밖의 거래와 관련된다(교회법 제638조 제3항, 제1190조 제2항, 제1291조, 제1292조 제2항).
625) 교회법 제1281조 제1항 해설 참조.
626) 교회법 제1306조 제1항.
627) 교회법 제1303조 제1항 제2호.

책무를 다할 수 있는지 여부를 확인해야 한다. 기금의 책무를 이행할 가능성이 없어 보이거나, 관할권자에게 기금의 책무를 감하도록 요청해야 할 필요성이 있다는 것을 미리 알면서도, 비자치 기금을 접수하거나 접수를 승인하는 것은 교회법적으로나 윤리적으로 비난받을 만한 행동이다.

비자치 기금을 접수하기 위해 공법인이 직권자로부터 인증을 얻도록 요구하는 것은, 어떤 양식의 책무나 조건이 붙은 증여를 승낙할 때 공법인으로 하여금 허가를 얻도록 요구하는 일반 규범을 반영한 것이다.[628] 교회법 제1304조에 의해 요구되는 인증은 유효성을 위한 것이기 때문에, 사실상 비자치 기금의 접수를 특별 재산 관리 행위로 만든다.[629]

비자치 기금을 접수할 때의 분별력, 그 설정 방식에 영향을 줄 수 있는 많은 요인과 다양한 조건들을 인지하고 있음을 입증하면서, 교회법 제1304조 제2항은 비자치 기금의 접수와 설정에 대한 특별 조건들의 제정을 보조성의 원칙에 따라 개별법에 위임하고 있다.[630] 수도회와 사도 생활단의 경우에는 고유법에 포함한다.

---

628) 교회법 제1267조 제2항. Aznar Gil, 236; Salerno, in *Urbaniana Com*, 743.
629) 교회법 제1281조 제1항 참조.
630) 일부 저술가들은 교회법 제1304조 제2항이 자치 기금에도 적용된다는 의견을 보인다. L. Chiappetta, *Il Codice di Diritto Canonico: Commento Giuridico-Pastorale*, 2nd ed. (Rome; Dehoniane, 1996) 2:574; J. M. V·zquez García-Peñuela, in *Com Ex* IV/1, 206 참조. 관할권자의 승인을 받아야 하는 성찬에 특정 규정을 포함하도록 요구함으로써 개별법이 간접적으로 자치 기금 구성에 영향을 줄 수 있지만, 교회법 제1304조(기금의 접수)는 문맥상 모든 규정의 적용을 비자치 기금으로 한정시키는 듯하다. De Paolis, *I Beni Temporali*, 234, n. 21; Schouppe, 104 참조.

비자치 기금 관리(제1305조)

【제1305조】
기본 재산으로 지정된 금전과 동산은 그 금전과 동산이 가치가 보존되도록 직권자가 승인한 안전한 곳에 즉시 예치되어야 한다. 그리고 이해 당사자들과 자기의 재무평의회의 의견을 들은 교구 직권자의 현명한 판단에 따라 되도록 빨리 그 책무를 개별적으로 명시하고서 그 기금의 이익을 위하여 조심스럽고 유리하게 투자되어야 한다.

자치와 비자치 기금, 공법인과 사법인 사이의 구분은 1917년도 법전에서는 찾아볼 수 없다. 1917년도 법전에 알려진 유일한 기금은 현 법전의 비자치 기금의 등가물, 즉 1917년도 법전에서 '법인' 이라고 불린 법인에게 위탁된 재산이었다. 이러한 법인은 수익을 영구적 혹은 오랜 기간 동안 지정된 신심 목적을 위해 사용할 책무가 있었다.[631] 이러한 기금은 구법전의 교회법 제1545조-제1550조에 의해 규정되었다. 이 규정들의 내용은 사실상 교회법 제1305조-제1307조의 내용과 동일했다. 이 사실만으로도 현 법전의 이 규정이 비자치 기금에만 제한적으로 적용된다는 것을 알 수 있다. 자치 기금은 그 본래 권리상 법인으로서 교회법

---

631) 1917년도 교회법 제1544조 제1항.

제116조-제123조에 의해 규정된다. 그리고 교회법 제1305조-제1307조의 주된 사안인 형식과 같이 상세한 부분은 그 자체의 정관에 의해 규정된다. 게다가 이 교회법 각각의 문맥과 내용은 조문이 비자치 기금에만 적용되도록 할 의도였다는 결론에 무게를 실어 준다.

교회법 제1305조의 문맥은 교회법 제1304조에 따라 접수된 기금의 기본 재산에 대한 보존과 투자이다. 투자할 때까지 기본 재산을 예치할 수 있는 '안전한 곳'을 직권자가 승인할 필요성과 투자 자체를 위한 별도의 허가를 얻어야 할 필요성은, 교회법 제1305조가 비자치 기금에 대해서만 언급하고 있다는 결론을 확고히 해 준다. 이러한 엄격한 감독은 종종 자치 기금인 사법인의 자율성에 어긋나는 결과를 초래할 수 있다.

비자치 기금을 건실하게 관리하려면, 투자되기 전에 기금의 원금 혹은 '원금의 일부'[632]를 형성하는 동산과 금전의 보존이 필요하다. 또한 기금의 책무를 이행하기 위한 필요 수익을 얻기 위해 가능한 한 경제적 자문을 빨리 얻어[633], 이러한 재산을 조심스럽고 신중하게 투자해야 한다. 여기에서 투자란 재산을 기금이 속한 공법인의 '고정 세습 재산'[634]의 일부로 만들기에 충분한 장기간의 투자를 의미한다. 은행 보통 계좌나 양도성 정기 예금의 적립금은 투자할 때까지 기금의 원금을 보존하

---

[632] 법전에서 어떠한 표현도 물건의 성격이나 토지, 건물 같은 부동산을 비자치 기금의 기본 재산으로 지정하는 것을 제외하지 않는다.

[633] 수익을 투자하기 위해 재산, 특히 수익을 창출하는 재산을 즉각 매각하는 것은 재산의 성격이나 현재 시장 조건을 고려하여 경제적으로 권장하지 않을 수도 있다. López Alarcon, in *Pamplona ComEng*, 811-812.

[634] 교회법 제1291조 참조.

는 적절한 수단은 될 수 있으나, 교회법상 그 자체로는 투자를 구성한다고 간주되지 않는다.[635]

공법인 관리자에 대한 일반 규범에 따라 투자는 직권자의 허가를 얻어 이루어져야 한다.[636] 비자치 신심 기금은 신탁 증여의 한 형태이므로[637], 여기에 언급된 직권자는 교회법 제1302조 제3항에 따라 결정되어야 한다. 교회법 제1305조는 신중한 투자를 판단함에 있어 직권자가 이해 당사자들(살아 있는 기증자, 고인이 된 기증자의 가족들, 기금 수익자 및 기금의 목적을 확실히 이행하기 위해 적절한 투자가 이루어지도록 하는 데 이해관계가 있는 그 밖의 사람들)과 자기의 재무평의회의 의견을 듣도록 하는 요건을 첨가했다. 교구 직권자의 경우 관련 평의회는 교구 재무평의회이다. 수도회의 직권자(교황청 설립 성직 수도회의 상급 장상) 혹은 사도 생활단의 직권자(교황청 설립 성직 사도 생활단의 상급 장상)의 경우[638], 관련 평의회는 수도회와 사도 생활단이 속하는 교회법 제1280조의 지침(공식적인 재무평의회 대신 적어도 두 명의 자문인을 허용함)에 따라 설립된 단체이다.[639] 신중한 투자를 위해서 직권자들은 신심 의사를 이행할 때, 재산 관리 방식을 결정할 때도 관계하는 기증자의 의사를 존중해야 할 책무 또한 명심해야 한다.[640] 재산 관리 방식에 따라 특정 종류의 투자가 포함되거나 제외될

---

635) 교회법 제1284조 제2항 제6호 해설 참조.
636) 교회법 제1284조 제2항 제6호. '모든' 관리자라고 폭넓게 언급을 확실히 했음에도, 교회법 제1284조가 공법인에게만 적용된다는 해석을 지지하는 이유에 대해서는 교회법 제1284조 해설 참조.
637) 교회법 제1303조 제1항 제2호 참조.
638) 교회법 제134조 제1항 참조.
639) 교회법 제635조 제1항, 제741조 제1항.

수도 있다.

신심 기금 증서(제1306조)

【제1306조】
① 기금은 구두로 이루어진 것도 서면으로 작성되어야 한다.
② 기금 증서의 등본 1통은 교구청 문서고에, 다른 1통은 기금이 속하는 법인의 문서고에 안전히 보관되어야 한다.

그 자체로 법인인 자치 기금은 관할권자의 교령에 의해서만 존재할 수 있기 때문에[641], '법으로a iure' 설정된 자치 기금은 없다.[642] 또한 그 특성상 교령은 서면으로 작성되어야 하기 때문에[643], 오직 비자치 기금만이 구두로 설정될 수 있다. 비자치 기금은 지정된 신심 목적을 위해 장기간 동안 투자되고 수익만이 사용되어야 한다는 단서 조건을 가진 생전 행위의 접수에 의해서 이루어질 수 있다. 그래서 교회법 제1306조는 바로 이전의 두 조문과 바로 그 다음의 조문처럼 비자치 기금에 대해서 언급하고 있는 것이다. 그러한 기금이 구두로 이루어질 수 있는 가능성을 일부 인정한 후, 교회법 제1306조 제1항은 그러한 기금 역시 서면으

---
640) 교회법 제1300조.
641) 교회법 제1303조 제1항 제1호.
642) 교회법 제114조 제1항.
643) 교회법 제51조, 제55조.

로 작성되어야 한다는 현명한 요건을 설정한다. 비자치 기금은 정의상 장기간이므로 그 책무(미사 봉헌, 순례 지도, 애덕 사업 등)는 장기간에 걸쳐 이행되어야 한다.[644] 이행을 확실히 하기 위해서는 이러한 책무를 서면으로 상술하여 기금이 속하는 공법인의 차후 관리자가 알 수 있도록 하는 것이 옳다.

교회법 제1306조 제2항의 규정도 같은 사안을 기초로 하여, 기금 증서 등본 2통 중 1통은 비자치 기금을 감독하는 책임을 지닌 직권자의 교구청 문서고에, 다른 1통은 기금이 속하는 법인의 문서고에 보관하도록 한다.

책무 목록표(제1307조)

【제1307조】
① 제1300조-제1302조와 제1287조의 규정을 지키면서 신심 기금에 의한 책무의 목록표를 작성하고 눈에 잘 띄는 곳에 게시하여 수행할 의무가 잊히지 아니하도록 하여야 한다.
② 제958조 제1항에 언급된 장부 외에도, 각 책무와 그 이행 및 성금이 기재될 또 하나의 장부가 비치되고 본당 사목구 주임 사제나 성당 담임한테 보관되어야 한다.

---

[644] 교회법 제1303조 제1항 제2호.

교회법 제1307조는 교회법 제1304조에서 시작된 일련의 지침들이 비자치 기금의 책무를 반드시 충실히 수행하도록 한다. 모든 책무(거행할 미사 대수와 날짜, 수행해야 할 전례, 가난한 이들에게 제공할 식사 등)의 목록표를 준비하여 눈에 잘 띄는 곳에 게시함으로써 책무를 이행해야 하는 직책에 있는 이들이 잊지 않도록 규정하고 있다. 미사와 다른 전례를 위해 이러한 목록표를 게시할 적절한 장소는 제의방일 듯하다. 다른 책무를 위해서는 관리자나 비자치 기금이 속하는 공법인의 재무관리인 사무실이 적절할 듯하다.

교회법 제1300조-제1302조를 언급한 것은 비자치 신심 기금 역시 '신심 의사' [645]와 '신탁 증여' [646]의 성격을 공유하기 때문에, 이러한 조문에서 찾아볼 수 있는 법 규범에 의해 규정된다는 점을 관련 관리자들에게 상기시키기 위한 것이다. 아울러 비자치 기금의 원금을 구성하는 재산이 교회 재산이라는 사실에 비추어 재산이 공법인에게 위탁되어 왔기 때문에[647], 교회법 제1287조의 보고 요건 또한 적용할 수 있다. 교회법 제1287조에 설명된 규범에 따라 비자치 기금의 성직자 및 평신도 관리인이 교구 직권자와 신자들에게 보고해야 할 의무가 있음을 잊지 않도록 해야 한다.

비자치 기금의 충실한 책무 이행을 명확하게 하기 위해 고안된 일련

---

(645) 교회법 제1300조, 제1301조.
(646) 교회법 제1302조.
(647) 교회법 제1303조 제1항 제2호, 제1257조 제1항.

의 지침들을 끝맺는 것은 교회법 제1307조 제2항의 요건이다. 각 미사 예물의 접수와 이행을 기록하기 위해 교회법 제958조 제1항에서 요구한 대장과는 별도로, 특별 대장을 비치하여 (미사 책무를 포함한) 비자치 기금의 모든 책무를 기록해야 한다. 또한 책무의 이행과 책무를 이행하기 위해 기금 수익에서 내는 성금도 같이 기록한다. 책무 이행에 대한 이러한 서면 기록을 잘 보관하면 그 자체가 책무를 충실히 이행하는 데 효과적인 도움이 된다. 본당 사목구 주임 사제와 성당 담임에 대한 특별 언급은, 이 규정이 미사 거행이나 다른 전례를 위해 교구나 다른 교회 혹은 신학교에 위탁된 비자치 기금으로 제한되어 있음을 암시한다. 제1항에서 책무를 눈에 잘 띄는 곳에 게시하도록 한 요구뿐만 아니라, 비슷하게 서면 기록을 비치하도록 하는 요구가 그러한 기금의 정관에서 적절하게 요청될 수 있더라도, 이 규정의 표현은 교회법 제1307조가 공법인이나 사법인의 자치 기금에 적용할 의도가 없다는 점을 분명히 하고 있는 것이다.

신심 의사의 변경(제1308조-제1310조)

생전 행위든 사인 행위든 어떠한 종류의 신심 의사를 표현함에 있어 아무리 주의한다 하더라도, 특별히 의사가 장기간 존속해야 하는 신탁이나 기금을 설정한다면, 미래에 의사 조건을 수정할 필요가 있을 수 있는 모든 가능성을 배제할 수 없다. 경제적인 상황의 변화나 교회 전례의 개정과 같은 변화가 생기면 의사 조건의 수정이 불가피해진다. 그러나 모든 신심 의사를 충실히 이행하려는 교회의 책무는 일정 변경 사항에 대해 규정하는 엄격한 규범을 만든다. 이러한 규범은 교회법 제1308조-제1310조에서 찾아볼 수 있다.

이들 조문에서 첫 두 조문은 오로지 미사 책무의 감축과 관계된다. 이 문제에 관한 교회의 엄격한 태도는 미사 예물과 책무를 시효에서 제외시킨 데서 엿볼 수 있으며[648], 미사 예물의 접수와 시기적절한 이행, 이전, 정확한 기록을 규정하는 몇 가지 법 규범에서도 찾아볼 수 있다.[649]

기금 미사 책무의 감축

【제1308조】
① 미사 책무의 감축은 정당하고 필요한 이유로만 이루어지며, 사도좌에 유보된다. 다만 다음의 규정들은 존중된다.
② 기금 증서에 명시되어 있으면 직권자는 수입의 감소에 따라 미사의 책무를 감축할 수 있다.
③ 독립된 유증이나 어떤 방식으로든지 설정된 기금 미사들을 수익이 감소되고 이 이유가 존속되는 동안, 성금의 증액에 대한 의무가 있는 자 또는 그리되도록 효과적으로 강요될 수 있는 자가 아무

---

648) 교회법 제199조 제5호.
649) 교회법 제947조-제958조.

도 없으면, 교구에서 합법적으로 통용되는 성금 수준으로 감축할 권한이 교구장에게 있다.

④ 수익이 교회 기관의 고유한 목적을 합당하게 성취하기에 부족하게 되면 그 교회 기관에 부과된 미사의 책무, 즉 유증을 감축할 권한이 교구장 주교에게 있다.

⑤ 성좌 설립 성직자 수도회의 총원장은 제3항과 제4항에 언급된 동일한 권한을 가진다.

기금 미사 책무의 이전

【제1309조】

제1308조에 언급된 권위자들은 합당한 이유가 있으면 미사의 책무를 기금에 지정되어 있는 것과는 다른 날이나 성당이나 제대로 옮길 권한도 있다.

교회법 제1308조 제1항은 미사 책무의 감축은 사도좌에 유보된다는 일반 규범을 설명한다. 교황청에 있는 네 곳의 심의회들이 미사 책무, 일반적인 신심 의사, 특정 신심 기금과 관련된 문제들을 다룰 권한이 있다. 일반적으로 라틴 교회에 대한 것은 성직자성이[650], 축성생활회나 사도 생활단 혹은 그들의 각 회원들에 관련된 사안에 대해서는 수도회성이[651], 내적 법정에 관한 문제는 내사원이[652], 동방 교회에 대해서는 동방 교회성이 다르다.[653] 유일한 예외는 교회법 제1308조의 나머지 조항과 교회법 제1309조에서 찾을 수 있다. 사도좌에 의해서 감축이 이루어질 때조차도, 모든 경우에 있어 정당하고 필요한 이유가 있어야 한다고 요구하는 것은 어떠한 변경도 법적 관점에서 진지하게 다루고 있음을 입증한다. "정당하고 필요한 이유"라는 표현은 신심 의사의 변경과 관계되는 교회법 제1308조와 제1310조에서만 나온다. 이 표현은 조금 더 흔히 등장하는 '정당한 이유', '정당하고 합당한 이유' 심지어 '중대한 이유' 보다 더 큰 정당성을 요구하는 것이다. 따라서 단순한 편의상의 감축은 결코 충분한 이유가 되지 못한다.[654]

제2항은 미사 책무 감축 권한을 사도좌에 유보하는 요건을 완화한 세 가지 조항 중 첫 번째이다. 그러나 이 첫째 완화 조항은 기금(자치건 비자치건 둘 중 하나로 감축한다는 암시가 없다)에 결부되는 미사 책무와, 종종 경제적 인플레이션으로 인한 수입의 감소로 원래 지정된 미사 대수의 예물을 더 이상 제공할 수 없을 때의 감축으로 한정된다. 이러한 경우 소속 직권자는 기금 관리 문서(기금 증서)에 명시되어 있는 경우에 한해서

---

650) 「착한 목자」 제97조 제2호.
651) 「착한 목자」 제108조 제1항.
652) 「착한 목자」 제118조.
653) 「착한 목자」 제56조, 제58조 제1항.
654) Périsset, 258-259; Aznar Gil, 270; Myers, in *CLSA Com*, 888. 의아하게도 동방 교회 법전에서는 사도좌에 의한 진례 책무의 감축을 언급할 때 이유에 대한 모든 언급을 생략했다. 그러나 기증자에 의해 이러한 권한이 명시적으로 위임된 교계 제도Hierarchae가 하는 의사의 변경을 언급할 때는 "정당하고 필요한 이유"라는 표현을 계속 사용했다(동방 가톨릭 교회법 제1054조 제1항).

만 미사 책무의 수를 줄일 수 있다.

제3항은 두 번째 완화 조항으로서 첫 번째 것보다 더 제한되어 있다. 제2항과 마찬가지로 제3항의 완화 조항도 자치든 비자치든 기금 미사에만 영향을 끼친다.⁽⁶⁵⁵⁾ 그리고 감축은 수익이 감소되는 경우만으로 제한된다. 그러나 제3항에서 감축은 교회법 제952조에 따라 정한 예물 수준으로 제한되는데 수입이 감소된 경우에 한해서, 그리고 원래 지정된 책무의 대수를 유지하기 위해 예물 증액에 대한 의무가 있는 자 또는 그리되도록 강요될 수 있는 자가 없을 경우에만 그러하다.⁽⁶⁵⁶⁾ 이러한 경우에도 제2항과 마찬가지로 모든 직권자에게 권한을 확장시키기보다, 미사 책무를 감축할 수 있는 권한을 교구장과 성좌 설립 성직자 수도회의 총원장(제5항)에게 제한해 두었다.

제4항은 세 번째와 더불어 마지막 완화 규정으로서, 수익이 교회 기

---

(655) 교회법 제1308조의 제3항은 유언에 의한 '독립된' 유증이나 어떤 방식으로든지 설정된(생전 행위로 설정된 기금 등) 미사 책무로만 한정되어 있다. '독립된'이라는 수식어는 「목자의 임무」 11항에 나오는 quae sint per se stantia를 번역한 것이다. 이 말마디는 "영속적인"(CLD 6, 372), "자치적"(Urbaniana Com; Pamplona ComEng), "미사 목적만을 위한"(영국, 캐나다, 호주 번역), "별도로 증여된"(영국, 아일랜드 교회법 위원회 Com) 등으로 다양하게 번역되어 왔다. 1983년도 법전 공표 전에 일부 해설가들은 이 어절이 별개의 법인으로서 설정된 미사 기금만을 가리킨다고 해석했는데(Bouscaren-Ellis-Korth, 827 참조), 이것은 1983년도 법전 아래 자치 기금에만 상응한다. 이 문제는 1983년도 법전의 많은 해설가들이 언급한 적이 없지만, 보편적인 해석은 이 어절이 자치나 비자치에 상관없이 모든 기금 미사를 가리킨다는 것이다. Aznar Gil, 275; Morrisey, in CLSGBI Com, 745 참조. 두 종류의 기금에서 미사 거행을 위해 따로 마련된 재산은 다른 모든 재산과 책무로부터 '독립되어' 있다.

(656) 그러한 의무를 가진 사람이 거의 없으므로, 기금 설립자 혹은 드문 경우 관할권자가 설립자나 기금 미사를 받아야 하는 사람들에 대한 필수적인 배상의 형태로 그러한 의무를(가족 구성원 등에게) 부과해야 한다.

관의 사업을 계속 유지하기에 부족한 경우, 교구장(제5항에 따라 성좌 설립 성직자 수도회의 총원장)에게 교회 기관(병원, 학교, 대학 등)에 부과된 미사 책무를 감축할 수 있는 권한을 부여한다. 제2항과 제3항의 규정과 달리 「목자의 임무」 제12항을 인용한 이 규정은 자치나 비자치나 미사 거행의 목적만으로 설정된 기금을 가리키는 것이 아니라, 주로 다양한 기관의 사업을 지원하기 위해 증여나 유증이 이루어진 경우를 가리킨다. 이러한 증여나 유증에는 특별한 지향을 위해(종종 기증자의 살아 있는 가족을 위한 생미사나 죽은 가족을 위한 연미사) 지정된 미사 대수를 거행하기 위한 유언에 지정된 책무modal obligation가 따른다.[657]

후에 교회법 제1308조가 된 1977년도의 초안에는 제3항과 제4항에 주어진 권한을 교구장이 부주교, 보좌주교, 총대리, 교구장 대리에게 위임하는 것을 제한하는 조항이 포함되어 있다. 이는 제3항과 제4항에서 유래한 「목자의 임무」의 입장이었다. 이 규정은 이 사안에 있어 주교의 위임 권한을 제한할 충분한 근거가 없다는 이유로 삭제되었다.[658] 그러나 동방 가톨릭교회 법전의 병행 조문은 교구장 주교vescovo eparchiale의 권한을 부주교, 보좌주교, 총대리protosincello나 교구장 대리sincello에게 위임하는 것으로 제한하며, 모든 재위임을 금지한다.[659]

교회법전 개정 과정 동안 교구장 주교에게 '비기금 미사'[660] 책무를

---

657) 교회법 제1267조 해설 참조.
658) *Comm* 12 (1980) 433-434.
659) 동방 가톨릭 교회법 제1052조 제6항.

감축할 수 있는 일반 권한을 주어야 한다는 제안이 나왔다. 그러나 남용을 피하기 위해서 이러한 감축을 사도좌에 맡기는 편이 낫다고 판단하였다.[661]

앞에서 언급했듯이, 제5항은 제3항과 제4항에서 교구장에게 부여한 동일한 권한을 그 밖의 상급 장상이 아니라, 성좌 설립 성직자 수도회의 총원장에게로 확장시킨다. 그러나 권한을 성좌 설립 성직자 사도 생활단의 총원장과 그 밖의 상급 장상에게 확대하지 않도록 한 결정은 신중했다.[662] 비록 이들이 성좌 설립 성직자 수도회의 많은 상급 장상들처럼 직권자일지라도 이러한 권한에서는 배제된다.[663] 이는 미사 책무 감축에 대한 법의 엄격한 취급에 대한 또 다른 증거로 볼 수 있다.[664] 그러나 이러한 결정에 대한 비판도 적지 않다.

거행할 미사 대수 감축과는 별도로 교회법 제1308조의 다른 관심은 미사 거행에 관한 부차적 지향으로 여겨지는 것, 즉 미사가 거행되어야

---

660) 1917년도 교회법 제826조 참조. 1917년도 법전에서는 직접 손으로 바치는 예물이란 뜻으로 stipendia manualia라 불렀다. 이는 신자가 자기의 신심에서 바치는 미사 예물 또는 유증자가 그의 상속인에게 부과한 의무에서 바치는 미사 예물 등이다. 그러나 수교적 미사stipnedia manualia는 기금 미사stipendia fundata와 별개의 뜻으로 지칭하는 관습이 곧 생기게 되었다. 이는 아마도 1917년도 교회법 제826조 제3항의 표현 때문일 것이다.
661) Comm 12 (1980) 434.
662) 교회법전 개정위원회 290; Comm 16(1984) 37. 이 결정에 대한 비판은 Périsset, 261-262, 268에서 찾을 수 있다.
663) 교회법 제134조 제1항 참조.
664) 동방 교회 법전은 미사 책무 감축 권한의 위임에 관해 라틴 법전보다 더 엄격하지만, 폭넓게 성좌 설립 성직자 수도회, 공동 사도 생활단의 총원장까지 포함시킨다(동방 가톨릭 교회법 제1052조 제5항).

할 특정 성당이나 특정 시일 혹은 제대에 대한 변경이다. 교회법 제1309조는 바로 이러한 부차적인 지향과 관계가 있는데, 그러한 지향은 오직 기금 미사에만 속한다. 부차적 책무에 해당되기 때문에 미사 대수 감축에 요구되는 정당하고 필요한 이유보다 덜 엄격한 합당한 이유가 있으면, 교회법 제1308조에 언급한 직권자가 미사 책무를 다른 날짜나 장소로 옮길 수 있다. 교회법 제1308조에서 나온 권위자를 언급한 것은 다소 문제가 될 수 있다. 교회법 제1308조의 제1항에서는 사도좌를, 제2항에서는 직권자를 언급한 반면, 제3항-제5항에서는 좀 더 협소하게 교구장 주교와 성좌 설립 성직자 수도회의 총원장만을 언급하고 있는 것이다. 그러나 교회법 제1309조의 권한을 교회법 제1308조에서 언급한 일부 권위자들에게로만 제한하는 것이 입법자의 의도였다면, 교회법 제1308조의 하나 또는 다른 항으로 제한해서 언급하는 편이 적절했을 듯하다. 이러한 제한적 언급이 없기 때문에 교회법 제1309조는 교회법 제1308조에서 언급한 모든 권위자, 즉 사도좌 및 모든 직권자를 가리키는 것으로 해석해야 한다.[665]

---

[665] 데 파올리스도 같은 결론을 표명한다. Aznar Gil 자신이 열거한 이들뿐만 아니라 모든 직권자를 포함하는 제2항을 제외하면, 성좌 설립 성직자 사도 생활단의 총원장은 교회법 제1308조 아래 권한이 없다. 그럼에도 불구하고 Aznar Gil은 별다른 실낭 없이 관할권자를 사도좌, 교구장, 성좌 설립 성직자 수도회의 총장상, 성좌 설립 성직자 사도 생활단의 총원장으로 제한한다(Aznar Gil, 276).

책무의 축소

【제1310조】
① 신심 목적을 위한 신자들의 의사의 감축이나 조정이나 교환은 기금 설립자가 이 권한을 직권자에게 명시적으로 주었으면, 그에 의하여 정당하고 필요한 이유로만 그리될 수 있다.
② 관리자들의 탓 없이 수입의 감소나 그 밖의 이유로 부과된 책무의 이행이 불가능하게 되면, 직권자는 이해 당사자들과 자기의 재무평의회의 의견을 듣고, 될 수 있는 대로 나은 방식으로 기금 설립자의 의사를 존중하면서 그 책무를 공평하게 축소할 수 있다. 다만 제1308조의 규정으로 규제되는 미사의 감축은 예외다.
③ 그 밖의 경우에는 사도좌로 소원하여야 한다.

이 조문은 미사 거행 변경이 아닌 신심 의사의 변경과 관계가 있다. 제1항은 세 가지 다른 형식의 변경, 즉 감축, 조정, 교환에 대해 언급한다. 감축이란 책무의 수를 줄인다는 의미이다. 조정은 교회법 제1309조에서 말한 바와 같이 책무의 부차적인 측면을 바꾼다는 의미이며, 교환은 신심 의사에 주어진 목적을 다른 신심 목적으로 대체한다는 의미이다. 예를 들어, 자국의 신학생을 교육하는 대신 해외 선교를 원조하는 것이 이에 해당한다.[666]

교회법 제1310조 제1항은 오직 정당하고 필요한 경우에만 그리고

'기금 설립자'[667]가 직권자에게 권한을 명시적으로 준 경우에만, 직권자가 신심 의사를 감축·조정·교환할 수 있도록 한다. 제2항은 기금 설립자에 의해 명시된 권한이 없더라도, 관리자들의 탓 없이 부과된 책무의 이행이 불가능하게 되면 직권자에게 책무를 감축·조정·교환에 의해서 바꿀 수 있는 권한을 준다. 교령에 의해 이루어져야 하는[668] 이러한 변경은 기금 설립자의 의사를 되도록 지키고, 공평하게 이루어져야 하며, 직권자가 이해 당사자들(기금 설립자, 고인이 된 설립자의 가족들, 해당 수익자 등)과 재무평의회의 의견을 먼저 들어야 한다. 직권자가 자문을 구하지 않으면 교회법상 신심 의사의 변경은 무효가 된다.[669]

생전 행위나 사인 행위나 신심 의사를 충실히 이행하려는 교회의 방침과, 이러한 의사를 쉽게 변경하지 못하도록 하는 교회의 확고한 입장이 교회법 제1310조 제3항에서 충분히 증명된다. 여기서는 제1항과 제2

---

666) Vázquez García-Peñuela, in Com Ex IV/1, 218-219; Aznar Gil, 269; Bouscaren-Ellis-Korth, 826-827.
667) 이 경우에는 기금을 설정한 사람뿐만 아니라 신심 의사를 만든 모든 사람을 의미한다. 이 조문 제1항에서 '기금 설립자fundator' 라는 용어를 사용했기 때문에, 이 조문이 신심 기금에만 적용된다는 결론을 내린 이들이 있다. 예로는 다음 자료를 참조할 것: P. Zielinski, "Pious Wills and Mass Stipends in Relation to Canons 1299-1310", Stud Can 19 (1985) 150-151. 그러나 조문의 본문이나 문맥이 달리 기금으로 한정하면 그러하지 아니하다. 교회법 제1303조 제2항이 그 예인데, 여기서는 'fundator' 라는 단어의 의미를 신심 기금 설립자에게로 제한시킬 이유가 없다. 이 단어는 법전에서 몇 가지 함축적 의미를 가지고 사용되었다. 가령, 축성생활회의 설립자(교회법 제576조, 제578조, 제588조 제2항과 제3항)나 사람들의 결합체universitates personarum인 다른 공법인 설립자들이다(교회법 제121조-제123조, 제1284조 제2항 제3호와 제4호). 따라서 교회법 제1310조의 fundator가 기금 설립자만을 가리킨다고 해석할 마땅한 이유가 없다. 반면, 제1항 자체의 말마디의 시작은 교회법 제1310조가 신심 목적을 위한 신자들의 모든 의사를 가리킨다고 이해해야 할 이유는 충분하다. Aznar Gil, 268-272 참조.
668) Vázquez García-Peñuela, in Com Ex IV/1, 219.
669) 교회법 제127조.

항에서 기술한, 드문 경우에 시도하는 변경 이외의 모든 변경이 사도좌에 유보되도록 하고 있다.

부록

I. 교구 재산 관리[670]

Amministrazione diocesana
(Administratio bonorum dioecesis)

교구는 그 자체로 개별 교회의 개념을 실현한다. 나아가 유추 원리 analogatum princeps도 이와 같다.[671] 교구는 주교가 주재하는 인격들의 공동체이며 그 안에 하나요, 거룩하고, 보편되며, 사도로부터 이어 오는 그리스도의 교회가 내재하여 활동한다.[672]

교구는 '법 자체로ipso iure' 법인격을 가지는 공법인이다.[673] 공법인으로서 법 규범에 따라 재산을 취득·유지·관리·양도할 능력이 있는 주체들이다.[674] 보편 교회나 개별 교회나 교회가 가지는 재산은 모두 교회 재산이며, 교회법에 의하여 규제된다.[675] 교구 재산은 합법적으로 취득하여 교구 법인으로 등기된 재산이다.[676]

교구 재산 관리의 책임은 교구장에게 있는데, 그는 교구의 모든 법률적 업무에 관해 교구를 대표하며[677], 특별 관리 행위의 경우에는 참사회

---

670) 한동일, "가톨릭교회의 재산법", "IV. 교구재산 관리", 「서강법학」 제9권 제2호, 서강대학교, 2007, 269-270면의 내용을 재인용한 글임을 밝힌다.
671) 교회법 제368조. '유추 원리'란 교회법 제368조에서 언급하는 성직 자치구, 자치 수도원구, 대목구와 지목구, 직할 서리구와 같은 준교구를 의미한다.
672) 교회법 제369조.
673) 교회법 제373조.
674) 교회법 제1255조.
675) 교회법 제1257조 제1항.
676) 교회법 제1256조.

와 교구 재무평의회의 동의를 얻은 후에[678], 중대한 통상적 행위에 대해서는 동일한 기관들의 의견을 들은 후에 행한다. 특별 행위의 한계를 정하는 것은 "주교회의의 소임이다."[679] 교구장은 교회법 제1292조 제1항의 규범에 따라 양도 행위를 행한다.

그렇지만 교구장은 교구 재산의 관리자 직무를 맡을 수 없다. 교회법 제494조의 규범에 따라 교구장은 "교구의 재산을 주교의 권위 아래 관리하는" 소임을 맡은 재정 담당을 선임해야 한다. 주교 직무와 교구 재정 담당 사이의 겸임 불가를 강조하기 위하여 교회법 제423조 제2항은 교구장 직무 대행의 직무와 함께 재무 담당 직무의 겸임을 배제한다. '따라서 교구의 재무 담당이 교구장 직무 대행으로 선출되면, 재무평의회가 다른 이를 임시 재무 담당으로 선출하여야 한다.'[680] 하지만 주교는 재무 담당이 될 수는 없지만 교구 재산 관리의 책임과 운영(지침)을 맡고[681], 재무평의회를 주재한다.[682]

교구 재무 담당은 교구의 재산을 관리하고 "교구의 설정된 수익에서 주교 또는 그가 위탁한 다른 이들이 합법적으로 명한 지출을 해야 한다."[683] 재무 담당은 교회법 제492조의 규범에 따라 교구마다 설치되어야 하는 재무평의회에 협력한다. 재무 담당의 소임은 교회법 제493조에

---

(677) 교회법 제393조.
(678) 교회법 제1277조.
(679) 교회법 제1277조.
(680) 교회법 제423조 제2항.
(681) 교회법 제494조 제3항.
(682) 교회법 제492조 제1항.
(683) 교회법 제494조 제3항.

구체적으로 언급되어 있다. 특히 재무 담당은 연말 내에 수입과 지출 결산서를 제출해야 하는 소임이 있다.

재무 담당과 주교 사이, 재무 담당과 재무평의회 사이의 보고서에 대해서는 '교회 재산 관리'를 참조하라. *

V. De Paolis[684]

---

(684) A cura di C. Corral Salvador, V. de Paolis, G. Ghilanda, "*Amministrazione diocesana (Administratio bonorum dioecesis)*", in "*Nuovo Dizionario di Diritto Canonico*", (Milano: San Paolo, 1993), 15-16. 참고문헌: A. De Angelis, *I consigli per gli affari economici: statuti e indicazioni applicative in Mon. Eccl.* 111 (1986) 57-78; F. Galdi, *L'economo nel nuovo Codice di diritto canonico* in Am. Cl. 68 (1986) 120-129; A. Gottardıs, *Quando iniziare e come impostare la cassa parrocchiale e la cassa diocesana in Am. Cl.* 68 (1986) 473-476; T. Marchi, *Problemi aperti nel nuovo Codice di diritto canonico in Am. Cl.* 66 (1984) 133-137.

II. 수도회 재산 관리[685]

Amministrazione dei beni degli Istituti religiosi
(Administratio bonorum institutorum religiosorum)

1. 일반 원칙들

① 교회법적으로 설립된 수도회들, 관구들과 (수도)원들의 재산은 교회의 재산이니만큼 그 재산 관리는 교회의 재산을 규율하는 공동 규범 diritto comune의 규정으로 규제된다. 다만 교회법 제634조-제640조의 규정과 수도회의 고유법을 통하여 별도로 규정되어 있다면 그렇지 않다.[686] 자기 수도회의 소유권에 대한 포기 행위를 하지 않고, 그대로 보존하는 각 개별 수도회의 세습 재산은 교회 재산이 아니므로 이 규범에 종속되지 않는다.

② 공동 규범으로 시행 중인 규정 외에도, 어느 회든지 그 회에 고유한 청빈이 고취되고 수호되도록 표현되어야 하는 재산의 사용과 관리에 관한 적절한 규범을 정해야 한다.[687] 회들은 어떠한 종류의 사치나 무절제한 이득, 재산의 축적도 일체 피해야 한다.[688] (수도)회들은 각 지역의 사정을 참작하여 애덕과 청빈의 공동체적 증거를 보여 주도록 노력

---

(685) 한동일, "가톨릭교회의 재산법", "V. 수도회 재산 관리",「서강법학」제9권 제2호, 서강대학교, 2007, 270-274면의 내용을 재인용한 글임을 밝힌다.
(686) 교회법 제635조 제1항.
(687) 교회법 제635조 제2항.

해야 한다. 그리고 힘닿는 대로 그들의 재산 중 일부를 교회의 필요와 가난한 이들의 생활비를 돕기 위해 기증해야 한다.[689]

③ 법적으로 설립된 수도회들과 관구들과 (수도)원들은 재산을 취득·소유·관리·양도할 자격이 있다. 다만 이 자격이 회헌에서 빠져있거나 제한적이면 그렇지 않다.[690]

2. 재산 취득 및 관리, 양도

수도회의 재산 취득은 교회 재산 취득(교회의 재산 관리)의 원리에 바탕을 두고 있다. 다만 회헌이 달리 정하면 그렇지 않다. 각 회의 고유법은 보편법을 숙지하여 특별 관리 행위와 이에 필요한 요건을 유효하게 행하기 위한 사항을 규정해야 한다.[691] (수도)회 법인의 세습 재산 조건이 악화될 수 있는 재산의 처리나 특별한 가치가 있는 재산의 양도는 공동 규범으로 특별 관리 행위를 정해야 한다.[692] 이 행위들 외에도 고유법으로 특별 관리에 속하는 그 밖의 다른 관리 행위들(일정 금액을 초과하는 과잉 지출 등)을 정할 수 있다. 그 나머지 행위들은 통상적 관리에 속한다. 법인의 장상들과 재무 담당, 구매 담당 같은 직무를 맡는 사람들은 자기

---

(688) 교회법 제634조 제2항.
(689) 교회법 제640조.
(690) 교회법 제634조.
(691) 교회법 제638조 제1항.
(692) 교회법 제638조 제3항.

임무의 범위 내에서 통상적 관리의 비용 지출과 법률 행위를 유효하게 할 수 있다.[693]

이와 반대되는 권한이 확증되지 아니하면, 모든 재산의 양도의 유효성을 위해서는 평의회의 사전 결의권을 가진 관할 장상의 서면 허가가 필요하다.[694] 관할 장상은 다음과 같다.

① 봉헌 생활회 및 사도 생활단을 위한 성(이하 '수도회성') : 양도되는 재산의 가치가 수도회성이 정한 금액을 초과할 경우, 상급 장상은 일반적으로 총장을 통하여 합법적인 양도를 위해 필요한 다른 요건들을 청원서에 기재하여 수도회성에 합당한 허가를 청해야 한다. 교회법 제1292조 제1항의 규범에 따라 주교회의가 정한 총액은 수도자들에게는 유효하지 않다.[695] 그러나 현실적으로 이탈리아 주교회의는 수도자를 위하여 수도회성이 인가한 9억 리라의 금액을 정하였다.

② 총장 : 양도되는 재산의 가치가 관구의 권한인 고유법에 정해진 금액을 초과하나, 성좌가 각 나라를 위해 지정한 총액에 도달하지 않을 경우, 평의회의 사전 결의권을 가지는 총장은 타당하다고 여

---

(693) 교회법 제638조 제2항.
(694) 교회법 제638조 제3항.
(695) 교회법 제638조 제3항. 왜냐하면 보편법의 범위 내에서 통상적 관리의 한계와 양식을 초과하는 행위를 규정하고 비통상적 관리 행위를 유효하게 행하기 위하여 필요한 사항을 정하는 것은 고유법에 속하기 때문이다(교회법 제638조 제1항 참조).

겨지면 필요한 허가를 내려야 한다.

③ 관구장 : 재산의 가치가 지역 장상의 권한인 고유법에 정해진 금액을 초과하나, 총장의 권한으로 고유법에 정한 금액에 도달하지 않을 경우, 평의회의 사전 결의권을 가진 관구장은 타당하다고 여겨지면 필요한 허가를 내려야 한다.

④ 지역 장상 : 재산의 가치가 지역 장상의 권한 한계에 해당되고 고유법으로 정해질 때.

⑤ 어떠한 재산도 합당한 허가 없이는 수도자와 재정 담당(당가)에게 유효하게 양도될 수 없다. 다만 이전 취득의 특별 여분을 판매하는 경우는 예외로 한다.

모든 양도의 합법성을 위해서는 교회법 제1293조에 규정된 요건이 구비되어야 한다. 정당한 이유와 감정인들의 평가, 자치 수도원승들과 교구 설립 (수도)회들은 양도할 법인이 소속되어 있는 교구 직권자의 서면 동의도 필요하다.[696]

특별한 사물, 즉 제대 또는 회의 성당에 기증된 사물이거나 예술적 · 역사적 이유로 보배로운 사물의 양도를 위해서는 모든 양도의 적법성을 위하여 요구되는 총장의 의견, 평의회의 투표와 다른 조건들이 구비된 청원서를 총장을 통해 수도회성에 보내야 하며, 수도회성의 허가가 요구된다.

---

[696] 교회법 제638조 제4항.

성좌가 지방별로 정해 준 총액을 초과하는 업무이거나, 서원으로써 (수도)회 법인의 세습 재산의 조건이 악화될 수 있는 재산의 처리를 위해서는 양도에 관한 규범이 동일하게 준수되어야 한다.[697]

3. 부채와 채무

부채와 채무는 때때로 계약을 맺는 법인의 세습 재산의 조건에 위험을 초래할 수 있다. 이 경우 양도를 위하여 정한 규범들을 준수해야 한다.[698] 세습 재산의 조건이 위험하지 않다면 자유롭게 계약을 맺을 수 있다. 다만 고유법이 달리 정하면 그렇지 않다. 수도회 장상들은 고유법에 따라 통상적 수입에 의하여 부채의 이자를 지불할 수 있고, 예상할 수 있는 기간에 합법적 (분할) 상환으로써 원금이 변제될 수 있음이 확증되지 않으면, 부채 계약을 허가하지 않도록 조심해야 한다.[699]

4. 보고서

성좌 설립 수도원들에서 재무 담당(당가)과 그 밖의 관리자들은 정해진 시기와 양식에 따라 고유법으로 위임된 관할권자에게 보고서를 제

---

[697] 교회법 제638조 제3항.
[698] 교회법 제638조 제3항.
[699] 교회법 제639조 제5항.

출해야 한다.[700] 충만한 자치 수도승원들에서 장상은 매년 한 번씩 수도회가 소속되어 있는 교구 직권자에게 보고서를 제출해야 하며, 교구 설립 수도회들은 매년 한 번씩 주요 수도원의 교구 직권자에게 보고서를 제출해야 한다. 교구 직권자는 교구 설립 수도원의 재무 상황을 알 권리가 있다.[701] 따라서 교구 직권자가 수도원의 재무 상황을 요구하면 장상은 이를 제출해야 한다.

F. J. Egaña[702]

---

700) 교회법 제636조 제2항.
701) 교회법 제637조.
702) A cura di C. Corral Salvador, V. de Paolis, G. Ghilanda, "Amministrazione dei beni degli Istituti religiosi (Administratio bonorum institutorum religiosorum)", in "Nuovo Dizionario di Diritto Canonico", (Milano: San Paolo, 1993), 16-18.

III. 재속 수도회 재산 관리[703]
Amministrazione dei beni in un istituto secolare
(Administratio bonorum in instituto saeculari)

1. 재속 수도회의 독특성

교회법 제718조는 재속회의 재산 관리에 관한 세 가지 중요 사항을 규정한다. 재속회의 재산 관리는 복음적 청빈을 드러내고 그것을 증진시켜야 한다. 또한 교회법전 제5권과 고유법에서 정의된 교회의 재산법을 규범으로 삼는다. 끝으로 회의 고유법에 따라 회를 위하여 사업에 종사하는 회원들에 대한 회의 재정적 의무를 규정해야 한다.

재속회는 어떤 주거지나 양성소 또는 피정의 집(영성 수련소)도 소유하지 않고, 모든 소유의 형태와 부동산을 포기할 수 있다. 그 재속회는 필요한 분별력을 유지하며 회가 소유하지 않는 집들에서 정기 모임을 가질 수 있다. 회의 책임자들 역시 어떤 거주지도 필요하지 않다. 어떤 회들은 집을 가질 수 있지만, 여기에서 자유로워야 한다. 이러한 관점에서 재속회는 어떠한 부동산도 가지지 않으면서, 고유한 생활로 청빈의 모범을 제시할 수 있다.

재속회의 상황이 사업(협회)을 가지고 있거나 영성 센터를 운영하고

---

[703] 한동일, "가톨릭교회의 재산법", "VI. 재속 수도회 재산 관리", 「서강법학」 제9권 제2호, 서강대학교, 2007, 274-277면의 내용을 재인용한 글임을 밝힌다.

있다면, 실제로 수도회의 상황과 같다. 더 나아가 국가 단체와 같은 방식으로 재속회가 소유한 이 재산은 교회의 재산으로 간주되어서는 안되는 일이 발생할 수 있다. 재속회가 공법인으로 있으면서 그 재산이 회의 소유로 되어 있다면, 그 재산은 교회법 제1258조의 규정에 따른다. 교회법 제712조, 제727조, 제729조 및 제730조에서 여러 번 언급하는 것처럼, 교회법 제718조에서 수도회법을 언급하지 않는 것은 놀라운 일이다. 실제로 교회법 제634조에 의존하면서, 재산을 소유할 수 있는 자는 회, 관구, 지방이나 지역 등의 회의 일부분, 거점이나 회합 장소가 있다면 센터로 정의하는 것이 유익하다.

수도회가 재속회에 영성적인 영향을 주더라도, 재산 소유의 모든 권리마저 포기한 것으로 보지 않는다. 실제로 재속회는 교회법 제303조와 관련을 맺고 있고, 그 조항은 교회법 제677조 제2항에 종속된 조항인 교회법 제580조가 규정한 바대로 수도회에 합병될 수 있다.

회, 관구, 센터 등의 소유자가 정의되었으면 소유물의 재산 관리, 즉 취득, 매매, 임대를 염두에 두어야 한다. 실제로 어떤 회는 회합과 그들의 문서고를 보존하고 열람하기 위하여 부동산을 소유할 필요성이 제기되었다. 하지만 이 점은 유용할 수는 있어도 절대적으로 필요한 것은 아니다. 그와 같은 상황은 고령의 회원들이 한데 모여 사는 부동산과의 관계에서도 마찬가지다. '수도원'이라고 쉽게 자격이 주어지는 이러한 집들에 축성된 재속의 성격을 보존한다는 것은 어려운 일이다. 고령자들은 양로원에서 축성된 재속 생활의 형태를 보존하면서 의료나 위생의 도움을 잘 받을 수 있기 때문에, 고령자들을 위한 재속회 차원의 집을 갖지 말도록 권고한다.

이때 교회법 제718조에 표현된 원의에 어떻게 응답해야 할지 보게 된다. 복음적 청빈을 증언하는 일은 필요하거나 유용할 수 있고, 참된 재속의 성격과도 상반될 수 있다. 또한 회를 위하여 사업에 종사하는 재속회원들에게 관리나 운영을 맡기도록 강제하는 회의 고유한 재산과도 관계가 있다.

교회법전 제5권의 규범들은 회의 재속적 성격과 회의 생활 양식에 따라 적용되어야 한다. 이 권에서 제시된 취득, 매매, 양도, 계약과 관련된 규범들은 적어도 부칙 codice accessorio에서 다시 다루고 회의 생활에 적응되도록 해야 한다.

2. 회원들의 의무

회가 부동산을 소유하지 않더라도 회의 생활에 회원들의 일정한 참여가 부과된다. 사무소의 모든 비용은 일정하게 규정되어야 하는 한편, 그것은 비밀로 지켜져야 한다. 회원의 개인 기부는 비밀을 유지해야 할 비용과 각 회원의 능력, 개별 재산, 수입, 보수, 생계유지 비용에 따라 1년 치나 반년 치로 규정되어야 한다. 충만한 재속 성격이 인정된 재속회 동산의 구체적인 재산 관리에 대한 모든 측면을 여기에서 다루기는 어렵다.

이 같은 규정은 개인 재산을 가지지 않으면서, 회에서 맡은 일의 의무와 책임을 수행하기 위하여 자신의 생업(직업)을 포기해야 하는 회의 책임자들에게 도움을 주기 위하여 필요한 것이다. 어떤 이들에게 직업을 포기하는 것은 그들에게 보조금, 연금과 보험과 같은 다른 자원을 상실하도록 만든다. 책임자들의 생계 문제는 회에서 어떠한 임무를 맡는 사람의 선출이나 임명에 관한 반향을 가져올 수 있고, 또 가져오는 것이 맞다. 일반적으로 책임자의 임무는 중대한 어려움 없이 자신들의 직업을 포기할 수 있는 사람에게 부탁해야 하며, 여기서 세상과 만나는 실재적인 삶, 곧 회원의 구체적인 생활과 그 회원들이 직면한 어려움과 관련된 일들을 책임자들이 보증할 수 있도록 회의 통치를 먼저 준비해야 한다.

교회법 제640조는 재속 수도회에 적용할 수 없는 것으로 보인다. 회의 집단적이고 가시적인 증거는 회의 재속적 성격에 상반된다. 반면 회원들은 애덕과 청빈의 정신으로 고유한 방법에 따라 힘들어 하는 회원부터 시작하여 필요한 사람들을 도와주도록 초대되고 있다. 그들은 자기들 회와 축성된 자신들의 재속 생활의 고유한 특성을 보존하도록 항상 염려하며, 신중하게 그들이 필요한 것을 도와주면서 지역 및 보편 교회의 도움을 받아야 한다.

사실 재속회에 입회하는 것이 어떠한 구체적인 경제적 요구를 수반하지 않는다면, 모든 지원자는 생활비와 생계를 보호하는 일반 직업 professione civile을 가지는 것이 바람직하다. 그렇지 않으면 입회하는 것이 오히려 회와 그 회원에게 문제를 일으킬 수 있다. 지원자들이 입회할 때 그들의 청렴한 의사와 사회 신분에 대한 감독은 회의 장상의 중대한 의무이다. 교회법 제722조 제1항이 말하는 이른바 첫 시험기 이전에 제공할 정보에 온전한 진실함이 필요하며, 시험기에 지원자를 받아들이는 이들에게는 이에 상응하는 판단이 전제된다.

3. 재산 관리

지근거리에서 상황을 주시하며 관리해야 할 재산이 있다면, 즉 언제나 관리해야 한다면 교회법 제636조를 따를 필요가 있다. 재정 담당은 필요하지만, 장상은 아니어야 한다. 재정 담당은 일반적으로 장상에 의해 임명되어야 하고, 장상에 직접 종속되며, 고유법에 따라 운영하는 재산 상황과 관리 방식에 대하여 정기적으로 보고서를 제출해야 한다.

교구 설립 회인 경우 소속 교구장에 대한 어떤 관계도 규정되지 않는다. 고유법은 회의 재속성과 수도회에 대한 모든 수행을 축소시킬 수 있는 모든 현안 문제에서 피해야 한다. 사도좌에 제출해야 될 재정 상황의 일반적인 보고서는 신중해야 하며, 여기에는 재산 상황과 관리 방식에 관하여 사도좌에 정기적으로 발송해야 할 보고서에 표시해야 한다.

중대한 양도와 회를 경제적으로 불리한 상황에 처하게 할 수 있는 모든 매매에 대해서는 고유법에 어떤 관할 권위에게 허가를 청해야 할 것인지 정하고, 요청할 허가들을 규정해야 한다. 일반적으로 재속회에서 그런 권위는 회의 내부에 있어야 한다. 이것이 고유한 재속성을 보존하는 더욱 확실한 방법이다.

때때로 재속회에서 역사적·예술적 가치를 가지는 귀중한 물건은 사도좌에 청원해야 한다. 서원으로 교회에 기증한 재산에 관해서도 그 중대성에 따라 이와 같이 행해야 한다. 재속회는 신심 기금 또는 신심 의사를 맡아서는 결코 안 된다. 재속회는 고유법에 따라 신심 목적, 신심 기금과 같은 유사 책임과 책무를 피하는 것이 좋다.

그러나 모든 축성 생활에서 재산의 책임과 계약된 부채의 결정은 남는다. 회는 법인으로 행할 때나[704], 그 회원에게 회의 명의로 행하도록 할 때[705] 회의 명의와 그 허가로 행한 일에 대하여 책임을 진다. 회원이 일반적인 자기 소유의 재산 처분권을 보존하면, 그 본인이 그 재산의 관리와 상대적인 결과를 책임져야 한다.[706] 교회법 제639조 제3항, 곧 장상의 허가 없이 아무도 모르게 수도자가 회의 재정 책임을 맡는 일은 재속회에 적용할 수 있다. 그러나 그러한 방식을 수행하는 회의 회원이 책임을 져야 한다.

신중한 규범에 따라 부채를 함부로 계약하지 않도록 해야 한다. 다만 통상적 수입에 의하여 이자를 지불할 수 있고, 너무 길지 않은 기간에 정상적인 (분할) 상환으로 원금이 확실하게 변제될 수 있다면 그렇지 않다.[707]

---

704) 교회법 제639조 제1항.
705) 교회법 제639조 제2항.
706) 교회법 제639조 제2항.

교회법 제634조-제639조의 규범들은 재속회와 그 회원의 재산 관리에도 적용할 수 있다. 특히 이 회원들이 수도자라면 그들의 생계비는 활동하고 있는 그들 수도회의 고유법에 따른다.

J. Beyer[708]

---

707) 교회법 제639조 제5항.
708) A cura di C. Corral Salvador, V. de Paolis, G. Ghilanda, "*Amministrazione dei beni in un istituto secolare (Administratio bonorum in instituto saeculari)*", in "*Nuovo Dizionario di Diritto Canonico*", (Milano: San Paolo, 1993), 18-21.

IV. 사도 생활단의 재산 관리[709]

Amministrazione dei beni in una società di vita apostolica
(Administratio bonorum in societate vitae apostolica)

사도 생활단의 재산 관리는 무엇보다도 일반적인 원칙이 강조된다. 교회법 제741조 제1항의 재산 취득, 소유, 관리와 양도할 권리는 교회법 제634조 제1항의 규정대로 회의 정신에 충실하여 단(團)의 성격에 의해 정해진다. 더 나아가 교회법 제634조는 단뿐만 아니라 단의 지체, 관구나 고유법에서 그 명칭이 어떻게 지칭되더라도 모두 '법인'으로서 앞에서 말한 권리를 누린다고 규정한다. 교회법 제741조 제1항은 소유하기 위해 필요한 법인 없이 단이 규정될 수 있도록 편집되었다. 교회법 제634조에 따르면 재산의 소유 및 관리 능력은 회헌에 의하여 규정했기 때문에 '법인'이 될 수 있고, 회헌에 따라 고유한 재산의 소유, 취득, 또는 양도할 권리를 가질 수 없다고도 규정한다. 교회법 제741조 제1항의 재무 담당(당가)에 관해서는 교회법 제636조가, 재산의 통상적 및 특별 관리에 관해서는 교회법 제638조가, 재정에 대한 책임성에 관해서는 교회법 제639조가 사도 생활단에게도 적용된다.

J. Beyer[710]

---

709) 한동일, "가톨릭교회의 재산법", "VII. 사도 생활단의 재산 관리", 「서강법학」 제9권 제2호, 서강대학교, 2007, 277-278면의 내용을 재인용한 글임을 밝힌다.
710) A cura di C. Corral Salvador, V. de Paolis, G. Ghilanda, *"Amministrazione parrocchiale (Administratio bonorum paroeciale)"*, in *"Nuovo Dizionario di Diritto Canonico"*, (Milano: San Paolo, 1993), 21.

V. 본당 사목구 재산 관리[711]
Amministrazione parrocchiale
(Administratio bonorum paroeciale)

본당 사목구는 교회법 제515조 제1항의 규범에 따라 개별 교회 내에 고정적으로 설정된 일정한 그리스도교 신자들의 공동체로서 교회법 제515조 제3항에 따라 설립된 공법인이다.[712] 공법인으로 본당 사목구는 법 규범에 따라 재산을 취득·유지·관리·양도할 능력을 가진다.[713] 본당 사목구의 재산은 교회의 재산이며, 교회법이 특별히 준용하는 국가 법률에 의하여 규제되는 것 이외에[714], 고유 정관에 의해서도 규제된다. 본당 사목구의 재산은 본당 사목구가 소유의 주체가 되는 재산이다.

관리의 책임을 맡는 본당 사목구 주임은 본당 사목구를 법적으로 대표한다.[715] 본당 사목구 주임은 "교회법 제1281조-제1288조의 규범에 따라 본당 사목구 재산을 관리하여야 하고"[716], 교구장의 재치권에 종속된 법인으로 있는 본당 사목구 주임은 정관과 교구장이 특별히 발령한 그

---

711) 한동일, "가톨릭교회의 재산법", "VIII. 본당 사목구 재산 관리", 「서강법학」 제9권 제2호, 서강대학교, 2007, 278-279면의 내용을 재인용한 글임을 밝힌다.
712) 교회법 제116조 제2항.
713) 교회법 제1255조.
714) 교회법 제22조, 제197조, 제1290조.
715) 교회법 제532조.
716) 교회법 제532조.

밖의 다른 지침들을 존중(관리)해야 한다.[717]

따라서 본당 사목구 주임은 교구 직권자의 감독 아래 본당 사목구의 재산을 관리해야 한다.[718] 교구 직권자의 감독은 교구 재무평의회를 통하여 수행할 수 있다.[719] 아울러 본당 사목구를 위한 특별 관리 행위를 정하는 것은 교구 직권자의 소임이다.[720] 특별 관리 행위를 행하려는 본당 사목구 주임은 유효성을 위하여 관할 직권자의 허가를 얻어야 한다.[721] 그러한 허가는 합법성을 위하여 서면으로 작성되어야 한다. 이러한 허가 외에도 개별법은 유효성 및 합법성을 위하여 다른 요식과 요건들을 요구할 수 있다.

양도 행위를 위하여 본당 사목구 주임은 공통법의 규범 외에도[722], 교회법 제1292조 제1항의 규범에 따라 교구장이 중간액으로 결정한 규정을 특별히 따라야 한다.

본당 사목구 주임의 해임을 위한 이유들 가운데 하나는 재산 관리를

---

717) 교회법 제1276조.
718) 교회법 제1276조 제1항.
719) 교회법 제1278조.
720) 교회법 제1281조 제2항.
721) 교회법 제1281조 제1항.
722) 교회법 제1290조-제1296조 참조.
723) 교회법 제1741조 제5항.
724) A cura di C. Corral Salvador, V. de Paolis, G. Ghilanda, "*Amministrazione parrocchiale (Administratio bonorum paroeciale)*", in "*Nuovo Dizionario di Diritto Canonico*", (Milano: San Paolo, 1993), 30. 참고문헌: R. Clozza, *Consegna e riconsegna amministrativa canonica dei beni delle parrocchie in Am. Cl.* 68 (1986) 31-41; F. Coccopalmerio, *De paroeciae personalite iuridica a Codice 1917 usque ad Condicem 1983 in Periodica* 74 (1985) 325-388; A. De Angelis, *Note per l'amministrazione dei beni parrocchiali*

잘못하여 교회에 중대한 손해를 끼쳤을 경우, 그 손실에 대하여 다른 구제책이 강구될 수 없는 때이다.[723]

V. De Paolis[724]

---

in Or. Past. 32 (1984) 4-5, 113-126; V. De Paolis, *De parroeciis institutis religiosis commissis vel committendis* in *Periodica* 74 (1985) 389-417; A. Gottardis, *Come iniziare e come impostare la cassa parrocchiale e la cassa diocesana,* in *Am. Cl.* 68 (1986) 473-476; G. Lobina, *Parroci e parrocchie,* Roma 1979; M. Marchesi, *Come amministrare la parrocchia,* Edb, 1989; J. Provost, *Stole Fees* in *J* 45(1985) 321-324.

VI. 교황청의 재산 관리[725]

Amministrazioni palatine
(della curia romana; Amministrationes palatinae)

교황 요한 바오로 2세의 교황령 Constitutio Apostolica 「착한 목자 Pastor bonus」(1988년 6월28일) 이후, 현재 바티칸 라디오 방송국(Radio Vatican), 바티칸 텔레비전 방송국(Il Centro Televisivo Vaticano)과 교황 자선소(Elemosineria Apostolica)를 포함하는 사도좌 연합 기관들 (Istituzioni Collegate: Institutiones Sanctae Sedi Adhaerentes) 사이에서 열거된 기관들, 성 베드로 대성전 관리처(Reverenda Fabbrica di S. Pietro), 바티칸 도서관(la Biblioteca Apostolica Vaticana), 바티칸 비밀문서고(l' Archivio Segreto Vaticano), 바티칸 고문서학 학교(la Scuola Vaticana di Paleografia), 외교 및 문서(Diplomatica e Archivistica), 바티칸 인쇄소(la Tipografia Poliglotta Vaticana), 바티칸 출판사(la Libreria Editrice Vaticana), 로세르바토레 로마노(l' Osservatore Romano)를 교황청 재산 관리에 포함시켰다.

교황청 재산 관리 Amministrazioni Pontificie의 신규 항목은 교황 비오 11세에 의하여 설립된(1933년 3월 29일) 성 바오로 대성전 관리소 (Pontitifia Amministrazione della Patriarcale Basilica di S. Paolo)만 남아 있다.

---

725) 한동일, "가톨릭교회의 재산법", "IX. 교황청의 재산 관리", 「서강법학」 제9권 제2호, 서강대학교, 2007, 279-280면의 내용을 재인용한 글임을 밝힌다.

이 대성전 관리소는 파도바에 있는 성 안토니오S. Antonio 대성전 관리도 위탁받았다.

C. Corral[726]

---

726) A cura di C. Corral Salvador, V. de Paolis, G. Ghilanda, "*Amministrazioni palatine (della curia romana) (Amministrationes palatinae)*", in "*Nuovo Dizionario di Diritto Canonico*", (Milano: San Paolo, 1993), 31.